KB165503

# 답

# 기출이

# 다

# 언론사

## 최신시사 · 빈출상식

### 단기완성 기출 500제

# Always **with you**

사람이 길에서 우연하게 만나거나 함께 살아가는 것만이 인연은 아니라고 생각합니다.
책을 펴내는 출판사와 그 책을 읽는 독자의 만남도 소중한 인연입니다.
**(주)시대고시기획**은 항상 독자의 마음을 헤아리기 위해 노력하고 있습니다.
늘 독자와 함께하겠습니다.

# PREFACE

언론사 취업은 어떤 직종보다도 준비해야 할 것이 많습니다. 다른 취업과 마찬가지로 스펙과 서류, 면접을 준비해야 할 뿐만 아니라 고난이도의 논술과 상식시험까지 기다리고 있기 때문입니다. 일부 기업에서는 인적성 시험까지 도입하고 있기도 하죠.

특히 '상식시험'은 대비하기 여간 힘든 것이 아닙니다. 상식의 범위는 한없이 넓어 아무리 공부해도 끝이 없으며, 최신시사는 매일 같이 추가되고 사라지기 때문이죠. 그래서 저희 시사상식연구소는 〈기출이 답이다 언론사 최신시사 · 빈출상식 단기완성 기출 500제〉를 출간하게 되었습니다. '상식시험 준비'에 있어서만큼은 여러분의 짐을 확실히 덜어드릴 수 있도록 공부의 양 자체를 줄일 수 있는 학습전략을 제시합니다. 본 문제집은 상식을 '최신시사'와 '빈출상식'이라는 두 개의 범주로 구분해 여러분이 약한 부분을 선택해 공부할 수 있도록 구성되어 있습니다.

또한 대표적인 국내 언론사의 분야별 상식시험 출제경향 분포를 조사하여 수록했습니다. 내가 가고 싶은, 혹은 준비하고 있는 언론사가 있다면, 해당 언론사의 경향을 파악하고 그에 맞는 학습을 진행할 수 있습니다. 이 과정에 있는 모든 문제가 복습하기 쉽도록 '정답체크', '오답체크'와 함께 수록되어 있으며, 마지막 실전모의고사 파트에서는 실제 언론사에 출제되는 다양한 형식의 문제를 풀어보며 실전 감각을 익힐 수 있습니다.

기자, PD, 아나운서, 기술직 등 다양한 방식으로 언론사 입사를 꿈꾸는 예비 언론인 여러분, 밤낮으로 노력하는 여러분의 수고가 언젠가 결실을 맺길 진심으로 기원합니다.

**(주)시대고시기획 시사상식연구소**

# 왜,
# 기출이
# 답이다
# 일까요?

**多 기출!**

"두 번 이상 출제된 키워드(유형)만 넣었다"

2021~2016년의 언론사 상식시험을 분석·수록,
출제 확률이 가장 높은 키워드부터 학습 가능

**기업별 출제 경향**

"내가 지원한 기업엔
어떤 상식이?"

16개 대표 언론사·방송
국 입사시험의 상식 출제
경향을 살펴보고 나에게
맞는 상식분야 공부 실시

**문제 유형 분석**

"실전에 맞는 문제 유형"

선다형뿐 아니라 단답형, 서
술형의 상식 문제도 실전모
의고사로 완벽 대비

**'시사'와 '상식'
이중 구성!**

"자신이 약한 부분을 집중 공략"

핫한 '최신시사'와 꾸준히 출제되는
'빈출상식'을 구별해 나에게 맞는 학
습 진행

**반복학습에
최적화된 본문 구성**

"한 번 풀고 끝낼 순 없지!"

정답은 '정답체크'에 표시해서 깨끗하게 풀고
틀린 문제는 '오답체크'에 표시해서 반복학습

## 출제경향 리포트

# 언론사 상식시험! 이렇게 대비하라

### 1 모든 지식의 기본은 상식!

많은 언론사에서 상식시험을 실시하고 있다. 상식이라는 것은 모든 지식의 기본이다. 기본이 잘 갖추어져 있으면 어떤 공부를 해도 쉬운 것처럼, 상식이 풍부하면 그만큼 다양한 문제에 대비할 수 있다. 지엽적인 질문에서부터 고등교육을 받은 사람이라면 충분히 상식선에서 풀만한 문제까지 난이도 편차는 다양하다. 상식시험을 대비하기 위해서는 다양한 분야의 문제에서 자주 나오는 내용을 파악하여 전략적인 대비가 필요하다.

### 2 상식이 필요하지 않은 시험은 없다

상식시험의 출제영역은 크게 시사상식, 일반상식, 회사상식이 있다. 이중 시사상식의 영역은 최근에 뉴스에서 자주 등장한 이슈들에 대해 질문하는 경우가 대다수이다. 또 기본적으로 누구나 알만한 사항이라도 다시 화두로 떠오르는 경향이 있다면 시사상식 문제로 출제될 수 있다. 회사상식은 기업이 지원자에게 관련 직무와 회사에 대한 기본 사항을 알고 있는지 확인하기 위한 질문으로 보통 홈페이지 소개에 있는 내용으로 출제된다.

### 3 출제범위에 따라 전략적으로 학습하라

일반상식 시험의 경우 정치, 국제, 경영, 경제, 사회, 법률, 환경, 과학, IT 등 다양한 영역이 출제된다. 그리고 이런 영역 중 가장 대표적인 일반상식 영역이 바로 우리말 · 한자다. 그래서 일반상식 분야를 묶어 자주 나오는 영역들을 한 눈에 파악할 수 있도록 출제 리포트를 제공했다.

## 역시 기출이 답이다! 분야별 일반상식 출제 리포트

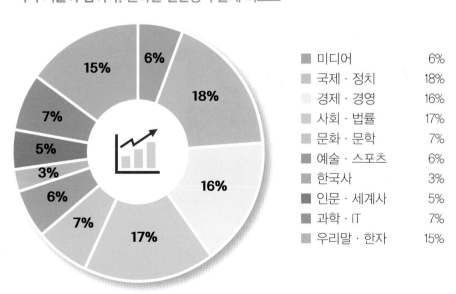

| 미디어 | 6% |
| 국제 · 정치 | 18% |
| 경제 · 경영 | 16% |
| 사회 · 법률 | 17% |
| 문화 · 문학 | 7% |
| 예술 · 스포츠 | 6% |
| 한국사 | 3% |
| 인문 · 세계사 | 5% |
| 과학 · IT | 7% |
| 우리말 · 한자 | 15% |

## Part 1 최신 시사상식

### 최신 시사상식 키워드 60선 / 꼭 알아둬야 할 빈출 Awards

상식시험에 꼭 나올 시사 키워드를 엄선해 수록했습니다. 최근까지 언론사에서 자주 조명된 이슈도 브리핑을 통해 파악할 수 있습니다. 또한 노벨상 등 자주 출제되는 최신 수상 내역도 한눈에 보기 좋게 정리했습니다.

## Part 2 언론사 '최신시사'

### 분야별 출제 유력 144제

매일 쏟아져 나오는 많은 시사들을 단기간에 빠르게 학습할 수 있도록 꼭 필요한 최신상식만을 선별하여 정리하였습니다. 정답은 〈정답체크〉란에 체크하여 다시 풀기 쉽도록 합니다. 틀린 문제는 〈오답체크〉란에 체크하여 빈틈없이 복습합니다.

# Part 3 언론사 '빈출상식'

## 분야별 출제 유력 256제

언론사 상식시험에 자주 나오는 상식만을 선별하여 시험에 나오는 분야별로 정리하였습니다. 또한 출제기관을 통해 자신이 가고픈 언론사의 출제경향을 다시 한 번 확인할 수 있도록 구성하였습니다.

# Part 4 실전모의고사

## 실전 유형 모의평가 5회

언론사 실제 시험 유형에 맞게 단답형, 서술형 등 빈틈없는 유형별 학습으로 실전의 감을 익힐 수 있도록 하였습니다. 실전모의고사를 통해 자신의 실력을 최종점검하고 실전에 철저히 대비할 수 있습니다.

# CONTENTS
## 이 책의 목차

**PART 01** 최신 시사상식

최신 시사상식 키워드 60선 · · · · · · · · · · · · · · · · · · · · · · · · · · · · · · **12**

꼭 알아둬야 할 빈출 Awards · · · · · · · · · · · · · · · · · · · · · · · · **32**


**PART 02** 언론사 '최신시사' 분야별 출제 유력 144제

미디어 출제 유력 12제 · · · · · · · · · · · · · · · · · · · · · · · · · · · · **40**

국제 · 정치 출제 유력 24제 · · · · · · · · · · · · · · · · · · · · · · · · **46**

경제 · 경영 출제 유력 24제 · · · · · · · · · · · · · · · · · · · · · · · · **58**

사회 · 법률 출제 유력 12제 · · · · · · · · · · · · · · · · · · · · · · · · **70**

문화 · 문학 출제 유력 16제 · · · · · · · · · · · · · · · · · · · · · · · · **76**

예술 · 스포츠 출제 유력 24제 · · · · · · · · · · · · · · · · · · · · · · **84**

한국사 출제 유력 4제 · · · · · · · · · · · · · · · · · · · · · · · · · · · · · · **96**

인문 · 세계사 출제 유력 4제 · · · · · · · · · · · · · · · · · · · · · · · · **98**

과학 · IT 출제 유력 20제 · · · · · · · · · · · · · · · · · · · · · · · · · · **100**

우리말 · 한자 출제 유력 4제 · · · · · · · · · · · · · · · · · · · · · · · · **110**

## PART 03 · 언론사 '빈출상식' · 분야별 출제 유력 256제

미디어  출제 유력 20제 · · · · · · · · · · · · · · · · · · · · · · · · · · · · · · · · · · · · · · · · · · · · · · · **114**

국제 · 정치  출제 유력 36제 · · · · · · · · · · · · · · · · · · · · · · · · · · · · · · · · · · · · · · · · **124**

경제 · 경영  출제 유력 28제 · · · · · · · · · · · · · · · · · · · · · · · · · · · · · · · · · · · · · · · **142**

사회 · 법률  출제 유력 20제 · · · · · · · · · · · · · · · · · · · · · · · · · · · · · · · · · · · · · · · **156**

문화 · 문학  출제 유력 16제 · · · · · · · · · · · · · · · · · · · · · · · · · · · · · · · · · · · · · · · **166**

예술 · 스포츠  출제 유력 32제 · · · · · · · · · · · · · · · · · · · · · · · · · · · · · · · · · · **174**

한국사  출제 유력 32제 · · · · · · · · · · · · · · · · · · · · · · · · · · · · · · · · · · · · · · · · · · · **190**

인문 · 세계사  출제 유력 24제 · · · · · · · · · · · · · · · · · · · · · · · · · · · · · · · · · · **206**

과학 · IT  출제 유력 28제 · · · · · · · · · · · · · · · · · · · · · · · · · · · · · · · · · · · · · · · · **218**

우리말 · 한자  출제 유력 20제 · · · · · · · · · · · · · · · · · · · · · · · · · · · · · · · · · · **232**

## PART 04 · 실전모의고사 · 실전 유형 모의평가 5회

1회차  선다형 · 단답형 · 약술형 20제 · · · · · · · · · · · · · · · · · · · · · · · · · · **244**

2회차  선다형 · 단답형 · 약술형 20제 · · · · · · · · · · · · · · · · · · · · · · · · · · **248**

3회차  선다형 · 단답형 · 약술형 20제 · · · · · · · · · · · · · · · · · · · · · · · · · · **252**

4회차  선다형 · 단답형 · 약술형 20제 · · · · · · · · · · · · · · · · · · · · · · · · · · **256**

5회차  선다형 · 단답형 · 약술형 20제 · · · · · · · · · · · · · · · · · · · · · · · · · · **260**

**정답 및 해설** · · · · · · · · · · · · · · · · · · · · · · · · · · · · · · · · · · · · · · · · · · · · · · · · · · · · · · **264**

# 01

언론사 합격의 Key
최신시사 · 빈출상식 단기완성
기출이 답이다!

# 최신 시사상식

# 최신 시사상식 키워드 60선

## 01 청년기본자산

**경제학자 토마 피케티가 경제 불평등 해소를 위해 내놓은 청년복지 방안**

청년기본자산은 프랑스 경제학자 토마 피케티가 경제 불평등 해소를 위해 청년에게 성인 평균자산 60%를 보편적 급여로 제공해 기본자산제를 형성하자고 제안한 방안이다. 2020년 피케티의 저서 〈자본과 이데올로기 (Capital and Ideology)〉에서 처음 언급됐으며, 경제 양극화 해소를 위해서는 사적 소유에 부과되는 모든 세금을 누진 소유세로 통합하고, 그 재원을 청년 자본지원에 써 모두를 위한 사회적 상속을 실현하자고 주장했다. 소득과 자산 불평등이 커지면서 일정한 소득 보장만으로는 불평등을 완화하는 데 한계가 있기 때문에 기본소득을 넘어 '청년기본자산'이 거론됐다.

**왜 이슈지?** 한국판 청년기본자산은 2020년 10월 김두관 더불어민주당 의원이 신생아에게 2,000만원을 지급하고 특정 이율을 적용한 뒤 이들이 성인이 되면 목돈으로 받도록 제안한 '기본자산제'가 대표 사례다.

## 02 제로웨이스트 Zero Waste

**일상생활에서 쓰레기를 줄이기 위한 환경운동**

일상생활에서 쓰레기가 나오지 않도록 하는(Zero Waste) 생활습관을 이른다. 재활용 가능한 재료를 사용하거나 포장을 최소화해 쓰레기를 줄이거나 그것을 넘어 아예 썩지 않는 생활 쓰레기를 없애는 것을 의미한다. 비닐을 쓰지 않고 장을 보거나 포장 용기를 재활용하고, 대나무 칫솔과 천연 수세미를 사용하는 등의 방법으로 이뤄진다. 친환경 제품을 사는 것도 좋지만 무엇보다 소비를 줄이는 일이 중요하다는 의견도 공감을 얻고 있다. 환경보호가 중요시되면서 관련 캠페인이 벌어지고 있다.

**왜 이슈지?** 2021년 1~2월의 도서판매는 환경 도서가 인기를 끈 것으로 나타났다. 그 중 '제로웨이스트'가 최근 서점가의 새로운 키워드로 떠올랐다.

## 03 파리기후변화협약 Paris Climate Change Accord

**온실가스 감축을 목표로 파리에서 체결된 제21차 유엔기후변화협약**

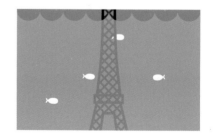

프랑스 파리에서 2015년 12월 12일에 열린 제21차 유엔기후변화협약에서 195개 협약 당사국이 지구온난화 방지를 위해 채택한 협정이다. 지구 평균 기온이 산업화 이전보다 2도 이상 상승하지 않도록 온실가스를 단계적으로 감축하는 방안으로서, 2020년에 만료된 교토의정서(1997)를 대신하여 2021년부터 적용됐다. 이전까지는 의무 감축대상이 선진국이었지만 파리기후변화협약은 선진국과 개발도상국 구분 없이 모든 국가가 자국이 스스로 정한 방식에 따라 의무적인 온실가스 배출 감축을 시행한다.

**왜 이슈지?** 미국이 전 세계의 온실가스 감축 목표를 담은 파리기후변화협약 당사국에 포함됐다. 2021년 2월 20일 조 바이든 미 대통령은 행정성명을 통해 도널드 트럼프 전 대통령이 2020년 11월 탈퇴한 파리기후변화협약에 공식 복귀했다.

## 04 동학개미운동

### 코로나19 국면의 주가 급락세를 개인들이 나서 방어한 것

2020년 초 들어 코로나19 사태로 유가증권시장을 중심으로 외국인 투자자가 기록적인 매도 행진을 이어가자 개미라고 불리는 국내 개인 투자자들이 매도 물량을 고스란히 받아주면서 시장을 방어하게 된 현상을 가리킨다. 구한말 동학농민운동에 빗댄 신조어다. 당시 개인 투자자의 주식투자 열풍의 중심에는 삼성전자가 있다. 한 때 외국인 투자자가 가장 많이 순매수한 종목이 삼성전자였으며 개인들이 가장 많이 사들인 종목도 삼성전자였다. 덕분에 국내 증시의 반등 탄력이 강해졌다는 분석이다.

**왜 이슈지?** '동학개미운동'으로 시작된 주식 열풍이 코스피 3000 시대에도 계속되고 있다. 전문 투자가 못지않게 고수익을 누리는 '스마트개미', 해외 주식시장으로 진출한 '서학개미' 등 다양한 개인투자자들이 등장했다.

## 05 디지털포렌식 Digital Forensic

### 디지털 정보를 분석해 범죄 단서를 찾는 수사기법

디지털 증거를 수집·보존·처리하는 과학적·기술적인 기법을 말한다. '포렌식(Forensic)'의 사전적 의미는 '법의학적인', '범죄 과학 수사의', '재판에 관한' 등이다. 법정에서 증거로 사용되려면 증거능력(Admissibility)이 있어야 하며 이를 위해 증거가 법정에 제출될 때까지 변조 혹은 오염되지 않는 온전한 상태(Integrity)를 유지하는 일련의 절차 내지 과정을 디지털포렌식이라고 부른다. 초기에는 컴퓨터를 중심으로 증거수집이 이뤄졌으나 최근에는 이메일, 전자결재 등으로 확대됐다.

**왜 이슈지?** 중소벤처기업부에서는 퇴직 직원이나 내부 직원에 의해 기술 유출이 의심되는 중소기업이 신속하게 증거를 확보할 수 있도록 디지털포렌식을 지원한다.

## 06 뒷광고

### 광고비를 받은 사실을 소비자에게 밝히지 않고 하는 제품 홍보

유튜버 등 유명 인플루언서들이 업체로부터 광고비나 제품 등의 협찬을 받고 해당 상품을 사진, 영상 등으로 홍보하면서도 이를 알리지 않은 채 자신들이 직접 구매한 것처럼 하는 광고를 일컫는다. 일반적인 광고가 광고임을 명시하고 제품을 홍보하는 방식이라면, '뒷광고'는 소비자가 광고임을 알아채지 못하도록 뒤로 살짝 숨긴 광고라는 의미의 신조어다. 뒷광고는 대중에게 영향력이 큰 인플루언서들이 대가를 받은 사실을 숨긴 채 제품을 홍보했다는 점에서 소비자 기만행위라는 지적을 낳았다.

**왜 이슈지?** 광고주가 아닌 제3자가 추천·보증하는 일명 '뒷광고'를 금지하는 표시·광고 추천보증심사지침 개정안이 경제적 이해관계를 포함하여 2020년 9월 1일부터 시행됐다.

## 07 반도체 슈퍼사이클 Commodities Super-cycle
### 반도체 기억소자(D램) 가격이 크게 오르는 시장 상황

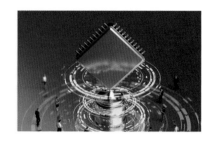

PC, 스마트폰 등에 들어가는 D램 가격의 장기적인 가격상승 추세 또는 시장상황을 말하며 '슈퍼사이클'은 20년 이상의 장기적 가격상승 추세를 뜻한다. 반도체 슈퍼사이클은 주요 제품인 D램의 평균판매단가(ASP)가 2년 연속 상승하는 구간을 말한다. PC 수요가 급증했던 1994~1995년을 1차, 클라우드와 서버 수요가 컸던 2017~2018년을 2차로 부른다. 코로나19로 비대면경제가 확산하면서 서버나 노트북수요 등이 늘어나며 2021년 글로벌 반도체시장이 전년 대비 약 8~10% 증가하고, 메모리시장은 약 13~20% 증가할 것으로 전망된다.

**왜 이슈지?** D램 가격이 2021년 3월 기준 석달 전과 비교해 50% 넘게 뛰며 반도체 슈퍼사이클(장기 호황)에 접어들었다는 분석이 나온다.

## 08 고위공직자범죄수사처(공수처)
### 고위공직자의 범죄 사실을 수사하는 독립된 기관

대통령을 비롯해 국회의원, 국무총리, 검사, 판사, 경무관급 이상 경찰 등 고위공직자들이 직무와 관련해 저지른 범죄에 대한 수사를 전담하는 기구로, 줄여서 '공수처'로 부른다. 공수처 설치는 1996년 참여연대가 고위공직자비리수사처를 포함한 부패방지법안을 입법 청원한 지 23년, 고(故) 노무현 전 대통령이 2002년 대선공약으로 내건 지 17년 만인 2019년 12월 30일 입법화가 이뤄졌다. 2021년 1월 21일에 공수처가 공식 출범되면서 초대 공수처장으로 김진욱 헌법재판소 전 선임연구관이 임명됐다.

**왜 이슈지?** 검찰이 김학의 사건을 고위공직자범죄수사처(공수처)로 이첩했다. 이에 따라 김학의 전 법무부 차관에 대한 불법적인 출국금지 의혹 수사가 공수처의 1호 사건이 됐다.

## 09 공모주 청약
### 기업 상장이 결정됐을 때 공개적으로 투자자를 모집하는 것

투자자가 증권사에 IPO(Initial Public Offering) 공모주를 사겠다고 신청하는 행위를 말한다. IPO는 기업공개라는 뜻으로 기업이 코스닥, 코스피 등에 상장 시 회사 주식을 매입할 개인 투자자를 공개 모집하는 것을 뜻한다. 공모주는 공개 모집 주식의 준말인데 공모주 청약을 한 투자자가 주식을 배정받게 되면 공모주 배정이 이뤄진다. 공모주 청약에 신청하는 모두가 공모주를 배정받는 것은 아니며 공모주에 몰리는 경쟁률과 기준에 따라 공모주 청약이 성공 여부가 달라진다.

**왜 이슈지?** 코로나19 백신을 위탁받아 생산하고, 국내 유통도 담당하고 있는 SK바이오사이언스가 코스피 상장을 위한 본격적인 공모주 청약 절차에 들어가자 2020년 SK바이오팜의 투자 열풍을 넘어설지 주목됐다.

## 10 퍼플오션 Purple Ocean
### 레드오션에서 새로운 분야를 개척하는 것

포화 상태에 이르러 경쟁이 치열한 기존 레드오션(Red Ocean)에서 새로운 아이디어나 기술 등을 적용함으로써 자신만의 새로운 가치 시장인 블루오션(Blue Ocean : 미개척시장)을 형성하는 것을 말한다. 레드오션과 블루오션의 장점만을 취하는 경영 전략이라고 할 수 있다. 레드와 블루를 혼합하면 얻을 수 있는 색이 퍼플(보라색 또는 자주색)이라는 점에 착안해 만들어진 용어다. 전통적으로 시장을 주도해온 섬유(의류) 시장에 IT(정보기술)를 접목시킨 스마트 섬유(의류) 분야 등을 예로 들 수 있다.

**왜 이슈지?** 관련 시장의 성장 가능성이 높게 점쳐지며 펫보험 시장이 보험업계 퍼플오션으로 평가받았다. 펫보험은 반려인 맞춤 보장 확대라는 새로운 시장을 개척해 훈풍을 불어왔다.

## 11 퀀텀점프 Quantum Jump
### 에너지가 다음 단계로 급격히 진입하는 현상

물리학 용어로, 양자세계에서 양자가 어떤 단계에서 다음 단계로 갈 때 계단의 차이만큼 뛰어오르는 현상을 말한다. 에너지가 다음 단계로 급격히 진입하는 것을 가리킨다. 즉, 어떤 일이 연속적으로 조금씩 진척되는 것이 아니라 마치 사람이 계단을 뛰어오르듯이 빠른 속도로 다음 단계로 올라가는 것을 의미하며 대도약으로 부르기도 한다. 경제 분야에서는 기업이 사업구조나 사업방식, 기술 등의 혁신을 통해 단기간에 비약적으로 성장하는 경우를 나타내는 용어다. 압축성장이라는 표현이 쓰이기도 한다.

**왜 이슈지?** 삼성바이오로직스가 코로나 팬데믹을 뚫고, 창립 9년 만에 매출 1조 클럽 반열에 올랐다. 소위 현대물리학에서 말하는 '퀀텀점프(Quantum Jump)'에 비견될 정도다.

## 12 중대재해 기업처벌법(중대재해법)
### 산업재해 방지를 위해 기업의 책임을 대폭 강화하는 법안

일명 김용균법인 산업안전법이 산업현장의 안전규제를 대폭 강화했다면 중대재해법은 더 나아가 경영책임자와 기업에 징벌적 손해배상책임을 부과한다. 중대한 인명피해를 주는 산업재해가 발생했을 경우 경영책임자 등 사업주에 대한 형사처벌을 강화하는 내용이 핵심이다. 노동자가 사망하는 산업재해가 발생했을 때 안전조치 의무를 미흡하게 이행한 경영책임자에게 징역 1년 이상, 벌금 10억원 이하 처벌을 받도록 했다. 법인이나 기관도 50억원 이하의 벌금형에 처하도록 했다. 2022년부터 시행되며 50인 미만 사업장에는 공포된 지 3년 후부터 시행된다.

**왜 이슈지?** 2021년 1월 8일 이른바 '중대재해 기업처벌법(중대재해법)'이 국회 본회의를 통과했다. 중대재해법이 실행되면 미흡한 안전조치로 산재 사고가 나면 경영책임자 등은 1년 이상의 징역형에 처하게 된다.

## 13 그린뉴딜 Green New Deal

### 코로나19 이후 시대를 대비하는 친환경적 성장전략

'그린(Green)'과 '뉴딜(New Deal)'의 합성어로, 그린은 저탄소 · 친환경 · 자원절약 등으로 대표되는 성장전략을 의미하며, 뉴딜은 경기부양과 일자리창출용 대규모 공공투자사업을 가리킨다. 따라서 친환경적인 성장전략을 경제 성장과 연계해 추진하는 것으로 볼 수 있다. 이명박 정부 시절 '녹색성장'으로 불렸으며, 문재인 정부에서 코로나19 사태 이후 시대를 대비하기 위해 제시한 한국판 뉴딜 정책 중 하나다. 녹색성장의 업그레이드 버전으로, 디지털화와 기후변화 대응에 방점이 찍혔다.

**왜 이슈지?** 2022년 8월 준공되는 정부세종 신청사가 신재생에너지와 에너지 절감 첨단 기술을 활용해 그린뉴딜을 대표하는 공공건축물로 조성된다.

## 14 다크웹 Dark Web

### 특정 환경의 인터넷 브라우저에서만 접속되는 웹사이트

네이버나 구글 같은 일반 인터넷 검색 엔진에서 검색되지 않고 독자적인 네트워크나 특정 브라우저로만 접속할 수 있는 비밀 웹사이트를 말한다. 누가 어떤 활동을 했는지 흔적이 남지 않아 일종의 '숨겨진 인터넷'이라고 볼 수 있다. 인터넷 프로토콜(IP)을 여러 차례 바꾸고 통신 내용을 암호화하는 특수 프로그램으로 접속하기 때문에 IP 추적이 어렵다. 익명성이 보장됨에 따라 음란물이 유통되고 마약 · 무기 · 해킹 툴 · 개인정보 등의 매매가 빈번히 이뤄지는 '인터넷 암시장'으로도 활용된다.

**왜 이슈지?** 경찰이 2021년 10월 말까지 성착취물 관련 사이버성폭력 범죄 집중단속을 실시한다. 중점 단속대상은 디스코드 · 다크웹 등 성착취물 불법유통망과 함께 성착취물 등을 제작 · 유통하는 공급자, 구매 · 소지 · 시청하는 이용자다.

## 15 스윙보터 Swing Voter

### 선거에서 누구에게 투표할지 결정하지 못한 유권자

확고하게 지지하는 정당이나 정치인이 없어 선거 당시의 상황이나 관심사항, 정책 등을 고려해 투표를 하는 유권자를 말한다. 마음이 흔들리는 투표자라는 의미로, '플로팅보터(Floating Voter)'라고도 부른다. 우리말로는 미결정 투표자 혹은 부동층 유권자로 표현되며, 이들이 선거결과를 가를 수 있어 선거 후반부로 갈수록 후보들의 집중 공략 대상으로 떠오른다. 이들은 대개 이념적으로 중도성향을 띠며 각 정당의 정강 · 정책 차이를 염두에 두지 않는 경향이 있다.

**왜 이슈지?** 윤석열 전 검찰총장이 차기 대권주자 선호도에서 2위를 차지했다. 특히 눈길을 끄는 대목은 대선의 승패를 사실상 결정하는 '스윙보터' 지역과 성향인 서울 · 충청, 중도층에서는 1위를 차지한 점이다.

## 16 갭투자

### 전세를 끼고 주택을 구매해 수익을 올리는 투자 방법

주택의 매매가격과 전세가격의 차이(갭 : Gap)가 작을 때 전세를 끼고 주택을 매입해 수익을 내는 방식이다. 즉 매매가격과 전세가격의 차이만큼의 돈을 갖고 주택을 매입한 후 전세 계약이 종료되면 전세금을 올리거나 주택 매매가격이 오른 만큼의 차익을 얻을 수 있는 형태다. 이는 역으로 매매나 전세 수요가 줄어 매매가격이나 전세가격이 떨어지면 문제가 생기는 것을 뜻한다. 주택 매매가격이 떨어지면 전세 세입자가 집주인에게 전세보증금을 돌려받지 못하는 이른바 '깡통전세'가 속출할 수 있다.

**왜 이슈지?** 2021년 2월 19일부터 수도권 분양가상한제 적용 아파트에는 최대 5년의 실거주 의무 기간이 부여되는 일명 '전·월세 금지법'이 시행됐다. 최소 2년간 의무 거주 기간을 두어 '갭투자'를 방지하기 위한 정책이다.

## 17 EU 플라스틱세 EU Plastic Tax

### EU에서 플라스틱 사용을 줄이기 위해 2021년부터 시행된 환경세

유럽연합(EU)에서 재활용이 불가능한 플라스틱 폐기물에 세금을 부과하는 규제안이다. EU의 플라스틱세는 기업이 아니라 국가에 부과된다. 즉 EU 회원국은 재활용되지 않는 플라스틱 폐기물의 양을 계산해 그에 상응하는 세금을 EU에 내야 한다. 2017년 UN 해양회의에서 플라스틱 폐기물 감축을 위한 방안으로 먼저 언급됐다. 플라스틱 포장 폐기물에 대해 kg당 0.8유로의 요금을 부과하는 법안은 2020년 7월 21일 EU 이사회를 통과했고 2021년 1월 1일부터 시행됐다. EU 집행위는 플라스틱세 도입후 연 66억 유로의 추가 세수를 얻을 것으로 전망했다.

**왜 이슈지?** 독일 슐체 환경부 장관은 EU 플라스틱세 도입에 찬성하며 플라스틱 사용이 줄어들면 그린 딜(Green Deal)에 기여할 수 있다며 입장을 밝혔다.

## 18 레몬마켓 Lemon Market

### 저품질의 재화나 서비스가 거래되는 시장

경제학에서 레몬(Lemon)이 '열등재'의 의미를 갖고 있다는 것에 착안해 시고 맛없는 레몬만 있는 시장처럼 저품질의 재화나 서비스를 거래하는 시장 혹은 그러한 시장 상황을 가리키는 용어로 쓰인다. 레몬마켓은 정보의 비대칭성 때문에 생긴다. 제품 정보를 많이 알고 있는 판매자가 자신에게 유리한 계약 체결을 위해 구매자에게는 제품의 결함 등 숨겨진 정보를 알려주지 않게 돼 시장에서는 우량품 대신 저급품만 유통되는 것이다. 반대로 우량재가 모인 시장은 '피치마켓(Peach Market)'이라고 부른다.

**왜 이슈지?** 현대차가 대표적인 레몬마켓으로 불리는 중고차 시장의 문제를 직접 나서 해소하겠다는 계획을 밝히며 중고차 시장 진출을 공식화했다.

### 19 퍼펙트스톰 Perfect Storm

**한꺼번에 몰려오는 초대형 위기**

크고 작은 악재들이 동시다발적으로 일어나면서 직면하게 되는 절체절명
(絕體絕命)의 위기 상황을 가리킨다. 원래는 위력이 약했던 태풍이 다른
자연현상을 만나 엄청난 파괴력을 가진 태풍으로 바뀌는 것을 의미했으
나 요즘에는 여러 분야에서 다양한 요인들에 의해 겪게 되는 초대형 복합
적 위기를 표현하는 말로 주로 쓰인다. 특히 경제분야에서 자주 등장한
다. 큰 사고가 일어나기 전에 반드시 유사한 작은 사고와 사전징후가 나
타난다는 '하인리히 법칙(Heinrich's Law)'이 관련 법칙으로 거론된다.

**왜 이슈지?** 2020년 초 코로나19, 여름 태풍·수해까지 겹치면서 악화된 북한 경제가 '퍼펙트스톰'을 맞을 수 있다는 우려가 나왔다.

### 20 코드커팅 Cord-cutting

**유료방송 서비스를 해지하고 OTT로 이동하는 것**

'TV 선 자르기'로, 유선TV 가입을 해지하고 인터넷TV나 동영상 스트리
밍 서비스 등으로 옮겨가는 것을 말한다. 이는 TV나 PC, 태블릿PC, 스마
트폰 등 다양한 기기에서 하나의 콘텐츠를 끊김없이 이용할 수 있게 해주
는 서비스인 N스크린과 새로운 사업자가 인터넷으로 드라마나 영화 등
다양한 미디어 콘텐츠를 제공하는 서비스인 OTT(Over The Top)의 발달
에 따른 것이다. TV 선을 자르지 않고 OTT 서비스에 추가로 가입하는 것
을 '코드스태킹(Cord-stacking)'이라고 한다.

**왜 이슈지?** 문화체육관광부와 국립국어원은 '코드커팅'을 대체할 쉬운 우리말로 '유선 해지'를 선정했다.

### 21 디지털세 Digital Tax

**거대 기술기업의 디지털매출에 법인세와는 별도로 부과한 세금**

구글·애플·아마존·페이스북 등 거대 기술기업이 의도적으로 절세하는
것을 막기 위해 부여하는 디지털부과세이다. 대표 기업인 구글의 이름을
따서 '구글세'라고 부르기도 한다. IT기업은 물리적 사업장이 없기 때문에
해당 지역에서 발생한 이익에 법인세 과세가 어렵다. 따라서 디지털세는
영업장 위치와 관계없이 해당 지역 내 디지털 매출에 따라 세금을 부과한
다. OECD 주요 20개국(G20)의 포괄적 이행체계(IF ; Inclusive
Framework)가 디지털세 최종방안 합의 시점을 2021년 중반으로 공식
연장하면서 실제 과세까지는 상당기간이 걸릴 것으로 전망됐다.

**왜 이슈지?** 조 바이든 미국 행정부가 주요 20개국(G20)의 디지털세 협상에서 '선택 과세' 주장을 철회했다. 이는 2021년 7월까지 디지
털세 협상을 타결하기 위한 청신호가 됐다.

## 22 공정경제 3법
**상법 · 공정거래법 · 금융그룹감독법 개정에 관한 법률**

상법 개정안과 공정거래법 개정안, 그리고 금융그룹 감독에 관한 법률 개
정안이다. 상법 개정안은 감사위원분리 선출 시 대주주의 의결권을 3%로
제한하는 '3%룰'을 담고 있다. 공정거래법 개정안에는 대기업 집단 일감
몰아주기 규제와 전속고발권 폐지가 들어 있다. 금융그룹 감독 개정안은
금융 지주회사가 없는 대형 금융그룹의 감독을 강화하는 내용이다. 금융
지주회사란 은행, 보험 등 금융 자회사의 지분을 갖고 있는 회사들을 뜻
한다.

**왜 이슈지?** 우리나라 기업 10곳 중 8곳은 2020년 국회를 통과한 '기업규제 3법(공정경제 3법)'에 대응해 고용 · 투자를 줄이거나, 사업
장을 해외로 이전하는 방안을 검토하고 있는 것으로 나타났다.

## 23 코로나 블루 Corona Blue
**코로나19 장기화로 인해 생기는 우울함과 불안감**

코로나19와 우울을 뜻하는 영단어 'Blue'가 합쳐진 단어다. 코로나19 감
염 공포증과 사회적 거리두기 장기화에 따른 경제 악화, 고립감 등으로
느끼는 우울함, 불안감을 말한다. 코로나19가 길어지며 우울을 넘어 분노
를 느끼는 코로나 레드(Corona Red)와 모든 상황에 암담함을 느끼는 코
로나 블랙(Corona Black)과 같은 단어도 새롭게 등장했다. 코로나19로
생긴 우울, 분노를 해소하기 위한 노력으로는 규칙적인 생활과 야외에 나
가 산책을 하며 햇빛을 쐬기 등이 있다.

**왜 이슈지?** 전남 영광군이 코로나19 장기화로 발생하는 우울 · 불안 · 스트레스 등 이른바 '코로나 블루' 전문 심리 치유 서비스를 제공
해 호평을 받았다.

## 24 규제샌드박스 Regulatory Sandbox
**새로운 시장을 위해 여러 규제를 제한적으로 완화해주는 제도**

어떤 산업 분야에서 새로운 시장이 생겨날 조짐이 보일 때 기업들이 투자
할 수 있는 동력을 낼 수 있게끔 해당 분야에 가해지던 여러 규제를 제한
적으로 완화하는 것이다. 어린아이가 위험 걱정 없이 마음 놓고 놀 수 있
는 모래놀이터(Sandbox)에서 유래했다. 2016년 영국이 최초로 금융 부
분에 규제샌드박스를 도입한 뒤 세계 여러 나라에서 시행 중이다. 우리나
라 문재인 정부의 규제샌드박스는 혁신성과 안정성을 바탕으로 기업이
자유롭게 시도할 수 있는 환경인 '혁신의 실험장'을 만들겠다는 목표를 두
고 있다.

**왜 이슈지?** 국내 최초로 연구 개발한 부천형 스마트 주차 로봇 '나르카'가 규제샌드박스를 통과하고 본격적인 실증에 나섰다.

## 25 포워드 가이던스 Forward Guidance
### 경제분야에서 중앙은행이 미리 정책 방향을 외부에 알릴 때 쓰는 용어

선제적 안내라는 뜻으로 주로 중앙은행이 앞으로의 경제상황을 예측하여 미래의 통화정책 방향을 미리 예고해 시장을 안정화하는 통화정책이다. 2008년 리먼브라더스 사태가 몰고 온 글로벌 금융위기 때 미국 중앙연방은행(FRB)이 처음으로 도입했다. 포워드 가이던스는 크게 세 가지 형태로 나뉜다. ① 중앙은행의 행태를 미리 약속하는 오이데우스 방식, 미래 경제상황 공표를 통해 중앙은행 행태를 예측하는 델포이 방식, ② 기간이나 상황을 제시하는 기간조건부 또는 상황조건부, ③ 향후 정책금리 전망을 수치화해서 공표하는 의결문이나 기자 간담회를 통해 발표하는 방식이다.

**왜 이슈지?** 제롬 파월 미 연준(Fed) 의장이 2023년까지 완전고용으로 평가할 정도로 실업률이 떨어지고, 물가가 기존 목표치(2%)를 일정 기간 완만하게 초과할 때까지 현행 금리를 유지한다는 내용의 '포워드 가이던스'를 발표했다.

## 26 온라인플랫폼법 Regulatory Sandbox
### 대형 온라인플랫폼의 '갑질'을 예방하기 위해 입법한 제도

공정거래위원회가 대형 온라인플랫폼의 '갑질'을 규제하기 위해 내놓은 법안이다. '온라인플랫폼 중개거래의 공정화에 관한 법률(온라인플랫폼법)'에 따르면 법 적용 대상은 업체와 소비자 중간에서 상품·서비스 거래를 알선하는 플랫폼 중 수수료 등을 통한 매출액과 중개거래액이 일정 규모 이상 플랫폼으로 제한한다. 매출액 기준은 100억원 이상, 중개거래액은 1,000억원 이내이다. 국내 플랫폼뿐만 아니라 해외에 주소 혹은 영업소를 둔 곳도 포함된다.

**왜 이슈지?** 공정거래위원회가 일명 '온라인플랫폼법'을 발표하고 플랫폼 사업자 독점력 남용행위 판단 기준 등을 구체화한 심사지침을 2021년 상반기 내 마련한다는 계획을 세웠다.

## 27 구독경제 Subscription Economy
### 구독료를 내고 필요한 물건이나 서비스를 이용하는 것

일정 기간마다 비용(구독료)을 지불하고 필요한 물건이나 서비스를 이용하는 경제활동을 뜻한다. 영화나 드라마, 음악은 물론이고 책이나 게임에 이르기까지 다양한 품목에서 이뤄지고 있다. 이 분야는 스마트폰의 대중화로 빠르게 성장하고 있는 미래 유망 산업군에 속한다. 구독자에게 동영상 스트리밍 서비스를 제공하는 넷플릭스의 성공으로 점차 탄력을 받고 있다. 특정 신문이나 잡지 구독과 달리 동종의 물품이나 서비스를 소비자의 취향에 맞춰 취사선택해 이용할 수 있다는 점에서 효율적이다.

**왜 이슈지?** 유통업계가 매달 정해진 구독료를 내면 필요한 상품이나 서비스를 일정 주기로 이용할 수 있는 '구독경제'로 눈을 돌리고 있다.

## 28 다크 넛지 Dark Nudge

**무의식 중에 비합리적 소비를 하도록 유도하는 상술**

팔꿈치로 툭툭 옆구리를 찌르듯 소비자의 비합리적인 구매를 유도하는 상술을 지칭하는 신조어다. '넛지(Nudge)'가 '옆구리를 슬쩍 찌른다'는 뜻으로 상대방을 부드럽게 설득해 현명한 선택을 하도록 돕는다는 개념으로 쓰이는데, 여기에 '다크(Dark)'라는 표현이 더해져 부정적인 의미로 바뀌게 된 것이다. 음원사이트 등에서 무료 체험 기간이라고 유인하고 무료 기간이 끝난 뒤에 이용료가 계속 자동결제되도록 하는 것이 대표적인 예다. 국립국어원은 이를 대체할 쉬운 우리말로 '함정 상술'을 선정했다.

**왜 이슈지?** 금융위원회가 '구독경제 소비자 보호 추진 방안'을 발표하고 자동결제 전환 7일 전 문자 통보 의무화해 소비자의 오인을 이용한 '다크 넛지'와 같은 은밀한 기만행위를 차단한다고 밝혔다.

## 29 옵서버 Observer

**회의에 특별히 참석할 수 있는 자격을 가진 사람**

회의 따위에서 정식 참가자(국가, 기관 등 포함)로 인정되지는 않지만 특별히 참석이 허용된 사람이다. 즉 정식 구성원은 아니지만 예외적으로 회의에 출석할 자격이 있는 '입회인', '참관인' 등을 뜻한다. 이들에게 발언권은 있으나 의결권은 없다. 국제연합(UN)에 정식으로 가입하지 않고 회의장에 출석하거나 관련 활동에 참가하고 있는 국가를 국제연합 옵서버라고 부르는 게 대표적이다. G20 정상회의, 국가안전보장회의(NSC) 등 각종 국제·국내 회의체 등에서 쓰이는 개념이다.

**왜 이슈지?** 대한민국 주도로 출범한 아시아산림협력기구(AFoCO)가 2020년 말 UN총회 옵서버 지위를 취득했다.

## 30 빅블러 Big Blur

**산업 간의 경계가 허물어지는 현상**

사물인터넷이나 인공지능 등 기술의 비약적인 발전이 산업 생태계를 변화시켜 산업 간의 경계가 허물어지고 있다는 뜻이다. 미래학자 스탠 데이비스가 1999년 출간한 저서 〈블러〉에서 유래했다. 스탠 데이비스는 흐릿해진다는 뜻의 영단어 'Blur'에 크다는 뜻의 형용사 'Big'을 붙여 더 흐릿해진다는 의미로 빅블러를 만들었다. 4차 산업혁명으로 인공지능(AI)과 빅데이터가 등장하면서 빅블러 현상은 더 심화될 것으로 보여진다. 주변에서 흔히 볼 수 있는 배달앱 혹은 매장 키오스크가 대표적인 사례다.

**왜 이슈지?** 4차 산업혁명을 통해 이종산업 간 융복합 서비스와 결합상품 개발이 더욱 활발해지며 '빅블러(Big Blur)' 현상이 가속화되고 있다.

## 31 데이터라벨링 Data Labelling

**데이터를 인공지능이 스스로 학습할 수 있도록 재가공하는 것**

사진·문서 등 사람이 만든 데이터를 인공지능(AI)이 스스로 인식할 수 있는 형태로 수집·분류·재가공하는 작업이다. AI가 학습할 데이터인 동영상이나 사진에 등장하는 사물 등에 라벨을 달아 주입하면 된다. AI는 이를 바탕으로 데이터들을 학습하면서 유사한 이미지를 인식하며 고품질의 알고리즘을 구축한다. 문재인 정부는 2020년 7월에 190만개의 공공일자리를 만든다는 '한국판 뉴딜 종합계획'을 발표하고 향후 데이터라벨링을 위한 청년 일자리 10만개를 만들겠다고 밝혔다.

**왜 이슈지?** 최근 인공지능(AI), 딥러닝(Deep Learning)을 통한 소프트웨어 개발이 증가하면서 기업들 사이에서 '데이터라벨링'이 핫한 키워드로 떠오르고 있다.

## 32 단통법

**이동통신 단말장치의 유통 질서를 확립하기 위한 법률**

'이동통신 단말장치 유통구조 개선에 관한 법률'의 줄임말로, 시장 투명화와 소비자 차별을 막기 위해 2014년 10월 시행됐다. 이통사와 제조사가 단말기 구매자에게 주는 지원금을 공시하고, 출시된 지 15개월이 지나지 않은 단말기에는 지원금 상한선을 설정한 게 골자다. 또한, 지원금을 받지 않는 소비자는 약정 기간 요금할인(선택약정)을 받을 수 있도록 했다. 이 법은 일부 소비자에게만 거액의 보조금을 주고 나머지는 이른바 '호갱'으로 만드는 불합리한 시장 구조를 바꾼다는 차원에서 시행됐다.

**왜 이슈지?** 전혜숙 더불어민주당 의원이 단말기유통구조개선법(단통법) 일부개정법률안을 대표발의했다. 대리점 판매점의 설명 의무를 강화해 휴대폰 서비스 관련 분쟁을 줄인다는 취지다.

## 33 한국방공식별구역 KADIZ ; Korea Air Defense Identification Zone

**대한민국 영공의 방위를 위해 별도로 설정한 구역**

대한민국의 국가안보상 항공기의 식별, 위치 결정 및 관제를 실시하기 위하여 영공 외곽의 일정 지역 상공에 설정한 방공 책임구역이다. '방공 식별권'이라고도 한다. 보통 일반적인 방공식별구역(ADIZ)에 국가의 영문명 첫 글자를 따서 사용하며 국제법상 해당 국가의 주권이 인정된다. 방공식별구역은 자국의 영공의 방위를 위해 인접한 공해의 상공에 국제법상 자위권에 근거해 별도로 설정한 구역이며 영공과 같은 영향력을 가진

다. 이 공역 내로 항적이 침투하거나, 포착될 때에는 반드시 식별한 후 국가안보에 위협이 된다면 퇴각시키거나 요격할 수 있다. 우리 정부는 한국의 방공식별구역을 이어도, 마라도, 홍도를 포함해 2013년 12월 13일 선포했다.

**왜 이슈지?** 우리나라 공군은 국산 신형 장거리레이더가 개발되면 공군의 중국 군용기 등에 대한 한국방공식별구역(KADIZ) 경계태세 역량 강화에 도움이 될 것으로 기대했다.

## 34 신용점수제

### 신용등급제를 대체하는 개인신용평가 점수 제도

개인신용평가 기준을 1~1,000점까지의 점수로 나타낸 지표다. 기존 신용등급제를 대체해 2021년 1월 1일부터 전 금융권에서 전면 시행됐다. 신용점수제가 실시되면서 앞으로는 신용평가를 할 때 등급에 따라 평가하는 것이 아니라 실제 신용상태를 적용해 세분화된 점수를 적용한다. 신용평가사(CB사)인 나이스평가정보와 코리아크레딧뷰로(KCB)는 개인의 신용등급을 산정하지 않고 신용점수만 산정해 금융사와 소비자 등에 제공한다. 근소한 차이로 하위 등급을 받은 사람이 대출 등에 제약을 받았던 문턱 효과가 완화되고 좀 더 정교한 여신심사가 가능해진다.

**왜 이슈지?** 카드론 평균금리가 신용점수제 도입 후 인하된 것으로 나타났다. 다만 신용도에 따라 효과가 달랐다. 고신용자에게 금리 인하 혜택이 쏠리기 때문이다.

## 35 인구 데드크로스

### 사망자 수가 출생자 수를 추월한 사회경제 현상

저출산·고령화 현상으로 출생자 수보다 사망자 수가 많아지며 인구가 자연 감소하는 현상이다. 우리나라는 2020년에 출생자 수가 27만명, 사망자 수는 30만명으로 인구 데드크로스 현상이 인구통계상에서 처음 나타났다. 인구 데드크로스가 발생하면 의료 서비스와 연금에 대한 수요가 늘어나며 개인의 공공지출 부담이 증가하게 된다. 또한 국가 입장에서는 노동력 감소, 소비위축, 생산 감소 등의 현상이 동반되어 경제에 큰 타격을 받는다.

**왜 이슈지?** 2016년에 2032년쯤으로 예상됐던 인구증감 교차점인 데드크로스가 2019년 발표에서는 2029년으로 당겨졌다. 실제로는 당초 예상보다 9년 빠른 2020년에 사망자 수가 출생아 수를 넘어서 인구 데드크로스가 발생했다.

## 36 스톡데일 역설 Stockdale Paradox

### 합리적 낙관주의를 이르는 심리학 용어

심리학 용어로 역경에 처했을 때 현실을 외면하지 않고 정면 대응하면 살아남을 수 있지만 곧 일이 잘 풀릴 거라고 낙관하면 쉽게 무너지게 된다는 '희망의 역설'을 의미한다. 베트남 전쟁에 투입됐다가 1965년 포로로 잡힌 미군 장교 제임스 본드 스톡데일(James Bond Stockdale)은 이후에 8년간의 수용소 생활을 견디고 살아서 고국으로 돌아갔다. 이는 그가 곧 풀려날 것이라고 기대를 했다가 거듭 좌절을 경험한 포로들과 달리 어려운 현실을 끝까지 직시하며 대비했기 때문에 가능했다.

**왜 이슈지?** 임영진 신한카드 사장은 희망의 역설인 '스톡데일의 역설(Stockdale Paradox)'처럼 불확실한 금융환경을 정면 돌파해 나가자고 밝혔다.

## 37 셰일오일 Shale Oil

### 미국에서 2010년대 들어서 개발되기 시작한 퇴적암 오일

퇴적암의 한 종류인 셰일층에서 채굴할 수 있는 '액체 탄화수소'를 가리키는 말이다. 이전에는 채굴 불가능하거나 시추 비용이 많이 들어 채산성이 없다고 여겨진 자원들이었다. 그런데 '수압파쇄', '수평시추' 등의 기술 개발로 셰일오일이 채산성을 갖춘 자원이 되면서 2010년 중반부터 생산량이 폭발적으로 늘어나 2018년에는 미국을 최대 산유국으로 만들었다. 현재 발견된 매장량은 향후 200년가량 사용할 것으로 추정된다. 미국은 셰일오일을 통해 에너지 자립을 이뤘고 중동산유국 등 유가에 대한 영향력이 축소됐다. 이를 '셰일혁명'이라고 부른다.

**왜 이슈지?** 2021년 상반기 원유 가격이 크게 오르면서 가격경쟁력을 회복한 미국 셰일오일의 생산이 다시 늘어날 것이라는 전망이 제기됐다.

## 38 딥페이크 Deep Fake

### 인공지능을 기반으로 한 인간 이미지 합성 기술

인공지능(AI) 기술을 이용해 제작된 가짜 동영상 또는 제작 프로세스 자체를 의미한다. 적대관계생성신경망(GAN)이라는 기계학습 기술을 사용, 기존 사진이나 영상을 원본에 겹쳐서 만들어낸다. '딥페이크'의 단어 유래 역시 동영상 속 등장인물을 조작한 이의 인터넷 아이디에서 비롯됐다. 2017년 12월 온라인 소셜 커뮤니티 레딧(Reddit) 유저인 '딥페이커즈(Deepfakes)'는 포르노 영상 속 인물의 얼굴을 악의적으로 유명인의 얼굴과 교체 · 합성해 유통시켰다.

**왜 이슈지?** 해외 온라인 족보 사이트 마이헤리티지(MyHeritage)가 딥페이크 기술을 활용한 '딥 노스탤지어' 서비스를 공개했는데 네티즌들이 이를 활용해 순국선열 유관순, 윤봉길 열사 등을 복원했다.

## 39 프리사이클링 Precycling

### 물건을 구매하기 전부터 쓰레기를 줄이는 소비를 하는 것

사전에 쓰레기를 줄이자는 환경보호 캠페인이다. '미리'를 뜻하는 '프리(Pre-)'와 재활용을 뜻하는 '리사이클링(Recycling)'의 합성어로 '사전 재활용'이라는 뜻이다. 물건구매 전부터 환경을 고려해 쓰레기를 최대한 줄이는 소비를 하는 것을 말한다. 프리사이클링 실천방법은 일회용품 줄이기, 전자영수증 발급받기 등이 있으며 기업에서도 불필요한 포장을 줄여 이를 실천하고 있다.

**왜 이슈지?** KDI국제정책대학원이 세계 환경의 날을 맞아 6월 한 달을 KDI대학원 '환경의 달'로 지정해 환경보호에 앞장서기 위해 '프리사이클링 KDIS'라는 슬로건으로 환경 보호 캠페인을 펼쳤다.

## 40 쿠어츠아르바이트 Kurzarbeit

**근로시간은 줄이고 고용상태는 유지하는 독일정부의 '조업단축' 프로그램**

조업단축이라는 뜻의 독일정부의 프로그램이다. 독일어로 '짧은, 단시간의' 의미를 지닌 'Kurz'와 '노동, 직업'을 의미하는 'Arbeit'의 합성어다. 제2차 세계대전 때 대량실업을 겪은 후 만들어진 정책이다. 경제 위기로 대량해고가 예상될 때 일시적으로 업무를 중단하거나 근로시간을 급격히 줄이는 대신에 정부지원금을 받고 고용상태를 유지해 월급의 60%를 지급한다. 독일기업인 루프트한자와 BMW, 폭스바겐, 다임러 등이 모두 이를 통해 코로나19에도 숙련된 근로자의 고용을 유지했다.

**왜 이슈지?** 코로나19로 경기가 어려워지자 독일에는 1,000만명이 넘는 근로자들이 독일 정부의 프로그램인 쿠어츠아르바이트(Kurzarbeit : 조업단축)에 지원했다.

## 41 패닉바잉 Panic Buying

**가격상승, 물량소진의 불안으로 과도하게 주식, 부동산 등을 구매하는 행위**

향후 가격상승이나 물량소진이 일어날 것이 예상될 때 그 이전에 최대한의 물량을 확보하려는 불안감으로 가격에 관계없이 주식, 부동산 등을 매점매석하는 현상이다. 우리말로는 '공황구매'라고 한다. 이 때문에 물량 확보를 위한 거래량이 증가하고 가격도 치솟는다. 패닉바잉으로 인해 가격이 급등하는 현상이 벌어진 시장은 '패닉마켓(Panic Market)'이라고 한다. 2020년 초 코로나19 사태로 인해 유럽 등지에서 가짜뉴스로 인해 휴지 사재기 등이 일어난 것을 대표적인 사례로 든다.

**왜 이슈지?** 2021년 들어서도 수도권 중저가 아파트 값이 지속적으로 상승하고 있다. 부동산 시장 불안이 지속하면서 내 집 마련에 조바심을 느낀 젊은 층의 패닉바잉(공황 매수)이 상승세를 견인하고 있다는 분석이다.

## 42 mRNA백신

**코로나19 백신에서 사용된 기존과 다른 새로운 백신기술**

핵 안의 유전정보를 세포질 내 리보솜에 전달하는 RNA백신이다. 기존의 백신이 바이러스 단백질을 체내에 직접 주입한다면, mRNA백신은 DNA상의 유전정보를 전령하는 방식으로 신체 면역 반응을 유도해 '전령(메신저) RNA'라고 부른다. 기존 백신과 달리 바이러스 항원 배양 시간이 들지 않아 시간이 절약된다는 장점이 있다. 하지만 보관온도 등 주변 환경에 매우 취약하다는 단점도 있다. 또한 새 방식으로 만들어진 백신인 만큼 접종 후 항체가 지속되는 시간이나 안정성 등 그간 구체적인 데이터가 쌓여있지 않다는 한계가 있다.

**왜 이슈지?** GC녹십자가 모더나 백신 4,000만회분을 국내에 유통한다. 이 백신은 항원 유전자를 RNA 형태로 인체에 주입해 체내 항원 단백질을 생성해 면역반응을 유도하는 mRNA백신이다.

## 43 팔길이 원칙 Arm's Length Principle
**정부가 지원은 하되 운영엔 간섭하지 않음으로써 자율권을 보장하는 원칙**

정부가 공공정책이나 특정 기관에 어느 정도 거리를 두고 지원은 하되, 그 운영에는 간섭하지 않아 자율권을 보장하는 방안이다. 문화산업 육성의 중요원칙으로 정부가 예술활동을 지원하되 간섭하지 않도록 팔길이만큼 거리를 둔다는 의미다. 정치권력으로부터 예술의 독립을 보장하기 위해 1945년 영국에서 '예술평의회(Arts Council)'를 창설하며 처음 고안됐다. 우리나라도 이 정책을 벤치마킹하여 1972년 문화예술진흥법을 제정하며 한국문화예술진흥원(ARKO ; Arts Council Korea)을 세웠다. 현재는 한국문화예술위원회로 불린다.

**왜 이슈지?** 이낙연 더불어민주당 대표가 "코로나 이익공유제는 강제가 아닌 민간의 자발적 참여로 추진해야 한다"고 밝히며 "당과 정부는 후원자 역할에 집중해야 한다"면서 팔길이 원칙을 강조했다.

## 44 은산분리
**산업자본의 은행 지분 소유에 제한을 두는 제도**

산업자본의 은행을 소유할 수 없도록 은행지분에 제한을 두는 제도다. 이에 따라 산업자본은 의결권 있는 은행지분을 4%까지만 보유할 수 있다. 다만 의결권 미행사를 전제로 금융위원회의 승인을 받으면 최대 10%까지 보유할 수 있다. 산업자본이 금융시장을 잠식하는 것을 막기 위함이자만, 이 규제로 인터넷전문은행 출범 과정에서 실소유주인 IT기업들이 인터넷전문은행의 대주주가 될 수 없는 한계가 발생했다. 2019년 인터넷전문은행법에서는 IT기업의 지분한도를 34%로 늘려 규제를 완화했다. 비슷한 용어로 금산분리가 있다.

**왜 이슈지?** 카카오가 카카오뱅크의 대주주가 됐다. 문재인 대통령이 '규제혁신' 대표 사례로 거론하며 힘을 실었던 '인터넷은행 은산분리 완화'의 첫 결실이다.

## 45 메타버스 Metaverse
**가상과 현실이 융합된 초현실세계**

가상·초월을 뜻하는 메타(Meta)와 현실세계를 뜻하는 유니버스(Universe)를 더한 말이다. 현실세계와 가상세계를 더한 3차원 가상세계를 의미한다. 자신을 상징하는 아바타가 게임, 회의에 참여하는 등 가상세계 속에서 사회·경제·문화적 활동을 펼친다. 메타버스라는 용어는 닐 스티븐슨이 1992년 출간한 소설 〈스노 크래시(Snow Crash)〉에서 처음 나왔다. 조 바이든 미국 대통령이 대선 당시 게임 '포트나이트'와 '동물의 숲'에서 유세활동을 펼치는 등 메타버스를 활용하는 사례가 증가하고 있다. 그룹 블랙핑크는 네이버가 만든 AR(증강현실) 아바타 플랫폼 '제페토'에서 팬 사인회를 진행했는데 이에 5,000만 명이 몰렸다.

**왜 이슈지?** 한국전자통신연구원(ETRI)이 발표한 '코로나 이후 글로벌 트렌드'에는 메타버스, 푸드테크, 중앙은행 디지털 화폐 등이 있다.

## 46 국가수사본부 Korean National Investigation Headquarters
**치안경찰과 수사경찰을 분리하여 경찰청 산하에 설치된 수사조직**

경찰 수사의 독립성과 수사역량 제고를 위해 2021년 1월 1일 공식 출범
된 수사기관이다. 검·경 수사권 조정 이후 경찰이 1차적 수사종결권을
갖게 되면서 경찰청 산하에 신설됐다. 치안경찰과 수사경찰을 분리해 경
찰의 수사 컨트롤타워 역할을 수행하여 한국판 FBI라 불린다. 국가수사
본부에는 기존 수사국을 두고 사이버수사국, 안보수사국, 형사국을 개
편·신설했다. 또 내부조직으로 수사인권담당관·수사기획조정관·과학
수사관리관을 뒀다. 경찰청 산하에 있지만 수사의 독립성을 위하여 경찰
청장도 국가수사본부의 수사를 구체적으로 지휘·감독 할 수 없다. 다만 테러 등 국가에 중대한 위험이 초래했을 때는
경찰청장이 국가수사본부장을 통해 개별 사건의 수사 지시를 내릴 수 있다.

**왜 이슈지?** 조응천 더불어민주당 의원은 중대범죄수사청 신설 법안과 관련해 "이미 전국 조직인 국가수사본부가 있음에도 별도로 중수
청을 만드는 것은 검찰 수사권을 완전히 박탈하겠다는 것"이라고 말했다.

## 47 딥스테이트 Deep State
**법의 범위를 넘어 국가에 강력한 영향력을 행사하는 숨은 권력집단**

국가의 공공이익에 봉사하지 않는 자기 권력화된 관료집단, 정부조직, 시민단체, 언론 등 기성세력을 의미한다. 터키,
이집트 등 중동 권위주의 국가의 군부세력이 겉으로는 행정가를 두고 수시로 정치에 개입하는 모습에서 처음 사용됐
으며 터키어로 '깊은 상태'를 뜻하는 'Derin Devlet'에서 유래됐다. 대중에 의해 선출되는 국회의원, 대통령과 같은 표
면적인 권력자들은 임기에 따라 주기적으로 교체되지만, 이들은 기득권층으로 국가 전반의 중대사에 강한 영향력을
행사한다.

**왜 이슈지?** 도널드 트럼프 미국 전 대통령이 미국 대통령 선거가 조작됐다며 패배를 거부했던 근거 중의 하나는 '딥스테이트(Deep
State)'였다.

## 48 브렉시트 Brexit
**영국의 유럽연합 탈퇴**

영국(Britain)과 탈퇴(Exit)를 합쳐서 만든 합성어로 영국의 유럽연합
(EU) 탈퇴를 의미한다. 영국과 EU의 관계는 1973년 EU의 전신인 유럽
경제공동체(EEC)에 가입 후 47년간 이어졌으나 2016년 브렉시트 국민투
표를 통해 논의가 시작됐다. 테리사 메이 전 총리가 2017년 3월 EU 탈퇴
에 서명하며 리스본 조약 50조가 발동됐다. 보리스 존슨 총리가 2019년
10월 EU 탈퇴협정을 최종으로 체결했고, 2020년 1월 31일에는 EU 회
원국이 브렉시트를 최종 승인했다. 다만 원활한 브렉시트의 진행을 위해
같은 해 12월 31일까지 영국의 EU 회원국 대우를 유지했다. 영국이 EU와 설정한 브렉시트(Brexit) 전환기간이 종료
되며 2021년부터 공식 발효됐다.

**왜 이슈지?** 브렉시트 이후 2021년 1월 영국 항구를 통해 유럽연합(EU)으로 넘어가는 수출 물량이 전년 1월과 비교해 68% 급감했다.

## 49 박스권

### 주가나 지지율 등이 일정한 범위를 벗어나지 않는 모습

주식시장에서 주가가 상한선과 하한선 사이 일정한 틀 안에 갇혀 있는 모습이 상자(Box) 같다고 붙여진 이름이다. 주가가 박스권을 형성한다는 것은 매수매도가 균형을 이룬 상태라는 의미이다. 박스권 장세에서는 수익을 내기가 어려워 거래량이 상대적으로 줄어드는 경향이 있다. 정치권에서는 지지율이 유의미한 수준으로 변동하지 못하는 것을 부정적인 측면에서 박스권에 갇혔다는 표현으로 사용한다. 부동지지세력인 콘크리트 지지층을 제외하고, 지지율이 25% 가량에서 멈췄을 때를 의미한다. 특히 대통령 지지율, 선호도 조사에서 자주 사용된다.

**왜 이슈지?** 하이투자증권은 2021년 3월 초 달러화가 제한적 박스권 등락을 이어갈 것으로 전망하면서 원·달러 환율도 박스권 흐름을 지속할 것이라고 분석했다.

## 50 리질리언스 Resilience

### 민간 우주항공기업 스페이스X에서 발사한 유인우주선

일론 머스크가 세운 스페이스X가 2020년 11월 15일(현지시간)에 케네디 우주센터에서 국제우주정거장(ISS)으로 발사한 유인우주선이다. 리질리언스는 '회복력'이라는 뜻으로, 코로나19 이후 시련을 이겨내자는 의미로 이번 임무에 참여한 네 명의 비행사들이 함께 지었다. '크루-1'이라는 이번 발사임무는 NASA가 우주인을 공식으로 ISS로 보내는 첫 공식 임무로 민간 우주운송시대의 출발이 될 것으로 기대됐다.

**왜 이슈지?** 미국의 무인 화성탐사선 '퍼서비어런스(Perseverance : 인내)'가 2021년 2월 화성에 무사히 착륙했다. 나사(NASA)는 2020년 11월에 유인우주선 '리질리언스(Resilience : 회복력)'를 국제우주정거장(ISS)으로 발사한 바 있다.

## 51 유전자가위

### 세포의 유전자를 절삭하는 데 사용하는 기술

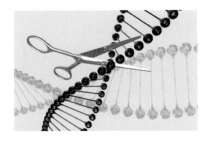

동식물 유전자의 특정 DNA부위를 자른다고 하여 '가위'라는 표현을 사용하는데, 손상된 DNA를 잘라낸 후에 정상 DNA로 바꾸는 기술이라 할 수 있다. 1·2세대의 유전자가위가 존재하며 3세대 유전자가위인 '크리스퍼 카스9(CRISPR/Cas9)'도 개발됐다. 크리스퍼는 세균이 천적인 바이러스를 물리치기 위해 관련 DNA를 잘게 잘라 기억해 두었다가 다시 침입했을 때 물리치는 면역체계를 부르는 용어인데, 이를 이용해 개발한 기술이 3세대 유전자가위인 것이다. 줄기세포·체세포 유전병의 원인이 되는 돌연변이 교정, 항암 세포 치료제와 같이 다양하게 활용될 수 있다.

**왜 이슈지?** 제니퍼 다우드나 박사와 에마뉘엘 샤르팡티에 박사는 유전자가위 크리스퍼 카스9(CRISPR/Cas9) 기술 개발로 2020년 노벨 화학상을 공동 수상했다.

## 52 뉴스큐레이션 News Curation

### 뉴스 취향 분석 및 제공 서비스

뉴스 구독 패턴을 분석하여, 사용자의 관심에 맞는 뉴스를 선택해 읽기 쉽게 정리해 제공해주는 서비스이다. 인터넷 뉴스 시대에 기사가 범람함에 따라 피로를 느낀 신문 구독자들이 자신에게 맞는 뉴스를 편리하게 보기 위해 뉴스큐레이션 서비스를 찾고 있다고 한다. 이러한 뉴스큐레이션 작업은 포털에서부터 SNS의 개인에 이르기까지 다양한 주체에 의해 이뤄지고 있으며, 최근에는 뉴스큐레이션만을 전문으로 담당하는 사이트도 생겨나고 있다.

**왜 이슈지?** 포털 사이트에 인공지능(AI) 뉴스큐레이션 도입 후, 언론사들이 심층 취재를 한 깊이 있는 기사보다는 클릭용 키워드를 염두에 둔 기사를 쏟아냈다는 이화여대 커뮤니케이션 · 미디어연구소의 연구결과가 나왔다.

## 53 클래시 페이크 Classy Fake

### 진짜보다 가치 있는 윤리적 소비습관

진짜보다 가치 있는 가짜를 소비하는 것을 의미한다. '고급스러운, 세련된'이라는 뜻의 클래시(Classy)와 가짜를 의미하는 페이크(Fake)를 합친 단어다. 환경 · 동물보호 등 윤리적인 이유로 가짜 플라스틱인 바이오플라스틱을 선택하거나 인조모피, 콩고기를 구매하는 것도 클래시 페이크다. 패션 브랜드 라코스테는 2018년 브랜드 상징인 악어 대신 멸종위기동물 10종의 로고를 옷에 달았는데 성공적인 클래시 페이크의 사례로 평가 받았다. 이와 같이 환경을 위해 페이크 제품을 구매하는 이들을 페이크와 컨슈머(Consumer : 소비자)를 더한 페이크슈머(Fakesumer)라고 한다.

**왜 이슈지?** 비건열풍이 식단뿐만 아니라 패션 · 뷰티에서도 나타나고 있다. 동물 · 환경보호 등의 이유로 비건을 선택하는 것 또한 클래시 페이크로 볼 수 있다.

## 54 화이트 바이오 White Bio

### 식물 자원으로 화학제품을 만드는 기술

식물 자원을 사용해 바이오 연료나 화학제품 등을 만드는 기술이다. 공장의 검은 연기를 화이트(하얀색)로 바꿀 수 있다는 의미로 화이트 바이오라고 지었으며 산업 바이오라고도 불린다. 화이트 바이오는 재생 가능한 자원을 이용해 만드는 것이기 때문에 탄소배출을 낮출 수 있어 친환경적이다. 바이오산업은 크게 보건 · 의료 분야의 레드 바이오, 농업 · 식량분야의 그린 바이오, 에너지 · 환경분야의 화이트 바이오로 나눠진다. 산업내에서 레드 바이오에 대한 규모와 관심이 가장 컸지만 환경문제가 이슈로 떠오르며 화이트 바이오에 대한 연구가 활발히 진행 중이다.

**왜 이슈지?** 정부가 신약과 의료기기 등 바이오 분야 연구개발(R&D)에 2021년 한 해 동안 약 5,200억원을 투입한다. 이중 화이트 바이오 분야에는 271억원을 투입한다.

## 55 차박
### 차를 이용하는 숙박 캠핑

차에서 하는 숙박 캠핑을 말한다. 숙박업소 이용이 어려워지면서 소수의 인원이 타인을 최대한 접촉하지 않고 캠핑을 즐길 수 있어 유행하게 됐다. 코로나19로 우울증을 겪는 코로나 블루를 이겨내기 위한 방법 중 하나로 떠올랐으며 차박의 유행으로 캠핑장비 매출도 함께 상승하고 있다. 한 겨울에 차박을 하기 위해 차에다가 난로를 틀어놓고 잠이 들면 위험한 경우가 생길 수 있어 주의가 필요하다. 차박 이외에도 차와 피크닉을 합친 차크닉이 있다.

**왜 이슈지?** 차박 열풍으로 SUV 판매량이 증가한 것으로 나타났다. 2020년 한 해 팔린 차의 50% 이상이 RV(레저용 차량)였다.

## 56 밀키트 Meal Keat
### 바로 요리를 할 수 있도록 준비된 재료 세트

밀키트는 음식을 간편하게 조리해서 만들어 먹을 수 있는 세트를 말한다. 음식을 뜻하는 밀(Meal)에 세트를 뜻하는 키트(Keat)를 더해 만든 용어다. 홈파티가 증가하며 밀키트에 대한 인기도 상승했는데, 밀키트를 구매하면 마트에 가서 장을 따로 볼 필요 없이 음식에 필요한 재료를 한 번에 받아 볼 수 있다는 편리함이 있다. 하지만 편리한 만큼 밀키트 안에 포함된 재료 포장용기가 많아 일회용품 사용량이 증가할 수 있다는 우려도 있다.

**왜 이슈지?** 각 가정에 밀키트와 밑반찬을 전달하는 사업이 이용자들에게 큰 인기를 얻고 있다. 이는 1인가구가 증가하며 간편조리식품을 찾는 현상이 늘어난 것으로 평가됐다.

## 57 미라클모닝 Miracle Morning
### 하루를 일찍 시작하는 습관

남보다 하루를 일찍 시작하기 위해 새벽 4시 30분과 5시 사이 정도에 기상하는 생활습관을 말한다. 미라클모닝 챌린지는 새벽기상의 장점을 담은 작가 할 엘로드의 저서 〈미라클모닝〉에서 시작됐다. 해당 저서는 미국 대형 서점사이트 아마존에서 베스트셀러를 차지하며 큰 관심을 받았고 우리나라에도 2016년부터 넘어와 현재까지 인기를 얻고 있다. 새벽기상을 인증하는 미라클모닝 챌린지 참가자는 자신의 SNS에 기상시간과 일어나자마자 했던 자기계발 등을 적어 인증을 남긴다. 자기계발은 간단한 물 마시기부터 다이어리 쓰기, 공부까지 다양하다.

**왜 이슈지?** 2030을 중심으로 자기관리 열풍이 불고 있다. 그 중 새벽에 일찍 일어나서 자기계발을 하는 미라클모닝 챌린지가 SNS에서 활발하게 공유되는 중이다.

## 58 인포데믹 Infodemic

**거짓정보, 가짜뉴스 등이 미디어, 인터넷 등을 통해 매우 빠르게 확산되는 현상**

'정보'를 뜻하는 'Information'과 '유행병'을 뜻하는 'Epidemic'의 합성어로, 잘못된 정보나 악성루머 등이 미디어, 인터넷 등을 통해 무분별하게 퍼지면서 전염병처럼 매우 빠르게 확산되는 현상을 일컫는다. 미국의 전략분석기관 '인텔리브리지' 데이비드 로스코프 회장이 2003년 워싱턴포스트에 기고한 글에서 잘못된 정보가 경제위기, 금융시장 혼란을 불러올 수 있다는 의미로 처음 사용했다. 허위정보가 범람하면 신뢰성 있는 정보를 찾아내기 어려워지고, 이 때문에 사회 구성원 사이에 합리적인 대응이 어려워지게 된다. 인포데믹의 범람에 따라 정보방역이 중요성도 강조되고 있다.

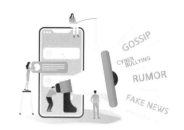

**왜 이슈지?** 허위 정보나 악성 소문 등이 인터넷을 통해 빠르게 확산되는 것을 일컫는 '인포데믹'은 각종 불안과 위기감을 가져온 코로나 19 시대에도 티핑포인트가 되었다.

## 59 딥백그라운드 Deep Background

**내용은 보도해도 되지만 취재원을 밝혀서는 안 되는 것을 뜻하는 취재용어**

취재원을 인터뷰한 내용을 쓸 때 특별한 경우를 제외하고 취재원 정보를 보도하지 않거나 익명으로 보도하는 관례이다. 일반적인 보도가 온더레코드(On the Record), 즉 기자가 신분을 밝히고 취재원(정보원)으로부터 얻은 정보는 원칙적으로 보도하는 것을 전제로 한다면 딥백그라운드는 익명의 제보자를 뜻하는 딥스로트(Deep Throat)의 신변보호를 위해 취재원의 정보를 공개하지 않는다. 취재원이 진실을 말하는데 부담을 덜기 위한 방안으로 만들어졌지만, 실제 취재원이 없는데도 있는 것처럼 허위 기사를 쓰는 데 악용될 수 있다.

**왜 이슈지?** 도널드 트럼프 전 대통령의 행보를 담은 〈공포 : 백악관의 트럼프(FEAR : TRUMP in the White House)〉에서 저자 밥 우드워드 워싱턴포스트 부편집인은 머리말에서 이 책을 '딥백그라운드(Deep Background)'로 썼다고 밝혔다.

## 60 프로토콜경제 Protocol Economy

**탈중앙화 · 탈독점화를 통해 여러 경제주체를 연결하는 경제형태**

블록체인 기술을 핵심으로 탈중앙화 · 탈독점화를 통해 여러 경제주체를 연결하는 새로운 형태의 경제 모델이다. 플랫폼경제가 정보를 가진 플랫폼(중개업자)이 주도하는 경제라면 프로토콜경제는 블록에 분산된 데이터 기술을 체인 형태로 연결해 수많은 컴퓨터에 복제 · 저장해 여러 상품을 빠르고 안전하게 연결한다. 즉 경제참여자들이 일정규칙(프로토콜)을 통해 공정하게 참여가능한 체제이다. 이러한 이용자들에게 데이터 통신을 일정하게 분배하는 성격으로 인해 독점적인 플랫폼경제의 대안으로 주목받고 있다.

**왜 이슈지?** 중소벤처기업부가 배달의민족을 '프로토콜경제' 첫 모델로 선정했다. 앞으로 배달의민족은 플랫폼 데이터 정보를 소상공인이 활용할 수 있도록 공공과 민간이 공유해 소상공인의 매출 안정화를 지원한다.

# 꼭 알아둬야 할 빈출 Awards

## 노벨상

| 수상 부문 | | 생리의학, 물리학, 화학, 경제학, 문학, 평화 |
|---|---|---|
| 주최 | | 스웨덴 왕립아카데미, 노르웨이 노벨위원회 |
| 시작 연도 | | 1901년 |
| 시상식 장소 | | 스웨덴 스톡홀름(평화상은 노르웨이 오슬로) |
| 시상식 일정 | | 매년 12월 10일 |
| 심사 | 생리의학 | 카롤린스카 의학연구소 |
| | 물리학 | 스웨덴 왕립과학아카데미 |
| | 화학 | |
| | 경제학 | |
| | 문학 | 스웨덴 아카데미(한림원) |
| | 평화 | 노르웨이 노벨위원회 |

〈2020 수상내역〉

### • 노벨생리의학상

2020년 노벨생리의학상은 하비 올터 미국 국립보건원 부소장과 마이클 호턴 캐나다 앨버타대학 교수, 찰스 라이스 미국 록펠러대학 교수 등 3명이 선정됐다. 하비 올터는 기존과 다른 바이러스가 간염을 유발할 수 있다는 사실을 발견했고, 마이클 호턴은 침팬지의 혈액에서 DNA 조각을 찾아내 하비 올터의 발견이 C형 간염 바이러스라는 사실을 밝혀냈다. 찰스 라이스는 C형 간염 바이러스 내부 단백질 구조를 밝혀내고 독성이 없는 치료제 개발에 성공했다.

하비 올터　　　마이클 호턴　　　찰스 라이스

### • 노벨물리학상

2020년 노벨물리학상은 로저 펜로즈 영국 옥스퍼드대 교수와 라인하르트 겐첼 미국 버클리 캘리포니아대 교수 겸 독일 막스플랑크 외계물리학연구소장, 앤드리아 게즈 미국 로스앤젤레스 캘리포니아대 교수 등 3명이 선정됐다. 노벨위원회는 "펜로즈 교수는 블랙홀 형성이 일반 상대성 이론의 강력한 증거임을 규명했고, 겐첼 소장과 게즈 교수는 우리 은하 중심에 있는 거대 질량 소행 물체 연구에 새로운 지평을 열었다"고 선정 이유를 밝혔다.

로저 펜로즈　　　라인하르트 겐첼　　　앤드리아 게즈

### • 노벨화학상

2020년 노벨화학상에는 유전자를 정밀하게 교정 또는 편집할 수 있는 유전자가위 기술인 '크리스퍼/카스9'를 개발하여 생명과학에 새 시대를 연 프랑스 출신의 에마뉘엘 샤르팡티에 독일 막스플랑크병원체연구소장과 제니퍼 다우드나 미국 버클리 캘리포니아대 교수에게 돌아갔다. 유전자가위는 생명정보가 담긴 기본 단위인 유전체 염기서열 가운데 특정 부분을 잘라내거나 붙일 수 있는 기술로 크리스퍼/카스9는 3세대 유전자가위 기술로 분류된다. 노벨위원회는 "이 기술이 생명과학에 혁명적 영향을 미쳤으며, 새로운 암 치료법 개발에 기여하고 유전질환 치료의 꿈을 실현해 줄 수 있을 것"이라고 평가했다.

에마뉘엘 샤르팡티에 　　제니퍼 다우드나

### • 노벨문학상

스웨덴 한림원은 2020년 노벨문학상에 미국 여성 시인 루이즈 글릭을 선정했다. 글릭은 1943년 뉴욕 태생으로, 1968년 '맏이(Firstborn)'를 통해 시인으로 데뷔한 이후 곧바로 미국 현대문학에서 가장 중요한 시인 중 한명으로 급부상했다. 그는 지난 1985년 작품 '아킬레스의 승리(The Triumph of Achilles)', 1990년 '아라라트(Ararat)'를 통해 미국은 물론 전 세계에서 명성을 얻기 시작했다. 이후 1993년 '야생 붓꽃(The Wild Iris)'으로 퓰리처상을, 2014년 내셔널북어워드를 수상했다. 한림원은 글릭의 작품 가운데 '아베르노(Averno)'를 꼽으면서 이 작품이 하데스에게 붙잡혀 지하 세계로 끌려가는 페르세포네의 신화를 몽환적으로 해석한 거작이라고 호평했다.

루이즈 글릭

### • 노벨평화상

2020년 노벨평화상은 개인이 아닌 유엔 산하 세계식량계획(WFP)이 수상자로 선정됐다. 노벨위원회는 "국제적 연대와 다자간 협력의 필요성이 그 어느 때보다 중요한 시점에서 세계식량계획은 기아에 대항하고, 분쟁지역에 평화를 위한 조건을 개선하고, 기아를 전쟁과 분쟁의 무기로 사용하는 것을 막기 위한 노력에 추진동력이 된 공로가 있다"고 선정이유를 밝혔다. 코로나19 팬데믹 속에서 전 세계 기아 피해자의 급격한 증가세를 불러온 후, 세계식량계획은 극심한 식량 불안과 기아에 시달리는 1억 명에게 도움을 줬다.

세계식량계획(WFP)

### • 노벨경제학상

2020년 노벨경제학상은 새 경매방식을 발명한 폴 밀그럼과 로버트 윌슨 미국 스탠퍼드대 교수가 수상자로 선정됐다. 두 학자는 경매가 어떻게 작동하는지, 응찰자들이 왜 특정한 방식으로 행동하는지 명확히 했을 뿐만 아니라 이 같은 이론적 발견을 라디오 주파수나 공항에서 특정시간 동안 항공기가 이착륙할 수 있는 권리 등 전통적인 방법으로 팔기 어려운 상품과 서비스 판매를 위한 완전히 새로운 경매 방식을 개발하는데 활용했다. 노벨위원회는 "경매는 어디에서든 벌어지고, 우리 일상생활에 영향을 준다"면서 "밀그럼과 윌슨은 경매이론을 개선했고, 새 경매 형태를 발명해 전 세계 매도자와 매수자, 납세자에게 혜택을 줬다"고 설명했다.

폴 밀그럼 　　　　로버트 윌슨

## 세계 3대 영화제

# 01 ◀ 베니스 영화제

| 개최 장소 | 이탈리아 베네치아 |
|---|---|
| 개최 시기 | 매년 8월 말~9월 초 |
| 시작 연도 | 1932년 |

### 〈2020 제77회 주요 부분 수상내역〉

#### • 황금사자상

클로이 자오 감독의 영화 〈노마드랜드(Nomadland)〉가 황금사
자상을 차지했다. 이 작품은 2008년 금융위기 이후 떠돌이로
살아가는 중년 여성의 이야기를 그렸다. 자오 감독의 수상으로
2010년 소피아 코폴라 감독의 〈섬웨어(Somewhere)〉 이후 10
년 만에 여성 감독이 황금사자상을 수상했다.

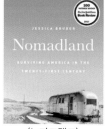

〈노마드랜드〉　　　클로이 자오

#### • 심사위원대상/감독상

심사위원대상은 미셸 프랑코 감독의 〈뉴 오더(New Order)〉로
결정됐다. 제25회 부산국제영화제에도 초청되었던 이 영화는
디스토피아적 미래의 멕시코를 배경으로 하고 있다. 한편 감독
상은 〈스파이의 아내(Wife of a Spy)〉를 연출한 구로사와 기요
시 감독이 수상했다.

〈뉴 오더〉　　　구로사와 기요시

#### • 남우주연상/여우주연상

남우주연상은 〈파드레노스트로(Padrenostro)〉에 출연한 배우
피에르프란체스코 파비노가, 여우주연상은 〈피시즈 오브 어 우
먼(Pieces of a Woman)〉에 출연한 배우 바네사 커비가 수상
했다.

피에르프란체스코 파비노　　　바네사 커비

## 02 칸 영화제

| 개최 장소 | 프랑스 남부의 도시 칸 |
|---|---|
| 개최 시기 | 매년 5월 |
| 시작 연도 | 1946년 |

〈2019 제72회 주요 부문 수상내역(2020년 코로나19로 미개최)〉

### • 황금종려상

봉준호 감독의 〈기생충〉이 황금종려상을 받았다. 〈기생충〉은 전원 백수인 기택네 장남 기우가 박사장네 고액 과외 선생이 되면서 일어나는 예기치 못한 사건을 다루는 블랙 코미디다. 가난한 가족과 부자 가족 이야기를 통해 빈부격차의 문제를 다룬다. 경쟁부문 심사위원장인 알레한드로 곤잘레스 이냐리투 감독은 시상식 직후 열린 기자회견에서 〈기생충〉에 대해 "재밌고 유머러스하며 따뜻한 영화"라고 평했다.

〈기생충〉 　　　　 봉준호

### • 심사위원대상/감독상

심사위원대상은 마티 디옵 감독의 〈애틀란틱스(Atlantics)〉가 차지했다. 〈애틀란틱스〉는 아프리카 청년들의 실업문제를 몽환적인 분위기로 담아냈다. 마티 디옵은 아프리카계 여성 감독 최초로 칸 영화제 경쟁부분에 진출했다. 감독상은 〈영 아메드(Young Ahmed)〉를 연출한 장 피에르 감독과 뤼크 다르덴 감독이 공동 수상했다. 〈영 아메드〉는 종교의 극단주의자들로부터 선생님을 살해하라는 명령을 받은 소년의 이야기이다.

〈애틀란틱스〉 　　 장 피에르 　　 뤼크 다르덴

### • 남우주연상/여우주연상

남우주연상에는 〈페인 앤 글로리(Pain and Glory)〉의 안토니오 반데라스가, 여우주연상에는 〈리틀 조(Little Joe)〉의 에밀리 비샴이 선정되었다. 〈페인 앤 글로리〉는 감독 페드로 알모도바르가 주인공 '살바도르 말로'를 통해 자신의 사랑 · 욕망 · 창작 등에 관해 되짚어보는 자전적인 작품이며, 〈리틀 조〉는 향기로 행복을 퍼뜨리는 여성을 그린 심리 공상과학 영화이다.

안토니오 반데라스 　　 에밀리 비샴

# 03 베를린 영화제

| 개최 장소 | 독일 베를린 |
|---|---|
| 개최 시기 | 매년 2월 중순 |
| 시작 연도 | 1951년 |

〈2021 제71회 주요 부문 수상내역〉

• **황금곰상**

최우수작품상인 황금곰상은 루마니아 출신 라두 주드 감독의 〈배드 럭 뱅잉 오어 루니 폰〉이 수상했다. 남편과의 은밀한 개인 동영상이 인터넷에 유출되면서 사회적 편견과 맞닥뜨리게 된 고등학교 교사의 이야기를 담은 코미디 영화다. 코로나19의 시대상을 반영하여 배우들이 마스크를 쓴 채 연기를 한 것으로 화제를 모았다.

〈배드 럭 뱅잉 오어 루니 폰〉  　　라두 주드

• **심사위원대상/각본상**

은곰상(심사위원대상)은 하마구치 류스케 감독이 연출한 〈휠 오브 포춘 엔드 판타지〉가 수상했고, 은곰상(각본상)은 홍상수 감독의 〈인트로덕션〉에게 돌아갔다. 〈휠 오브 포춘 엔드 판타지〉는 우연과 상상을 주제로 한 옴니버스 영화다. 〈인트로덕션〉은 세 개의 단락을 통해서 주인공인 청년이 각각 아버지, 연인, 어머니를 찾아가는 여정을 다뤘다. 홍상수 감독은 2020년 〈도망친 여자〉로 감독상에 오른데 이어 2년 연속 수상의 영광을 안았다.

〈휠 오브 포춘 엔드 판타지〉  　　〈인트로덕션〉

• **주연상/조연상**

2021년 시상식부터 남녀의 구분 없이 주연상을 시상하며, 조연상 부문이 신설되었다. 주연상은 〈아임 유어 맨〉의 마렌 에거트가, 조연상은 〈포레스트-아이 씨 유 에브리웨어〉의 릴러 키즐린게르가 수상했다.

마렌 에거트  　　릴러 키즐린게르

## 기타 Awards

| 시상 | 부문 | 수상 내역 |
|---|---|---|
| 필즈상(수학)<br>[2018] | – | 알레시오 피갈리, 페터 숄체, 코체르 비르카르, 악샤이 벤카테시 |
| 골든글로브상<br>(영상극)<br>[2021] | 작품상 – 드라마 | 클로이 자오 〈노마드랜드(Nomadland)〉 |
| | 남우주연상 – 드라마 | 채드윅 보스만 〈마 레이니, 그녀가 블루스(Ma Rainey's Black Bottom)〉 |
| | 외국어 영화상 | 정이삭 〈미나리(Minari)〉 |
| 그래미상(가요)<br>[2021] | 올해의 앨범 | 테일러 스위프트 〈Folklore〉 |
| | 올해의 레코드 | 빌리 아일리시 〈Everything I Wanted〉 |
| 아카데미상(영화)<br>[2020] | 최고의 작품상 | 봉준호 〈기생충(Parasite)〉[감독상 · 각본상 · 국제영화상 동시 수상] |
| | 남우주연상 | 호아킨 피닉스 〈조커(Joker)〉 |
| | 여우주연상 | 르네 젤위거 〈주디(Judy)〉 |
| 부커상(문학)<br>[2020] | – | 더글라스 스튜어트 〈셔기 베인(Shuggie Bain)〉 |
| 토니상(연극)<br>[2019] | 베스트 뮤지컬 | 레이첼 차브킨 〈하데스타운(Hadestown)〉 |
| | 베스트 연극 | 샘 멘데스 〈페리맨(the Ferryman)〉 |
| 에미상(방송)<br>[2020] | 드라마 | HBO 〈석세션(Succession)〉 |
| | 코미디 | CBC 〈시트 크릭(Schitt's Creek)〉 |
| | 드라마 여우주연상 | 제니퍼 애니스톤 〈더 모닝 쇼(The Morning Show)〉 |
| | 드라마 남우주연상 | 제레미 스트롱 〈석세션(Succession)〉 |
| 울프상<br>[2021] | 예술 | 올가 뉴워스, 스티비 원더 |
| | 의학 | 린 E. 마쿠앗, 조안 A. 스타이츠, 아드리안 R. 크라이너 |
| | 물리학 | 조르조 파리시 |
| | 화학 | 메어 라하브, 레슬리 라이제로위츠 |
| 선댄스영화제<br>[2021] | 심사위원대상 – 드라마 | 션 히더 〈코다(CODA)〉 |
| | 관객상 – 드라마 | 션 히더 〈코다(CODA)〉 |

# 02

언론사 합격의 Key
최신시사 · 빈출상식 단기완성
기출이 답이다!

# 언론사 '최신시사'

## 분야별 출제 유력 144제

# 미디어

시험에 나오는 것부터 공부하자!

# 출제 유력 12제

---

**01** ☑오답체크    1회차    2회차

틀린 문제들은 이곳에 체크하고 복습하도록 합니다.

## 가짜뉴스와 관련된 다음 글에서 빈칸 안에 들어갈 단어로 올바른 것은?

미국과 유럽 국가들이 사회를 혼란시키는 가짜뉴스와의 전쟁을 선포한 가운데 가짜뉴스의 발생 원인으로는 크게 두가지가 꼽힌다. 대부분의 콘텐츠 수용자와 제작자들이 자신의 성향과 동일한 성격의 소식이라면 객관적 사실인지는 별로 중요하게 생각하지 않는 (    ) 시대의 도래와 누구나 자유롭게 콘텐츠를 올릴 수 있는 1인 미디어 플랫폼의 발전이다.

① 포스트트루스      ② 미디어 리터러시

③ 프로파간다      ④ 딥페이크

문제를 풀 때 정답을 여기에 체크하여 다시 풀 때 정답이 보이지 않도록 합니다.

☑정답체크

| 1회 | 2회 |
|---|---|
| ① ③ | ① ③ |
| ② ④ | ② ④ |

---

**02** ☑오답체크    1회차    2회차

## 2021년 3월 현재 MBC에서 진행하고 있는 뉴스 프로그램이 아닌 것은?

① MBC 뉴스투데이

② 12 MBC 뉴스

③ MBC 뉴스와이드

④ MBC 뉴스데스크

☑정답체크

| 1회 | 2회 |
|---|---|
| ① ③ | ① ③ |
| ② ④ | ② ④ |

---

### 핵심풀이 ❓

**01**

**가짜뉴스**
거짓 정보를 정상적인 뉴스처럼 위장하여 유포하는 행태를 뜻한다. 정보를 수용하는 이들 또한 뉴스가 진실인지 확인하려하지 않고 그대로 믿거나, 자신이 믿고 싶은 것만 믿으려 하는데, 이러한 사회 현상을 포스트트루스라 한다.

**미디어 리터러시(Media Literacy)**
미디어 자료의 수용과 제작에 관련된 미디어 의사소통능력을 말한다.

**프로파간다(Propaganda)**
정치적 이익을 실현하기 위해 대중을 선동할 목적으로 벌이는 정치적 선전행위를 가리킨다.

**딥페이크(Deep Fake)**
인공지능이나 얼굴 매핑(Facial Mapping) 기술을 활용해 특정 영상을 합성한 편집물을 일컫는다.

**출제기관**
2019 CBS[상] MBC[하] SBS[하]
2018 MBN[하] 대구MBC[하] 경인일보[하]
2017 KBS[하] 이투데이[상] 조선일보[상] 한국언론진흥재단[상] 한겨레[상]

 출제 내역을 확인합니다. [상]은 상반기 시험을 [하]는 하반기 시험을 가리킵니다.

**02**

MBC 뉴스와이드는 1991년 4월 22일부터 1995년 4월 15일까지 방송된 MBC의 아침 뉴스 프로그램이다. MBC에서 종영된 이후 2012년부터 MBN에서 동명의 뉴스 프로그램을 진행하고 있다. MBC 뉴스투데이는 토요일 아침 6시에 방송되는 오후 뉴스 프로그램, 12 MBC 뉴스는 매주 평일 낮 12시에 방송되는 뉴스 프로그램, 뉴스데스크는 저녁 8시에 방송되는 저녁 뉴스 프로그램이다. 방송사 지원 시 해당 방송사의 프로그램 방영 정보를 알아두는 것이 좋다.

**출제기관**
2019 KBS[하]
2018 KBS[하] TV조선[하] MBC[상]
2016 MBN[상] TV조선[상]

정답   01 ① | 02 ③

## 03

**다음 중 'POP 광고'에서의 고려 사항과 가장 거리가 먼 것은?**

① 매장에 있는 점원의 용모

② 드라마, 영화 등에서의 상품 노출

③ 상품 전면에 적혀 있는 제조사의 로고

④ 매장을 찾아오는 고객 집단의 형태

## 03

**POP 광고**

POP(Point Of Purchase advertising) 광고는 소비자가 실제 상품을 접하는 곳에서의 마케팅 요소 일체를 가리킨다. 구매가 일어나는 장소 외의 공간인 TV, 영화 등 미디어 매체에서의 노출은 POP 광고 마케팅 고려 사항과 가장 거리가 멀다.

출제기관

2018 여수MBC[하]

2017 한국언론진흥재단[상]

## 04

**짧은 시간 동안 간편하게 즐기는 미디어 콘텐츠를 무엇이라 하는가?**

① 핫미디어(Hot Media)

② 모노컬처(Mono Culture)

③ 스낵컬처(Snack Culture)

④ 카운터컬처(Counter Culture)

## 04

**스낵컬처(Snack Culture)**

바쁘면서도 항상 새로운 것을 열망하는 현대 소비자들이 간편하게 문화를 소비할 수 있도록 만든, 짧고도 빠르게 몰입할 수 있는 미디어 콘텐츠이다. 웹툰, 웹 소설과 웹 드라마 등이 대표적인 스낵컬처 미디어이며, 이에 따라 기성 문화 콘텐츠 또한 몰입의 호흡이 점차 짧아지고 있다고 한다.

출제기관

2020 아시아경제[하]

2017 SBS[하]

2016 SBS[하]

정답   03 ② | 04 ③

**05** ☑오답체크

1회차     2회차

## 다음 중 MBC에 대한 설명으로 **틀린** 것은?

① 지분의 약 70%를 보유한 방송문화진흥회로부터 관리 · 감독을 받는다.

② 방송문화진흥회는 이사 9명과 감사 1명으로 이루어졌다.

③ MBC의 사장은 국회 청문회를 통해 대통령에게 임명을 받는다.

④ 방송문화진흥회 이사 선출은 방송통신위원회가 결정한다.

☑정답체크

| 1회 | 2회 |
|---|---|
| ① ③ | ① ③ |
| ② ④ | ② ④ |

**05**

MBC는 법적 공영방송은 아니므로 방송문화진흥회에 의해 선출되었다면 국회청문회와 대통령의 임명은 필요없다.

출제기관

2018 한겨레[하]

2017 MBC[하]

---

**06** ☑오답체크

1회차     2회차

## 다음과 같은 할리우드 영화들의 변화는 무엇이라고 할 수 있는가?

- 〈어메이징 스파이더맨(2012)〉 → 〈스파이더맨 홈커밍 (2017)〉
- 〈헬보이(2004)〉 → 〈헬보이(2019)〉
- 〈슈퍼맨(1948)〉 → 〈맨 오브 스틸(2013)〉

① 리파인                   ② 리부트

③ 리메이크                 ④ 리마스터

☑정답체크

| 1회 | 2회 |
|---|---|
| ① ③ | ① ③ |
| ② ④ | ② ④ |

**06**

리부트(Reboot)

전달 미디어의 변동 없이 기존 작품의 시나리오와 설정을 차용하되, 전면 개편하여 만든 작품을 가리킨다. 리마스터가 원본 소스의 추가 생산 없이 음질 · 화질 등을 보정하여 재배포하는 것, 리파인이 원본을 재생산하되 퀄리티만 개선한 것, 리메이크가 스토리는 큰 틀에서 벗어나지 않은 재생산이라면 리부트는 고유 설정을 제외하고는 가장 큰 폭으로 바꾼 것이라 할 수 있다.

출제기관

2018 SBS[하] SBS미디어넷[하]

2017 SBS[하]

정답 **05** ③ | **06** ②

**07**

1회차    2회차

**다음 중 한국 영화와 해외에서 리메이크된 해당 영화의 영어 명칭의 연결이 올바르지 <u>않은</u> 것은?**

① 〈올드보이〉 – 〈Old Boy〉

② 〈장화홍련〉 – 〈A Tale of Two Sisters〉

③ 〈엽기적인 그녀〉 – 〈My Sassy Girl〉

④ 〈굿닥터〉 – 〈The Good Doctor〉

**07**

〈장화홍련〉의 한국판 영어 명칭이 〈A Tale of Two Sisters〉이다. 할리우드 리메이크판의 명칭은 〈The Uninvited〉이다.

출제기관
2018 MBC[상]
2016 EBS[하]

☑정답체크

| 1회 | 2회 |
|---|---|
| ① ③ | ① ③ |
| ② ④ | ② ④ |

**08**

오답체크
1회차    2회차

**다음 중 '레거시미디어'와 가장 거리가 먼 미디어 서비스는 무엇인가?**

① tvN

② MBC

③ Youtube

④ 조선일보

**08**

**레거시미디어(Legacy Media)**
최근 Youtube, Facebook 등의 네트워크를 기반으로 한 양방향 소통 매체가 나타나 '뉴미디어'라는 이름으로 불리자, 그와 반대되는 TV, 신문 등은 기성 미디어라는 의미의 '레거시미디어'라는 이름이 붙게 되었다.

**뉴미디어(New Media)**
전통적인 매체에 네트워크 기술이 접목되어 '상호작용성'을 갖춘 다양한 미디어를 가리킨다.

출제기관
2019 CBS[상] YTN[하] EBS[하]
2018 전주MBC[하] UBC[상] 안동MBC[상]

☑정답체크

| 1회 | 2회 |
|---|---|
| ① ③ | ① ③ |
| ② ④ | ② ④ |

정 답    07 ② | 08 ③

**09** ☑오답체크 1회차 2회차

콘텐츠연합플랫폼이 제공하는 N스크린 서비스 'Wavve'와 콘텐츠를 제휴하지 <u>않는</u> 채널은 어디인가?

① SBS

② 채널A

③ JTBC

④ M.net

☑정답체크

| 1회 | 2회 |
|---|---|
| ① ③ | ① ③ |
| ② ④ | ② ④ |

**10** ☑오답체크 1회차 2회차

신조어 '감정대리인'과 가장 관련이 <u>없는</u> 연예프로그램은 무엇인가?

① SBS – 〈런닝맨〉

② SBS – 〈미운 우리 새끼〉

③ MBC – 〈전지적 참견 시점〉

④ MBC – 〈나 혼자 산다〉

☑정답체크

| 1회 | 2회 |
|---|---|
| ① ③ | ① ③ |
| ② ④ | ② ④ |

---

**핵심풀이** ❗

**09**

**Wavve**
MBC와 SBS가 공동으로 투자해 만든 콘텐츠연합플랫폼에. 2019년 9월 SK텔레콤이 참가해 서비스하기 시작한 N스크린 서비스이다. 넷플릭스 등의 외국 N스크린 서비스에 맞서 국내 N스크린 산업의 경쟁력 강화를 위해 출범했다. 대부분의 지상파 및 종편 채널과 콘텐츠를 제휴하고 있다. tvN, M.net 등 CJ 계열 방송국 콘텐츠는 경쟁 플랫폼 '티빙'을 통해 제공된다.

**N스크린**
PC, 모바일, TV 등 다양한 단말기를 통해 다중 콘텐츠를 공유하고 콘텐츠의 이어보기가 언제 어디서나 가능한 서비스이다. 대표적으로 넷플릭스가 있다.

출제기관
2020 TV조선[하]
2019 SBS[하] KBS[상]
2018 KBS[하] 여수MBC[하] 원주MBC[상]

**10**
SBS 〈런닝맨〉은 관찰자가 따로 있는 액자형 관찰예능이 아니다.

**감정대리인**
관찰 형식의 액자형 예능에서 관찰역을 맡은 출연자의 반응에 따라 시청자 또한 감정이 좌지우지되는 현상을 말한다. 이는 시청자들이 감정을 결정하는 것 또한 '부담스런 일'로 느끼기에 이를 대신해줄 사람을 찾게 되는 것으로 이해된다.

출제기관
2018 TV조선[하] MBC[상]

정답 09 ④ | 10 ①

## 11

☑ 오답체크
1회차    2회차

다음 중 미국 드라마의 제작사와 작품의 연결이 올바르지 **않은** 것은?

① 디즈니 – 〈웨스트 월드〉

② HBO – 〈왕좌의 게임〉

③ 넷플릭스 – 〈나르코스〉

④ 아마존 – 〈높은 성의 사나이〉

☑ 정답체크
1회  2회
① ③ ① ③
② ④ ② ④

## 12

☑ 오답체크
1회차    2회차

인기를 끌었던 예능·영화·드라마 등의 원본 영상을 광고에 삽입하는 광고 기법을 무엇이라 하는가?

① 푸티지 광고

② 티저 광고

③ 레트로 광고

④ 스토리두잉 광고

☑ 정답체크
1회  2회
① ③ ① ③
② ④ ② ④

---

**핵심풀이** 💬

**11**
〈웨스트 월드〉는 2016년부터 방영된 HBO의 드라마이다.

출제기관
2020 TV조선[하] 춘천MBC[상]
2018 KBS[하] SBS[하]

**12**
**푸티지 광고(Footage Advertisement)**
인기를 끌어 시청자들이 호감을 느끼는 예능·영화·드라마 등에서 광고에 도움이 될 만한 부분을 광고에 삽입해 고객의 몰입을 높이고 호감을 이끌어내는 광고 기법이다.

**레트로 광고(Retrospective Advertisement)**
추억을 불러일으키는 소재를 활용해 광고 효과를 높이는 기법이다.

**스토리두잉 마케팅(Storydoing Marketing)**
기업의 사회 활동이 이어져 설득력을 극대화시킨 마케팅 방법이다.

출제기관
2019 매일경제[하] SBS[상]
2018 전주MBC[하] KBS[하] MBC[상]
2016 울산MBC[상]

정답  11 ① | 12 ①

# 국제·정치

시험에 나오는 것부터 공부하자!

# 출제 유력 24제

---

☑ 오답체크

## 01 1회차 2회차

전당대회 후에 정당의 지지율이 상승하는 현상을 뜻하는 용어는?

① 빨대효과

② 헤일로효과

③ 메기효과

④ 컨벤션효과

☑ 정답체크

| 1회 | 2회 |
|---|---|
| ① ③ | ① ③ |
| ② ④ | ② ④ |

---

☑ 오답체크

## 02 1회차 2회차

다음 중 '서해5도'가 아닌 곳은?

① 우도

② 백령도

③ 연평도

④ 덕적도

☑ 정답체크

| 1회 | 2회 |
|---|---|
| ① ③ | ① ③ |
| ② ④ | ② ④ |

---

핵심풀이 ❗

### 01

**컨벤션효과(Convention Effect)**
대규모 정치 행사 직후에, 행사 주체의 정치적 지지율이 상승하는 현상을 뜻한다.

**빨대효과(Straw Effect)**
고속도로와 같은 교통수단의 개통으로 인해, 대도시가 빨대로 흡입하듯 주변 도시의 인구와 경제력을 흡수하는 현상을 가리키는 말이다.

**메기효과(Catfish Effect)**
노르웨이의 한 어부가 청어를 싱싱한 상태로 육지로 데리고 오기 위해 수조에 메기를 넣었다는 데서 유래한 용어. 시장에 강력한 경쟁자가 등장했을 때 기존의 기업들이 경쟁력을 잃지 않기 위해 끊임없이 분투하며 업계 전체가 성장하게 되는 것을 가리킨다.

출제기관

2021 충북MBC[상]

2019 울산MBC[상]

2018 원주MBC[상]

2017 농민신문[하]

### 02

**서해5도**
북한과 인접한 우도, 연평도, 백령도, 대청도, 소청도 등의 섬을 통틀어 이르는 말이다. 모두 행정구역상 인천광역시에 속한다. 우리나라는 2011년 1월부터 '서해5도 지원 특별법'을 시행해 이 지역 주민의 소득 증대와 생활 안정 및 복지 향상을 도모하고 있다.

**함박도**
대한민국 서해 영종도 북서쪽에 위치한 섬으로, 최근 북한의 군사기지 건립으로 영유권 문제가 생긴 섬이다. 국방부는 NLL 이북에 있으므로 북한령으로 인식할 수 있다고 밝혔지만 국토교통부는 국토 등기상에 우리나라 영토로 표기되어 있다고 주장했다.

출제기관

2019 조선일보[하] MBN[하] 경인일보[하] 충북MBC[상]

정답 01 ④ | 02 ④

## 03

오답체크
| 1회차 | 2회차 |

**빈칸의 ⊙과 ⓛ에 들어갈 숫자를 알맞게 고른 것은?**

- 청와대 국민청원 게시판에 등록되는 청원은 ( ⊙ )명 이상 사전 동의해야 공개된다.
- 이후 30일 동안 ( ⓛ )명 이상 추천해야 청와대의 공식 답변을 받을 수 있다.

① ⊙ : 50, ⓛ : 20만

② ⊙ : 50, ⓛ : 30만

③ ⊙ : 100, ⓛ : 20만

④ ⊙ : 100, ⓛ : 30만

정답체크
| 1회 | 2회 |
| ① ③ ① ③ |
| ② ④ ② ④ |

## 04

오답체크
| 1회차 | 2회차 |

**중국이 발표한 '한반도 지역의 장기적인 안정 실현 방안'을 가리키는 한자어는 무엇인가?**

① 쌍궤병행(雙軌竝行)

② 삼불일한(三不一限)

③ 일대일로(一帶一路)

④ 흑묘백묘(黑猫白猫)

정답체크
| 1회 | 2회 |
| ① ③ ① ③ |
| ② ④ ② ④ |

**핵심풀이**

## 03

**청와대 국민청원제도**

문재인 정부가 2017년 8월 도입한 국민 소통 수단이다. 30일 이내에 안건에 동의한 인원이 20만명이 넘을 경우 정부와 청와대 관계자가 해당 안건에 대한 답을 내놓는 것이 규칙이다. 2019년 3월부터 청원의 내용을 100명 이상이 동의해야 게시판에 내용이 공개되도록 시스템이 바뀌었다. 시민이 제기하는 민원에 관계 기관이 귀 기울여 적극적으로 구제해주는 '옴부즈만' 제도의 일종으로 볼 수 있다.

출제기관

2019 KBS[상] 한겨레[하]

2018 KBS[하]

2017 한국언론진흥재단[하]

## 04

**쌍궤병행(雙軌竝行)**

한반도 비핵화 프로세스와 북미 평화 협정을 진행시키자는 것으로, 중국이 제시한 한반도 핵문제 해결 방안이다.

**삼불일한(三不一限)**

한중 관계 회복을 위해 중국이 요구한 조건이다. 사드 추가 배치 금지, 미국 MD(미사일 방어체계) 가입 금지, 한·미·일 군사동맹 금지, 배치한 사드의 한계적 사용이 해당한다.

**일대일로(一帶一路)**

중국을 중심으로 육상·해상 실크로드 주변의 60개국을 포함한 거대 경제권을 구축하려는 중국의 대외 경제 전략이다.

**흑묘백묘(黑猫白猫)**

1970년대 등소평이 인민을 잘 살게 하기 위해선 개혁·개방과 자본주의도 받아들일 수 있다며 꺼낸 말로, '검은 고양이든 흰 고양이든 인민을 잘 살게 하면 그만이듯이 공산주의, 자유주의 정책을 구분하지 않겠다'는 의미가 담겨 있다.

출제기관

2018 SBS[하] 아이뉴스24[하]

2017 SBS[하] MBN[하] 아시아경제[하] KBS[하]

2016 SBS[하] 이투데이[상]

정답 03 ③ | 04 ①

## 05

☑오답체크   1회차   2회차

대통령이 선출되나, 입법부가 내각을 신임할 권한이 있는 정부 형태를 무엇이라 하는가?

① 입헌군주제

② 의원내각제

③ 대통령중심제

④ 이원집정부제

☑정답체크

| 1회 | | 2회 | |
|---|---|---|---|
| ① | ③ | ① | ③ |
| ② | ④ | ② | ④ |

### 05

**이원집정부제**

국민투표로 선출된 대통령과 의회를 통해 신임되는 내각이 동시에 존재하는 국가이다. 주로 대통령은 외치와 국방을 맡고 내치는 내각이 맡는다. 반(半)대통령제, 준(準)대통령제, 분권형 대통령제, 이원정부제, 혼합 정부 형태라고도 부른다.

출제기관

2019 **MBC[하]**

2017 **불교방송[하]**

2016 **청주MBC[상]**

## 06

☑오답체크   1회차   2회차

다음 중 대통령 선거 과정에서 낸 선거비를 전액 보전받기 위한 득표 비율은?

① 3%

② 10%

③ 15%

④ 40%

☑정답체크

| 1회 | | 2회 | |
|---|---|---|---|
| ① | ③ | ① | ③ |
| ② | ④ | ② | ④ |

### 06

**선거비용보전**

공직선거법은 선거공영제의 일환으로, 요건을 갖추면 선거 과정에서 후보자가 선거비용으로 지불한 금액을 돌려준다. 대선과 총선 지선에 따른 요건의 구분은 없다. 후보가 당선되거나 선거 도중 사망한 경우, 혹은 당선되지 않더라도 총투표 수의 15% 이상 득표한 경우 전액 보전하며 10% 이상 득표한 경우 반액을 보장한다.

출제기관

2018 **문화일보[하]**

2017 **경향신문[상] 문화일보[상]**

정답 ▶ 05 ④ | 06 ③

## 07

**패스트트랙에 오른 법안이 국회 상임위와 법사위를 거치는 최장 기간은 얼마 이내인가?**

① 200일 이내

② 230일 이내

③ 270일 이내

④ 330일 이내

## 08

**다음 정부 주요 인사 중 국회의 인사청문회 대상이 아닌 것은?**

① 합참의장

② 감사원장

③ 국세청장

④ 비서실장

---

**핵심풀이** 💡

### 07

**패스트트랙(신속처리안건 지정)**

국회에서 발의된 안건을 신속하게 처리하는 제도이다. '국회법' 제85조의 2에 따르면 패스트트랙 안건으로 지정되려면 해당 상임위에서 상임위 위원 5분의 3이 찬성해야 한다. 패스트트랙 안건으로 지정되면 상임위 심의를 최장 180일 이내로 끝내야 하며, 법사위 심의는 최장 90일 이내로 끝내야 한다. 이후 본회의에 회부되어 최장 60일 이내의 회의를 거친 뒤 자동 상정된다.

**출제기관**

2020 경향신문[상] 뉴스1[상]

2019 UBC[상] 경인일보[하] 매일신문[하] 충북MBC[하] SBS[하] 조선일보[하] EBS[하] 연합뉴스[하] 뉴스1[하] 매일경제[하] 헤럴드경제[하] 뉴시스[상] 한국일보[상] 한겨레[상] 목포MBC[상]

2018 한겨레[하]

### 08

**인사청문회**

사법부 혹은 행정부의 요인을 임명할 때 국회가 인사의 비위사실, 도덕성을 검증하는 과정이다. 국회는 정부로부터 임명동의안을 받을 경우 20일 이내에 청문 절차를 마무리해야 하며 실제 청문회 기간은 3일을 넘을 수 없다. 인사청문회 대상 중 국무총리, 헌법재판소장, 대법원장, 감사원장, 대법관에 대해서는 국회의 동의 없이 임명할 수 없으나 국무위원, 방통위장, 국정원장, 공정위장, 금융위장, 인권위장, 국세청장, 한은총재, 특별감찰관, KBS사장, 검찰총장, 경찰청장, 합참의장, 대통령·대법원 선출 헌법재판관, 중앙선관위원에 대해서는 청문 기한이 끝날 경우 국회 임명동의안 없이 임명할 수 있다. 비서실장, 민정수석 등 청와대 비서실 인사들은 인사청문회 대상이 아니다.

**출제기관**

2020 TV조선[하]

2019 SBS[하] 매일경제[하] 조선일보[하] 안동MBC[상]

2018 문화일보[하] 제주MBC[하] TV조선[하] MBC[상]

2016 MBN[하]

**정답**   07 ③ | 08 ④

## 09

☑오답체크 1회차 2회차

**한국방송공사 이사장 선출은 이사회의 제청으로 이뤄진다. 이사회의 위원 구성 방식은?**

① 여권 추천 5명, 야권 추천 4명

② 여권 추천 5명, 야권 추천 5명

③ 여권 추천 7명, 야권 추천 4명

④ 여권 추천 9명, 야권 추천 9명

☑정답체크

| 1회 | 2회 |
|---|---|
| ① ③ | ① ③ |
| ② ④ | ② ④ |

**09**

한국방송공사(KBS)의 사장과 이사장 선출은 한국방송공사 이사회의 제청과 대통령의 임명으로 이뤄진다. 관례상 이사회는 여권 추천 7명과 야권 추천 4명으로 이뤄진다.

출제기관

2019 조선일보[하]

2018 KBS[하]

2017 KBS[하]

## 10

☑오답체크 1회차 2회차

**다음 보기 중 직업 정치인의 변화를 가리키는 것은 무엇인가?**

① 폴리페서(Polifessor)

② 폴리테이너(Politainer)

③ 폴리널리스트(Polinalist)

④ 폴리패스터(Polypastor)

☑정답체크

| 1회 | 2회 |
|---|---|
| ① ③ | ① ③ |
| ② ④ | ② ④ |

**10**

**폴리테이너(Politainer)**

정치적 발언을 하거나 정치인이 된 연예인을 가리키는 말이었으나, 폴리테이너 2.0이라 하여 반대로 연예 프로그램에 고정 출연하는 등 방송활동을 하는 정치인을 가리키는 용어로도 사용하게 되었다.

**폴리페서(Polifessor)**

'Politics(정치)'와 'Professor(교수)'의 합성어다. 교수가 정치에 참여하느라 본분인 학업은 소홀히 하는 것을 비판하는 경우에 사용한다.

**폴리널리스트(Polinalist)**

'Politics(정치)'와 Journalist(기자)'의 합성어다. 정계 진출을 목적으로 정치권에 영합하는 기자들을 가리킨다.

**폴리패스터(Polipastor)**

'Politics(정치)'와 'Pastor(목사)'의 합성어이다. 정치적 발언을 하는 성직자를 가리킨다.

출제기관

2019 EBS[하]

2018 원주MBC[상]

2017 TV조선[하]

정답 09 ③ | 10 ②

**11**

오답체크
1회차    2회차

## 다음 기사문에서 빈칸에 들어갈 인물로 옳은 것은?

미국 바이든 정부 출범 이후 처음으로 로이드 오스틴 국방
장관과 함께 (    ) 국무장관은 문재인 대통령을 예방하고
'2+2 회의' 및 장관 회담을 이어갔다. 이번 방문은 한미동
맹을 재확인하기 위한 차원에서 마련됐다.

① 존 볼턴

② 마이크 펜스

③ 마이크 폼페이오

④ 토니 블링컨

정답체크
1회   2회
① ③ ① ③
② ④ ② ④

**12**

오답체크
1회차    2회차

## 2021년 초 발표한 문재인 정부 제4기 내각 인사로 적절하지 않은 것은?

① 여성가족부 장관 – 진선미

② 법무부 장관 – 박범계

③ 국토부 장관 – 변창흠

④ 보건복지부 장관 – 권덕철

정답체크
1회   2회
① ③ ① ③
② ④ ② ④

**핵심풀이 ?**

**11**

①은 미국의 전 국가안보 보좌관, ②는 미국의 전 부통령,
③은 트럼프 행정부에서 임명한 전 국무장관이다.

**토니 블링컨**

바이든 정부의 첫 국무장관이다. 오바마 정부에서 국무부
부장관을 역임했다. 취임 후 다자주의 · 동맹국을 중시하는
외교로 복원할 것으로 알려졌다.

출제기관

2019 G1강원민방[상]

2018 SBS[하] 아주경제신문[상]

**12**

문재인 대통령 제4기 내각은 2021년 2월 9일 출범해 법무
부 장관으로 박범계, 국토부 장관으로 변창흠, 보건복지부
장관으로 권덕철을 임명했다. 제4기 내각의 여성가족부 장
관은 정영애이다.

출제기관

2019 CBS[상]

2018 전자신문[하] 경향신문[하]

2017 SBS[하]

2016 YTN[상]

정답  11 ④ | 12 ①

**13**

☑오답체크   1회차   2회차

## 지방자치단체에 대한 설명 중 틀린 것은?

① 모든 지방자치단체장 임기는 4년이다.

② 서울시장과 세종시장은 장관급 대우를 받아 국무회의에 참석할 수 있다.

③ 특례시는 기초자치단체로 구분된다.

④ 지방자치단체장은 3번까지 연임할 수 있다.

☑정답체크

| 1회 | 2회 |
|---|---|
| ① ③ | ① ③ |
| ② ④ | ② ④ |

**14**

☑오답체크   1회차   2회차

## 미국의 중간선거에서 선출하지 않는 공직은?

① 대통령

② 상원의원

③ 하원의원

④ 주지사

☑정답체크

| 1회 | 2회 |
|---|---|
| ① ③ | ① ③ |
| ② ④ | ② ④ |

---

**핵심풀이** ❗

**13**

**지방자치단체장**

각급 지방자치단체의 행정 업무를 수행하는 선출직 공무원이다. 광역자치단체장과 기초자치단체장은 4년에 한 번 전국지방선거를 통해 뽑는다. 3번까지 연임이 가능하다.

**서울시장**

서울시장은 장관급 대우를 받아 국무위원으로서 국무회의에 참석할 수 있다. 세종시·광역시 시장과 각 도지사 등 광역자치단체장은 차관급 대우를 받는다.

**특례시**

인구 50만을 넘는 도시, 혹은 수원시, 용인시, 창원시, 고양시 등 인구 100만을 넘는 기초자치단체로, 광역시에 버금가는 성격의 새로운 자치단체 개념이다. 각종 재정적·행정적 권한을 폭넓게 보장받는다. 인구 50만이 넘는 특례시의 추가 자치권에는 지방 공사공단의 설립·운영 등이 있고, 인구 100만이 넘는 특례시의 추가 자치권에는 소방 업무 수행, 시정연구원 설립 등이 있다.

출제기관

2020 **이데일리[하]**

2019 **목포MBC[상] 울산MBC[상]**

2017 **TV조선[하] 경인일보[상]**

**14**

**미국의 선거**

미국에서는 임기 만료에 예정에 있는 대통령·부통령·상원의원·하원의원·주지사와 각종 선출직 정부 각료들을 짝수 해 11월 첫 번째 월요일 다음의 화요일에 뽑는다. 대통령 선거가 있는 해에는 대통령 선거가 주가 되기 때문에 대통령 선거라 하지만, 집권 2년 차에 실시하는 선거는 대통령 임기 중간에 실시하기에 '중간선거'라 불린다. 중간선거의 결과는 대통령 집권에 대한 평가서가 되기도 한다. 2년마다 돌아오는 선거에서 임기 2년인 하원의원은 매 선거 때마다 435석 전부를 새로 선출하며, 6년 임기인 상원의원은 100석 중 약 3분의 1을 선출한다. 그 외에 임기가 만료된 주지사, 부지사, 주 상원의원, 주 검찰총장, 카운티 선출직과 임기 2년인 주 하원의원을 함께 선발한다.

출제기관

2019 **목포MBC[상] 춘천MBC[상]**

2018 **문화일보[하]**

2016 **국민일보[하]**

정답   13 ② | 14 ①

## 15

오만만과 페르시아만을 연결하는 전략적 요충지로, 중동 산유국의 중요한 수송로인 해협은?

① 마젤란해협

② 도버해협

③ 호르무즈해협

④ 말라카해협

## 16

다음 중 한국에 대한 일본의 수출규제 품목에 해당하지 <u>않는</u> 것은?

① 에칭가스(Etching Gas)

② 포토레지스트(Photoresist)

③ 고순도 황산(Sulfuric Acid)

④ 플루오린 폴리이미드(Fluorine Polyimide)

---

**핵심풀이** ❗

### 15

**호르무즈해협**

페르시아만과 오만만을 잇는 좁은 해협으로, 북쪽으로는 이란과 접하며, 남쪽으로는 아랍에미리트에 둘러싸인 오만의 월경지이다. 이 해협은 페르시아만에서 생산되는 석유의 주요 운송로로 세계 원유 공급량의 30% 정도가 지나가는 곳이기도 하다.

**마젤란해협**

1520년 마젤란이 통과한 남아메리카 최남단의 해협이다.

**도버해협**

프랑스 칼레와 영국 도버 사이의 해협으로 다리가 놓여 있다. 최근 해상다리를 통해 들어오는 밀입국자를 수송하는 냉동트럭으로 인해 논란이 되고 있다.

**말라카해협**

말레이시아와 싱가포르, 인도네시아 수마트라섬 사이의 해협이다.

출제기관

2020 포항MBC[상]

2019 뉴시스[하] 춘천MBC[하] 매일신문[하] 연합뉴스[하]

2016 청주MBC[상]

### 16

**화이트리스트(White List)**

국가별로 정부에서 지정해 유지하는, 특정 물품에 대하여 정부의 인허 과정 없이 자유롭게 수출을 시켜줄 수 있는 국가 리스트를 가리키는 말이다. 한일 갈등 과정에서 일본이 자국의 화이트리스트에서 한국을 배제하여, 한국의 반도체 산업에 필수적으로 쓰이던 일본산 '포토레지스트, 불화수소, 불화폴리이미드' 공급에 차질을 주는 사건이 있었다.

**에칭가스(Etching Gas)**

고순도의 불화수소를 가리키는 말이다. 반도체 제조와 세정 공정에 쓰이는 핵심 재료로, 불량률을 최소화하기 위해 초고순도(99.999%)의 에칭가스가 필요하여, 삼성 등 국내 반도체 제작 기업들은 일본산 제품을 사용해왔다.

출제기관

2020 경향신문[상]

2019 영남일보[하] 매일경제[하] 매일신문[하] 연합뉴스[하]
    헤럴드경제[하] 서울경제[하]

정답   15 ③ | 16 ③

## 17

☑오답체크
1회차    2회차

미국 부시 전 대통령이 주장한 것으로 '완전하고 확인 가능하며 불가역적인 비핵화'를 뜻하는 말은 무엇인가?

① CPD

② PVID

③ FFVD

④ CVID

☑정답체크

| 1회 | 2회 |
|---|---|
| ① ③ | ① ③ |
| ② ④ | ② ④ |

## 18

☑오답체크
1회차    2회차

다음 중국과 관련된 용어 설명으로 옳지 <u>않은</u> 것은?

① 차이니스월 : 사내 부서별 정보 차단

② 레드백 : 통화 패권을 노리는 위안화

③ 다이궁 : 저임금 구조를 벗어나려는 중국의 성장전략

④ 싼커 : 한국에 대한 개인적인 관심으로 찾아오는 개별 중국 관광객

☑정답체크

| 1회 | 2회 |
|---|---|
| ① ③ | ① ③ |
| ② ④ | ② ④ |

---

### 17

**CVID**

'Complete, Verifiable and Irreversible Dismantlement of North Korea's nuclear program'의 약자이다. 2002년 조지 부시 행정부가 처음 사용한 용어이다. 미국은 불법 핵보유국의 비핵화 방법으로 다양한 표현을 사용한다.

**FFVD**

Final Fully Verified Denuclearization의 약자로 '최종적이고 완전히 검증된 비핵화'라고 번역할 수 있다. 트럼프 행정부에서 밝힌 비핵화의 강도를 말하는 용어로 원론적으로 완벽한 비핵화를 이룬다는 점에 대해선 CVID와 크게 다를 것이 없다.

출제기관

2021 세계일보[상]

2018 SBS[하] 매일경제[하] KBS[하] MBN[하] 아시아경제[하] 조선비즈[상]

### 18

**다이궁(代工)**

한국과 중국을 오가며 물건을 소규모로 거래하는 중국의 보따리상이다.

**신창타이(新常態)**

저임금 성장을 벗어나 성장률은 조금 낮추되 안정적 경제구조를 만들며 성장하고자 하는 중국의 신성장전략이다.

**차이니스월**

중국의 만리장성과 같이 기업 내에서 부서별 필요 정보를 차단해 보안을 유지한다는 경영 용어이다.

**레드백(Redback)**

붉은색을 띠는 중국의 지폐가 푸른색을 띠는 달러와 통화패권전쟁을 벌인다 하여 위안화의 별칭으로 사용되는 용어이다. 위안화는 IMF가 회원국에게 무담보로 제공해주는 통화인 SDR의 구성통화가 되어 통화 패권을 본격적으로 노리게 됐다는 평가를 받는다.

**싼커(散客)**

유커와 달리 개인적으로 들어와 찾아오는 중국 관광객을 뜻한다. 중국의 한한령으로 인해 단체 관광객이 줄어 싼커층이 주목받고 있다.

출제기관

2018 매일경제[하]

2017 이투데이[상]

2016 동아이지에듀[하]

정답  17 ④ | 18 ③

## 19

☑오답체크  1회차  2회차

### 브렉시트와 관련한 설명으로 옳지 <u>않은</u> 것은?

① 영국은 2016년 6월 국민투표를 통해 브렉시트를 결정했다.

② 영국의 유럽연합(EU)탈퇴를 의미한다.

③ 메이 전 총리가 EU탈퇴에 서명하며 리스본조약 50조가 발동됐다.

④ 2020년 1월 31일부터 브렉시트가 공식 발효됐다.

☑정답체크

| 1회 | 2회 |
|---|---|
| ① ③ | ① ③ |
| ② ④ | ② ④ |

### 19

**브렉시트**

영국(Britain)과 탈퇴(Exit)의 합성어로, 영국의 유럽연합(EU) 탈퇴를 뜻하는 말이다. 영국은 2016년 6월 국민투표로 브렉시트를 결정했다. 테리사 메이 전 총리가 2017년 3월 EU탈퇴에 서명하며 리스본 조약 50조가 발동됐다. 보리스 존슨 총리가 2019년 10월 EU탈퇴협정을 최종으로 체결했고, 2020년 1월 31일에는 EU 회원국이 브렉시트를 최종 승인했다. 다만 원활한 브렉시트의 진행을 위해 같은 해 12월 31일까지 영국의 EU 회원국 대우를 유지했다. 영국이 EU와 설정한 브렉시트(Brexit) 전환기간이 종료되며 2021년 새해부터 공식 발효됐다.

**출제기관**

2019 연합뉴스[상] 방송통신심의위원회[상] 충북MBC[상]

2018 경인일보[하] 서울경제신문[하]

2017 KNN[하]

## 20

☑오답체크  1회차  2회차

### 다음에서 설명하는 북한의 예술단은 무엇인가?

- 2018년 평창동계올림픽에 맞춰 임시 연합악단으로 시작했다.
- 현송월을 단장으로 남한에 내려와 공연을 했다.

① 모란봉악단

② 삼지연관현악단

③ 만수대예술단

④ 은하수관현악단

☑정답체크

| 1회 | 2회 |
|---|---|
| ① ③ | ① ③ |
| ② ④ | ② ④ |

### 20

**삼지연관현악단**

북한의 관현악단이다. 2018년 평창올림픽에 파견할 악단으로 새로이 구성되었다. 구 삼지연악단(만수대예술단)을 개편한 것으로, 2009년 김정일의 '인민의 지향과 요구에 들어맞는 음악을 만들라'는 지시를 강령으로 두었다고 한다.

**모란봉악단**

2012년 만들어진 북한의 여성 악단이다. 단장 현송월과 함께 하이힐과 미니스커트를 입고 미국 영화 '록키'의 '마이웨이'를 부르기도 했다.

**출제기관**

2018 SBS[하] KBS[상]

정답  19 ④ | 20 ②

## 21

☑ 오답체크

| 1회차 | 2회차 |

**미국 정치의 '셧다운'에 대한 설명으로 옳지 않은 것은?**

① 연방정부의 핵심 서비스를 제외한 모든 공공 프로그램이 중단된다.

② 공무원들은 쉬는 기간 월급을 받지 못한다.

③ 셧다운은 미국 행정부에 대한 입법부의 항의 절차의 일종이다.

④ 미국은 셧다운으로 인해 채무불이행(디폴트) 사태까지 진행될 수 있다.

☑ 정답체크

| 1회 | 2회 |
| ① ③ | ① ③ |
| ② ④ | ② ④ |

## 21

**미국의 셧다운**

우리나라 청소년 게임 제한 셧다운제와는 전혀 다른 개념으로 연방정부가 문을 닫고, 공무원들은 출근을 하지 않는 강제 휴무를 실시하는 제도다. 미국의 국회가 예산 처리일까지 예산안을 처리하지 못할 경우 미국 행정부는 공무원들을 무급으로 쉬게 한다. 예산안이 통과되지 않은 것은 여야 간 정책 의견 차이 때문인데, 이 때문에 행정부는 예산안 미처리로 인한 월급 지급불가를 명목으로 시위성 성격의 공공기관 셧다운을 하곤 한다.

출제기관
2019 광주MBC[상]
2017 이투데이[상]

## 22

☑ 오답체크

| 1회차 | 2회차 |

**국제노동기구(ILO) 핵심협약 8개 중 한국이 비준을 하지 않은 조항은?**

① 강제노동 철폐에 관한 협약

② 취업의 최저 연령에 관한 협약

③ 가혹한 형태의 아동노동 철폐에 관한 협약

④ 동일가치 근로에 대한 남녀 근로자 동등보수에 관한 협약

☑ 정답체크

| 1회 | 2회 |
| ① ③ | ① ③ |
| ② ④ | ② ④ |

## 22

**ILO(국제노동기구)**

노동문제를 다루는 유엔의 전문기구이다. 1919년 1차세계대전 이후 노동자 보호문제가 국제적 화두로 떠오르자, 파리 강화회의에서 결정되어 당시 국제 연맹의 자매기관으로 설립되었다.

**국제노동협약**

노동자 권리 보호를 위해 ILO에서 정한 189개 조약과 201개 권고이다. 8개 핵심협약이 구분되기도 하는데 우리나라는 최근 제29호(강제노동에 관한 협약), 제87호(결사의 자유 및 단결권 보호에 관한 협약), 제98호(단결권 및 단체교섭에 관한 협약) 등의 비준을 위해 노력하고 있다.

출제기관
2020 경향신문[상]
2019 MBC[하]
2018 경남MBC[하]

정답 21 ③ | 22 ①

**23** ☑오답체크 | 1회차 | 2회차

다음 중 현재 일본의 연호는 무엇인가?

① 쇼와(昭和)

② 다이카(大化)

③ 레이와(令和)

④ 헤이세이(平成)

☑정답체크

| 1회 | 2회 |
|---|---|
| ① ③ | ① ③ |
| ② ④ | ② ④ |

**23**

**일본의 연호**

• 레이와(令和) : 제126대 나루히토 왕의 연호(2019년 5월 1일 이후 현재)

• 헤이세이(平成) : 제125대 아키히토 왕의 연호(1989년 1월 8일~2019년 4월 30일)

• 쇼와(昭和) : 제124대 히로히토 왕의 연호(1926년 12월 26일~1989년 1월 7일)

• 다이카(大化) : 일본 최초의 연호로 아스카 시대 고토쿠 왕의 연호(645~650)

**출제기관**

2019 매일경제[하] MBN[하] 한국일보[상]

**24** ☑오답체크 | 1회차 | 2회차

다음 중 중국의 일국양제(一國兩制) 통치와 홍콩, 마카오에 대한 설명으로 옳지 <u>않은</u> 것은?

① 홍콩은 일국양제가 처음으로 적용된 지역이다.

② 홍콩 행정구의 수반인 행정장관은 직선제로 선출되고 있다.

③ 중국의 특별행정구로는 홍콩과 마카오 두 곳만 있다.

④ 홍콩은 2047년까지 자유체제를 보장받는다.

☑정답체크

| 1회 | 2회 |
|---|---|
| ① ③ | ① ③ |
| ② ④ | ② ④ |

**24**

홍콩의 정부 수반인 행정장관은 간선제로 선출되고 있다.

**일국양제(一國兩制)**

'한 국가 안에 두 체제가 공존한다'는 뜻으로 1980년대 덩샤오핑이 영국으로부터 홍콩을, 포르투갈로부터 마카오를 반환받고자 할 때 약속한 것이다. 현재 홍콩과 마카오는 중국의 '특별행정구 기본법'에 의거하여, 특별행정구로 구분된다. 중국의 헌법과 법률이 적용되지 않고 별도의 입법과 사법 시스템을 운영하는 등 고도의 자치권을 영유한다. 하지만 특별행정구 기본법은 제정된 1997년 · 1999년부터 50년까지만 별개 체제를 보장하는 법이기 때문에 이후에는 두 도시가 체제적으로도 흡수될 것으로 보인다.

**출제기관**

2020 경향신문[상]

2019 MBC[하] 충북MBC[하] 춘천MBC[하] 목포MBC[상]

정 답 | 23 ③ | 24 ②

시험에 나오는 것부터 공부하자!

# 경제·경영

# 출제 유력 24제

## 01
☑ 오답체크 1회차 2회차

**대한민국의 최저임금과 관련된 설명으로 옳지 않은 것은?**

① 최저임금위원회는 공익위원 · 사용자위원 · 근로자위원 동수로 구성된다.

② 2021년 최저시급은 8,720원이다.

③ 최저 임금 산정액에는 일부 복리후생비와 상여금이 포함된다.

④ 2021년 최저시급은 직전해에 비해 2% 이상 인상됐다.

☑ 정답체크

| 1회 | 2회 |
|---|---|
| ① ③ | ① ③ |
| ② ④ | ② ④ |

## 02
☑ 오답체크 1회차 2회차

**의료용 및 기호용 대마초가 합법화된 지역으로 자본과 인력이 몰리는 현상을 뜻하는 신조어는?**

① 골드러시(Gold Rush)

② 그린러시(Green Rush)

③ 러시프린트(Rush Print)

④ 노멀크러시(Normal Crush)

☑ 정답체크

| 1회 | 2회 |
|---|---|
| ① ③ | ① ③ |
| ② ④ | ② ④ |

---

### 핵심 풀이 ?

**01**

2021년 최저시급은 1.5% 인상된 8,720원이다.

**최저임금위원회**
1987년에 발족한 최저임금 심의위원회이다. 공익위원 9명, 근로자위원 9명, 사용자위원 9명으로 구성되어 있다. 고용노동부 장관은 이를 통해 내년도 최저임금을 결정하여 8월 5일까지 고시한 뒤 이의제기를 받아야 한다.

**최저임금 산정법 개정**
2019년부터 최저임금의 25% 수준 이상으로 상여금을 지급할 경우 초과분은 임금 산정액에 포함할 수 있게 됐다.

출제기관
2021 MBN[상] 서울경제[상] 세계일보[상]
2020 EBS[하] TV조선[하]
2019 충북MBC[하] SBS[하] 매일경제[하] MBC[하] G1강원민방[상] 뉴시스[상] 한국일보[상]
2018 SBS[하] 경남MBC[하] 문화일보[하] 채널A[하] 조선일보[하] 코리아헤럴드[하] 경기방송[하] KBS[하] 시사인[하] 경인일보[하] YTN[하] 경향신문[하]

**02**

**그린러시(Green Rush)**
유흥 · 의료용 대마초가 합법화됨으로써 의료서비스와 유흥을 즐기고자 많은 이들이 몰리게 되고 자금 또한 몰리게 되는 현상을 가리킨다. 캐나다와 미국 캘리포니아, 콜로라도 등에서 대마초가 합법화되면서 이러한 현상이 발생했다.

**골드러시(Gold Rush)**
많은 사람들이 금광이 발견된 지역으로 몰려드는 현상이다.

**러시프린트(Rush Print)**
영화 촬영 후 편집하지 않은 채 촬영이 제대로 되었는지 확인할 수 있는 필름이다.

**노멀크러시(Normal Crush)**
화려하고 자극적인 것에 질린 젊은이들이 보통의 존재에 눈을 돌리는 현상이다.

출제기관
2019 매일경제[하]
2018 YTN[하] 광주MBC[상]
2017 KBS[하]

정답 01 ④ | 02 ②

## 03
1회차    2회차

**실업급여는 퇴직한 이후 얼마의 기간 이내에 신청해야 받을 수 있는가?**

① 6개월

② 9개월

③ 12개월

④ 24개월

☑ 정답체크

| 1회 | 2회 |
|---|---|
| ① ③ | ① ③ |
| ② ④ | ② ④ |

## 04
1회차    2회차

**전세가와 매매가의 차익으로 이득을 얻는 '갭 투자'와 관련된 경제 용어는 무엇인가?**

① 레버리지

② 트라이슈머

③ 코픽스

④ 회색 코뿔소

☑ 정답체크

| 1회 | 2회 |
|---|---|
| ① ③ | ① ③ |
| ② ④ | ② ④ |

**핵심풀이 💬**

### 03
실업급여는 퇴직한 다음날부터 12개월이 지나면 받을 수 없다(고용보험법 제48조 제1항 참고).

출제기관
2018 YTN[하]
2016 울산MBC[상]

### 04
**갭 투자**
전세를 안고 하는 부동산 투자이다. 부동산 경기가 호황일 때 수익을 낼 수 있으나 부동산 가격이 위축돼 손해를 보면 전세 보증금조차 갚지 못할 수 있는 위험한 투자이다.

**레버리지(Leverage)**
대출을 받아 적은 자산으로 높은 이익을 내는 투자 방법이다. '지렛대효과'를 낸다 하여 레버리지라는 이름이 붙었다.

출제기관
2020 이투데이[상]
2019 YTN[하]
2017 SBS[하] JTBC[하] 한국일보[상]

**정답** 03 **③** | 04 **①**

## 05

☑️오답체크
1회차  2회차

2017년 노벨경제학상을 수상한 리처드 탈러 교수의 저서 이름인 이 '행동경제학 이론'은 사람의 행동을 부드럽게 유도하는 비법을 담고 있다. '이 이론'은 무엇인가?

① 스놉효과
② 비교우위
③ 넛지 이론
④ 거미집 이론

☑️정답체크

| 1회 | 2회 |
|---|---|
| ① ③ | ① ③ |
| ② ④ | ② ④ |

### 05

**넛지 이론**
2017년 노벨경제학상 수상자인 리처드 탈러와 캐스 선스타인의 저서에서 소개된 이론이다. 동명 저서에서 그는 이것을 타인의 선택을 유도하는 부드러운 개입이라고 정의했다. '넛지(Nudge)'는 본래 '팔꿈치로 슬쩍 찌르다'는 의미의 단어로 인간의 행동 심리를 분석하여 직접적인 지시를 하지 않고도 타인을 원하는 대로 유도할 수 있는 방법이라 할 수 있다.

**스놉효과**
상품에 대한 사람들의 소비가 증가할수록 오히려 그 상품을 소비하기 싫어지는, 남들과 차별화되고 싶은 소비자 욕구를 가리킨다.

**비교우위**
데이비드 리카도에 의해 정립된 국제 무역 이론으로, 한 나라의 재화가 다른 국가에 비해 경쟁력이 떨어지더라도 생산의 기회비용을 따졌을 때 다른 국가가 그 재화를 생산하지 않는다면 재화를 판매할 수 있고 상호 무역을 통해 이익을 창출하게 된다는 것이다.

**거미집 이론**
가격 변동에 대응해 수요량은 대체로 즉각 반응하는 데 비해 공급의 반응은 생산 시간 때문에 지체된다. 이를 수요공급선 그래프에 나타내면 마치 그물 모양의 거미집과 비슷하게 나타난다.

출제기관
2019 이투데이[상]
2018 광주MBC[상]
2017 JTBC[하] TV조선[하] 서울경제신문[하] 연합인포맥스[하] 헤럴드경제[하] 조선일보[상]

## 06

☑️오답체크
1회차  2회차

'아시아, 태평양' 지역의 경제 통합을 목적으로 출범한 다자간 자유무역협정은?

① ASEAN
② RCEP
③ NAFTA
④ TPP

☑️정답체크

| 1회 | 2회 |
|---|---|
| ① ③ | ① ③ |
| ② ④ | ② ④ |

### 06

**TPP**
Trans-Pacific Partnership의 약자로 환태평양경제동반자협정이라 한다. 중국의 경제적 봉쇄를 위한 미국 주도의 다자간 경제협정이 될 것이라는 관측이 있었으나, 2017년 돌연 미국이 탈퇴하면서 CPTPP로 명칭을 바꾸어 북미, 동남아, 오세아니아, 일본 주도의 다자간 경제협정이 되었다.

**RCEP**
Regional Comprehensive Economic Partnership의 약자로 역내포괄적경제동반자협정이라고 한다. 아세안 10개국과 한국, 일본, 중국, 인도, 호주, 뉴질랜드의 총 16개국의 다자간 자유무역협정이다. 중국 주도의 무역협정으로 불린다.

출제기관
2019 연합뉴스[하] 서울경제[하] KBS[상] 이투데이[상] 한겨레[상]
2018 경인일보[하] 이투데이[상]
2017 서울경제신문[하] 경인일보[상]
2016 한국경제신문[하] TV조선[하] 서울경제[하] 포커스뉴스[상] 한국대학신문[상]

정답  05 ③ | 06 ④

**07**
☑ 오답체크
1회차    2회차

**다음은 우리나라의 통화스와프 협정 현황에 대한 자료이다. ㉠과 ㉡ 안에 들어갈 국가로 올바른 것은?**

( ㉠ ) – 2025년 10월 만기, 560억달러 규모(캐나다 제외 최고 규모)
UAE – 2022년 4월 만기, 54억달러 규모
말레이시아 – 2023년 2월 만기, 47억달러 규모
호주 – 2023년 2월 만기, 81억달러 규모
( ㉡ ) – 2023년 3월 만기, 100억달러 규모
태국 CMI – 만기 없음, 384억달러 규모(미국 달러 교환)
캐나다 – 만기 없음, 규모 무제한
스위스 – 2026년 3월 만기, 106억달러 규모

|     | ㉠ | ㉡ |
| --- | --- | --- |
| ① | 중국 | 인도네시아 |
| ② | 일본 | 필리핀 |
| ③ | 미국 | 필리핀 |
| ④ | 미국 | 인도네시아 |

☑ 정답체크
| 1회 | 2회 |
| --- | --- |
| ① ③ | ① ③ |
| ② ④ | ② ④ |

**08**
☑ 오답체크
1회차    2회차

**기준금리와 관련된 설명으로 틀린 것을 고르시오.**

① 미국의 기준금리가 올라갈 경우 한국은 경기부양 효과가 나타난다.
② 한국은행 기준금리는 1.5%이다(2021년 3월 기준).
③ 미연방준비제도 기준금리는 0.25%이다(2021년 3월 기준).
④ 한국은행의 금융통화위원회에서 기준금리를 결정한다.

☑ 정답체크
| 1회 | 2회 |
| --- | --- |
| ① ③ | ① ③ |
| ② ④ | ② ④ |

**07**
우리나라는 2025년 10월 만기로 중국과, 2023년 3월 만기로 인도네시아와 통화스와프 협정을 맺고 있다.

**통화스와프**
'스와프(Swap)'는 '바꾸다, 교환하다'는 뜻으로 통화스와프는 상대국과 자국이 각각 자국의 화폐를 주고 상대방의 화폐를 받는 식으로 맞바꾸는 것 또는 그 협약을 뜻한다. 통화스와프를 여러 나라와 맺으면 자국의 무역과 통화 시장의 안정성을 높일 수 있다.

출제기관
2017 JTBC[하] TV조선[하] CBS[하] 머니투데이[하]
　　　서울경제신문[하] 연합인포맥스[하] 조선일보[상]
　　　인베스트조선[상] 경향신문[상]
2016 SBS[하] 국민일보[하]

**08**
미국 및 일본 등의 기준금리가 올라갈 경우 한국은 외국 자본이 빠져나가 경기가 침체되는 현상이 나타나곤 한다.

**기준금리**
중앙은행이 시중은행에 돈을 빌려주는 금리로, 기준금리의 조정을 통해 경기부양과 부채 축소를 조절할 수 있다.

**한국은행 금융통화위원회**
한국은행법에 의해 설립된 통화 정책 결정 기구이다. 한국은행 총재·부총재 2인과 기획재정부 장관, 한국은행 총재, 금융위원회 위원장, 대한상공회의소 회장, 전국은행연합회 회장이 1명씩 추천한 5인, 총 7인으로 구성된다. 통화발행량과 기준금리 변동 여부를 결정한다.

출제기관
2020 EBS[상] YTN[하] 뉴스1[하]
2019 매일신문[하] 안동MBC[상] 충북MBC[상] 한겨레[상] 기준금리[상]
2018 뉴스1[하] 경향신문[하] 언론중재위원회[상]
2017 이투데이[상] 아이뉴스[상] 매일신문[상] 인베스트조선[상]
2016 연합인포맥스[하] 조선일보[하] 시사저널e[하] 국민일보[하]
　　　SBS[하] 뉴스토마토[하] 문화일보[상] 언론진흥재단[상]
　　　포커스뉴스[상] 인베스트조선[상] 매일경제[상] 이투데이[상]

정 답    07 ① | 08 ①

**09**

오답체크
1회차    2회차

가격상승, 물량소진의 불안으로 과도하게 주식, 부동산 등을 구매하는 행위는?

① 로스컷

② 바잉오퍼

③ 패닉셀링

④ 패닉바잉

정답체크

| 1회 | 2회 |
|---|---|
| ① ③ | ① ③ |
| ② ④ | ② ④ |

**10**

오답체크
1회차    2회차

해외에 있는 자국 기업을 각종 세제 혜택과 규제 완화를 통해 다시 자국으로 불러들이는 정책은 무엇인가?

① 리쇼어링(Reshoring)

② 아웃소싱(Outsourcing)

③ 오프쇼어링(Off-shoring)

④ 앵커링효과(Anchoring Effect)

정답체크

| 1회 | 2회 |
|---|---|
| ① ③ | ① ③ |
| ② ④ | ② ④ |

## 핵심풀이 ❗

**09**

**패닉바잉(Panic Buying)**

향후 가격상승이나 물량소진이 일어날 것이 예상될 때 그 이전에 최대한의 물량을 확보하려는 불안감으로 가격에 관계없이 주식, 부동산 등을 매점매석하는 현상이다. 우리말로는 '공황구매'라고 한다. 이 때문에 물량 확보를 위한 거래량이 증가하고 가격도 치솟는다. 패닉바잉으로 인해 가격이 급등하는 현상이 벌어진 시장은 '패닉마켓(Panic Market)'이라고 한다.

출제기관

2021 **인베스트조선[상]**

**10**

**리쇼어링(Reshoring)**

해외에 나가 있는 자국기업들을 각종 세제 혜택과 규제 완화 등을 통해 자국으로 불러들이는 정책을 말한다. 싼 인건비나 판매시장을 찾아 해외로 생산기지를 옮기는 오프쇼어링의 반대 개념이다.

**아웃소싱(Outsourcing)**

기업의 제품 생산, 유통, 용역 등을 외부 업체에 맡기는 것이다. 기업별 전문 분야가 있기에 산업 전반의 효율성을 높일 수 있으나, 본사의 각종 부담을 줄이기 위해 무의미한 하도급 업체를 만들어 책임을 전가하는 등의 부작용도 있다.

**앵커링효과(Anchoring Effect)**

협상과 흥정 등에서 처음 제시된 조건이 강하게 인식되어 사고범위가 제한되는 것을 뜻하는 행동경제학 원리이다. 대부분은 합리적이지 못한 조건임에도 제시된 조건에서 크게 벗어나지 못한 상태로 거래를 마무리하게 된다.

출제기관

2020 **뉴스1[하]**

2019 **YTN[하]**

2018 **언론중재위원회[상]**

2017 **이투데이[상] 한국일보[상]**

정답    09 ④ | 10 ①

## 11

아시아 개발도상국들이 도로, 학교와 같은 사회간접자본을 건설할 수 있도록 자금 등을 지원하는 중국 주도의 국제기구는?

① IMF

② AIIB

③ 인도-태평양

④ WB

## 12

연기금 · 보험사 등 기관투자자들이 투자 기업의 의사결정에 적극적으로 참여하여 투명경영을 이끌어내는 제도는 무엇인가?

① 리디노미네이션

② 신디케이트

③ 방카슈랑스

④ 스튜어드십코드

### 11

**AIIB**

Asian Infrastructure Investment Bank의 약자로 2014년 10월 출범한 전 세계 21개국이 포함된 경제협력체이다. 개발도상국 인프라 건설을 위한 자본 투자를 목적으로 설립되었으며, 미국과 일본 주도의 경제공동체에 대항하기 위한 중국 주도의 경제공동체라 볼 수 있다.

**IMF**

개별 국가에 자금을 융통해주는 국제기구로 선진국들이 펀드 형태로 기금을 조성한다. 주로 금융 위기 및 경제 발전 자금을 및 지원한다. 1944년 미국 달러의 금태환제인 브레튼우즈 체제의 합의와 함께 설치되었다.

**인도-태평양 전략**

중국을 둘러싼 미국과 일본의 견제책이다. 인도와 호주, 일본, 미국 등이 힘을 모아 인도양 주변 국가를 포섭하여 중국의 일대일로 계획을 저지하려는 움직임 전반을 가리킨다.

**World Bank**

유엔 산하의 금융기관으로 빈곤 구제를 목적으로 자금을 대출해준다. 1944년 미국 달러의 금태환제인 브레튼우즈 체제의 합의와 함께 설치되었다.

출제기관

2019 목포MBC[상]

2016 한국경제신문[하] 한국일보[상] 한국대학신문[상]

### 12

**스튜어드십코드(Stewardship Code)**

투자 수탁자들이 고객의 자금을 투명하게 운용하고 수익률을 높이는 데 목적을 둔 일종의 가이드라인이다. 우리나라도 2018년 7월 도입되어 국민연금 운용에 적용되고 있다.

**리디노미네이션(Redenomination)**

지속적인 인플레이션으로 화폐의 액면가가 실질 가치에 비해 많이 높아졌을 경우, 화폐의 액면가를 절하하는 정책을 가리킨다.

**신디케이트(Syndicate)**

동일 시장 내의 여러 기업이 출자하여 공동판매회사를 설립하여 판매하는 조직이다.

**방카슈랑스(Bancassurance)**

Bank와 Assurance의 합성어로 은행과 보험사가 업무 제휴 협정을 체결하거나 은행이 자회사로 보험사를 세워 은행 업무와 보험사의 업무를 한 곳에서 제공하는 것을 의미한다.

출제기관

2019 경인일보[하] 충북MBC[하] KBS[상] G1강원민방[상] 아주경제[상] 안동MBC[상]

2018 SBS[하] 전주MBC[하] 머니투데이[하] 한겨레[하] 목포MBC[상]

2017 한국경제TV[하] 뉴스1[하] 농민신문[하] 아시아경제[하] 머니투데이[하] 이투데이[하] 한국일보[상]

정답  11 ② | 12 ④

**13** ☑오답체크 1회차 2회차

## 다음 중 경제 기관과 현 기관 수장의 연결이 올바르지 않은 것은?(2021년 3월 현재)

① IMF : 카미유 구트

② Fed : 제롬 파월

③ 한국은행 : 이주열

④ ECB : 크리스틴 라가라드

☑정답체크

| 1회 | 2회 |
|---|---|
| ① ③ | ① ③ |
| ② ④ | ② ④ |

**14** ☑오답체크 1회차 2회차

## 신흥국 시장이 강대국의 금리 정책 때문에 크게 타격을 입는 것을 무엇이라 하는가?

① 어닝쇼크

② 옥토버서프라이즈

③ 긴축발작

④ 덤벨이코노미

☑정답체크

| 1회 | 2회 |
|---|---|
| ① ③ | ① ③ |
| ② ④ | ② ④ |

---

### 핵심풀이 ❾

**13**

현 IMF 총재는 크리스탈리나 게오르기에바이다. 카미유 구트는 초대 IMF 총재이다.

**Fed**
Federal Reserve System의 약자로 미국의 중앙은행 역할을 수행하는 기관이다. 달러 발행과 기준금리 결정 등의 업무를 수행한다.

**ECB**
European Central Bank의 약자로 유럽연합의 통화정책 업무를 맡고 있다.

출제기관
2020 뉴스1[상]
2019 CBS[상] SBS[하]
2018 경향신문[하]
2016 인베스트조선[상] 한국일보[상]

**14**

**긴축발작**
2013년 당시 벤 버냉키 미국 연방준비제도(Fed) 의장이 처음으로 양적완화 종료를 시사한 뒤 신흥국의 통화 가치와 증시가 급락하는 현상이 발생했는데, 이를 가리켜 강대국의 금리 정책에 대한 신흥국의 '긴축발작'이라고 부르게 되었다. 미국의 금리인상 정책 여부에 따라 신흥국이 타격을 입으면서 관심이 집중되는 용어이다.

**어닝쇼크(Earning Shock)**
기업은 일정 기간(1년에 4번) 분기별로 그동안의 실적을 발표한다. 실적 발표 시기에 주주들의 이목이 집중되고 가격이 급변하는데 시장이 예상치를 뛰어넘는 기대 이상의 실적을 올린 경우 주가가 급등하여 '어닝 서프라이즈'가 일어나게 되고, 실적이 예상치에 한참 못 미치면 주가가 급락하는 '어닝쇼크'가 일어난다.

**옥토버서프라이즈(October Surprise)**
미국 대통령 선거가 11월에 치러지기 때문에 10월 즈음에 각종 선거 판세를 뒤집기 위한 스캔들이 터져나오는 것을 가리킨다.

**덤벨이코노미(Dumbbell Economy)**
사회 전반적으로 건강한 삶과 운동에 대한 관심이 높아지면서 소비 진작이 나타나고 경제가 견인되는 현상을 가리킨다.

출제기관
2019 이투데이[상]
2018 대구MBC[하] 제주MBC[하] 코리아헤럴드[상] 이투데이[상]
2016 MBN[하]

정답 **13 ① | 14 ③**

## 15

☑오답체크
1회차  2회차

**다음 중 '마가(MAGA)'로 불리는 미국의 IT 기업에 속하지 않는 곳은?**

① 애플(Apple)

② 어도비(Adobe)

③ 아마존(Amazon)

④ 알파벳(Alphabet)

☑정답체크

| 1회 | 2회 |
|---|---|
| ① ③ | ① ③ |
| ② ④ | ② ④ |

## 16

☑오답체크
1회차  2회차

**새로운 분야를 개척하거나 상품·서비스가 출시될 때 일정 기간 동안 규제를 유예해주는 제도는 무엇인가?**

① 규제샌드박스(Regulatory Sandbox)

② 태그얼롱(Tag Along)

③ 프리패키지(Prepackage)

④ 붉은 깃발(Red Flag)

☑정답체크

| 1회 | 2회 |
|---|---|
| ① ③ | ① ③ |
| ② ④ | ② ④ |

---

**핵심풀이** ❗

### 15

**MAGA**
마이크로소프트, 아마존, 구글, 애플 네 개의 미국 거대 IT 기업을 말한다. 기존 지칭 용어인 FAANG에서 페이스북과 넷플릭스를 제외하고 마이크로소프트를 추가하면서 만들어졌다. 비슷한 시기에 만들어진 용어로 MAANG이 있다.

**MAANG**
마이크로소프트, 애플, 아마존, 넷플릭스, 구글

출제기관
2019 한겨레[상]
2018 TV조선[하]

### 16

**규제샌드박스(Regulatory Sandbox)**
신산업·신기술 분야에 기업들이 참여할 것을 유도하고, 시장 초기에 참여한 기업의 매출 안정성을 확보해주기 위해 정부는 종종 새로운 산업 분야에서 기존 규제들을 유예하는 정책을 취한다.

**붉은깃발법(Red Flag Act)**
'적기조례'라고도 한다. 19세기 말 영국에서 시작된 법령으로 증기차의 개발로 마차 업자들이 망할 것을 우려한 영국은 증기차의 운용에는 항상 붉은 깃발을 든 요원이 앞서서 안전을 확보해야 한다고 규정하였다. 이는 신산업 분야를 불합리하게 규제하여 사양(斜陽)시킨 대표적인 사례로 지목된다. 문재인 대통령이 규제 샌드박스 도입을 추진하는 과정에서 이것을 예시로 들어 주목받기도 했다.

출제기관
2020 YTN[하] 경향신문[상]
2019 매일경제[하] 머니투데이[하] 서울경제[하] 아주경제[상]
     한국일보[상]
2018 아시아경제[하] 서울경제신문[하] 이투데이[상]
     코리아헤럴드[상]
2017 서울경제신문[하]

정 답  **15** ② | **16** ①

**17** ☑오답체크 1회차 2회차

DLS 상품의 수익 여부의 기준이 되는 파생상품에 포함되지 않는 개념은 무엇인가?

① 주가지수

② 유가지수

③ 환율

④ 채권

☑정답체크

| 1회 | 2회 |
|---|---|
| ① ③ | ① ③ |
| ② ④ | ② ④ |

**17**
주가지수는 ELS(주가지수 결합 상품)의 기초자산 결합 대상 파생상품이다.

**DLS(Derivatives Linked Securities)**
파생상품 등의 채권을 기초자산으로 한 결합 상품이다. 설정한 파생상품의 값이 계약 기간 동안 일정 수준 이상 변동되지 않을 경우 보상을 받는다. 변동이 있을 경우 원금 손실의 위험이 있다. 관련 상품을 DLF라고도 한다. 최근 국내 제1금융권 일부 사에서 위험상품인 DLF를 판매하여 논란이 되기도 했다.

**파생상품**
산업 원자재, 원자재 지수, 원유, 금, 금리, 환율, 채권과 같은 자산의 가치변동을 상품화한 것을 말한다. 기업의 신용등급 변동, 파산 여부, 날씨, 부동산, 탄소배출권 등의 변화도 파생상품으로 만들기도 한다.

출제기관
2019 **연합뉴스[하] 헤럴드경제[하] MTN[하] 조선일보[하]**

**18** ☑오답체크 1회차 2회차

다음 중 2020년 노벨경제학상 수상 내역과 가장 관련 있는 경제학 연구 분야는 무엇인가?

① 빈곤 퇴치

② 지속가능 발전

③ 행동경제학

④ 새 경매방식

☑정답체크

| 1회 | 2회 |
|---|---|
| ① ③ | ① ③ |
| ② ④ | ② ④ |

**18**
①은 2019년, ②는 2018년, ③은 2017년 노벨경제학 수상자와 관련된 경제학 분야이다.

**2020년 노벨경제학상**
2020년 노벨경제학상은 새로운 경매 방식을 발명한 폴 밀그럼과 로버트 윌슨 미국 스탠퍼드대 교수가 수상했다. 두 학자는 경매가 어떻게 작동하는지, 응찰자들이 왜 특정한 방식으로 행동하는지 명확히 했을 뿐만 아니라 이 같은 이론적 발견을 전통적인 방법으로 경매하기 어려운 상품과 서비스 판매에도 적용했다.

출제기관
2019 **한겨레[상]**
2018 **TV조선[하]**

정답 **17 ① | 18 ④**

**19**

다음과 연관 있는 경제학 용어는 무엇인가?

- 중국의 신용 위기
- 가상화폐 투기 과열
- 부동산 투기 과열

① 언더독(Underdog)

② 외로운 늑대(Lone Wolf)

③ 블랙 스완(Black Swan)

④ 회색 코뿔소(Gray Rhino)

☑정답체크

| 1회 | 2회 |
|---|---|
| ① ③ | ① ③ |
| ② ④ | ② ④ |

**20**

다음 중 간접세가 <u>아닌</u> 것은?

① 부가가치세

② 담뱃세

③ 근로소득세

④ 증권거래세

☑정답체크

| 1회 | 2회 |
|---|---|
| ① ③ | ① ③ |
| ② ④ | ② ④ |

---

**핵심풀이 ❗**

**19**

**회색 코뿔소(Gray Rhino)**

세계정책연구소의 대표 이사 미셸 부커가 2013년 다보스포럼에서 처음 발표한 개념으로, 모두가 알고 있지만 마땅히 해결 방법이 없어 방치하게 되는 위험 요인을 가리킨다. 이런 위험 요인에는 결국 아무런 대처도 할 수 없으며, 오히려 중요한 판단의 시기에 간과하게 되는 경향이 있다.

출제기관

2020 **이투데이[상]**

2019 **서울경제[하] 안동MBC[상] 연합뉴스[상]**

2018 **서울경제신문[하] 한국경제TV[하]**

2017 **아시아경제[하]**

**20**

**간접세**

납세의무자와 담세자가 동일하지 않은 세금을 가리킨다. 반대말은 직접세이다. 직접세의 종류로는 근로소득세, 사업소득세, 임대소득세, 양도소득세, 법인세, 상속세, 증여세 등이 있고 간접세의 종류로는 부가가치세, 유류세, 특별소비세, 주세, 전화세, 담뱃세, 증권거래세, 인지세 등이 있다. 현 제도상 근로소득세의 경우 근로자가 급여를 받기 전 원천징수하여 회사에서 납부하고 근로자에게 고지하는 경우가 많다.

출제기관

2018 **한국경제신문[하] 제주MBC[하]**

정 답   19 ④ | 20 ③

## 21

정부가 소상공인 부담을 줄이기 위해 '8억원 이하 결제액 판매자 수수료 0%'를 혜택으로 내놓은 간편 결제 표준은 무엇인가?

① 제로페이

② 서울페이

③ 뱅크월렛

④ 비콘

---

### 21

**제로페이**

최저임금 인상으로 인해 소상공인들의 부담이 늘어나자, 카드수수료를 줄여 부담을 완화하기 위해 만들어진 간편 결제 표준이다. 8억원 이하 결제액의 판매자 수수료를 0%로 고정했다. 제로페이는 기존 서울시의 서울페이가 전국 차원으로 확대된 것이다.

**비콘(Beacon)**

근거리에 있는 스마트 기기를 자동으로 인식해 데이터를 송수신하는 무선 통신 장치이다. 최대 50m 거리까지 작동할 수 있다고 한다. 특정 장소에 방문할 경우 그 장소에서 받을 수 있는 할인이나 이용 방법을 자동으로 전송하는 형태로 이뤄진다.

출제기관
2019 SBS[하] YTN[하] 이투데이[상]
2018 머니투데이[하] 경향신문[하]

---

## 22

다음 중 공유경제와 가장 관련이 <u>없는</u> 것은?

① 체리피커(Cherry Picker)

② 우버(Uber)

③ 에어비앤비(Air BnB)

④ 비스타제트(Vista Jet)

### 22

**공유경제**

용어 자체는 2008년 하버드대학교의 로렌스 레식 교수가 자신의 책 〈리믹스〉에서 처음 사용하면서 등장하였다. 현대 사회에 맞춘 합리적인 소비를 하자는 인식에서 공유경제라는 개념이 부각되었고, 스마트폰의 발달이 활성화에 기여하면서 보편적인 개념으로 발전하였다. 모바일 차량서비스인 우버, 집을 공유하는 에어비앤비, 카셰어링 서비스인 쏘카 등이 공유경제의 대표적인 사례이다. 최근 개인 항공기 대여 서비스인 비스타제트가 등장하여 하늘의 공유경제형 사업 모델이라는 평가를 받고 있다.

**체리피커(Cherry Picker)**

케이크 위의 몇 개 없는 체리를 집어 먹는 사람처럼 서비스에서 기업의 출혈이 큰 부분만을 골라 사용하는 고객들을 가리키는 말이다. 흔히 '이기적인 소비자'라는 비판적 의미로 쓰인다.

출제기관
2019 조선일보[하] YTN[하] 춘천MBC[하] CBS[상]
2018 서울경제신문[하] 경향신문[하] 이투데이[상]
2016 연합인포맥스[하] CBS[하]

정답    21 ① | 22 ①

## 23

2018년 노벨경제학상 수상자인 '폴 로머'의 내생적 성장 이론에 따르면 기술 혁신의 원인이 되지 <u>않는</u> 것은?

① 기후
② 금융자본
③ 산업주도권
④ 인적자본

## 24

다음과 같은 사건이 벌어졌던 정부 당시의 경제정책이 <u>아닌</u> 것은?

> 대통령선거를 앞두고 선거 승리를 위해 청와대 행정관 오정은과 한성기, 장석중 등이 독단으로 북한 조선아시아태평양 평화위원회의 박충 참사관을 만나 북한의 무력 도발을 부탁하였다.

① 개성공업단지를 조성했다.
② 환율변동 제한폭을 폐지하고 외국인 투자를 대폭 허용했다.
③ IMF 금융위기를 극복하기 위해 KBS에서 금모으기 운동을 시작했다.
④ 경제 활동의 투명성을 높이기 위해 금융실명제를 실시했다.

---

### 23

**내생적 성장이론**
2018년 노벨경제학상을 수상한 폴 로머가 주장한, 기술의 축적이 경제적 성장으로 이어지는 것을 경제학 모형으로 구현한 것이다. 그의 주장에 따르면 기술적 혁신의 원인은 '자본 · 지식(산업) · 인적자본의 축적'이다.

**2018 노벨경제학상**
폴 로머와 윌리엄 노드하우스가 함께 2018년 노벨경제학상을 수상했다. 지속 가능한 경제성장을 연구했다는 점이 공통되나, 로머는 자본과 기술력, 인적자본과 경제성장을 연구했고 노드하우스는 기후변화와 관련한 지속 가능한 경제개발 모형에 주력해왔다.

출제기관
2019 CBS[상] 한겨레[상]
2018 경향신문[하]

### 24

김영삼 정부 당시의 경제정책으로는 금모으기 운동의 시작, 금융실명제 개시, 외국인 투자 허용 등이다.

**총풍 사건**
1997년 김영삼 정부 시기 15대 대선을 앞두고 이회창 후보를 지지하는 청와대 행정관과 일부 사업가들이 북한 측에 접선하여 무력 도발을 요청한 사건이다. 정치권과 연계되지는 않는 것으로 드러났지만 큰 파문을 일으켰다.

**금융실명제**
신분증 없이는 계좌 계설과 이체가 불가능한 금융 제도다. 1993년 김영삼 정부는 경제적으로 탈세와 부정부패를 뿌리 뽑겠다는 의지로 금융실명제를 실시하였다.

**개성공업단지**
김대중 정부 남북협상의 결과로 추진한 남북협력 공업단지이다.

출제기관
2019 CBS[상]
2018 경향신문[하]

정답 23 ① | 24 ①

# 사회·법률

시험에 나오는 것부터 공부하자!

# 출제 유력 12제

## 01

1회차　2회차

**다음 기사에서 빈칸에 각각 들어갈 숫자들의 합은?**

> 2018년 7월부터 하루 (　)시간씩 (　)일, 여기에 연장근로 (　)시간을 더한 시간이 1주에 일할 수 있는 최대 노동시간이 됐다.

① 23　　　　　　② 25

③ 30　　　　　　④ 32

☑정답체크

| 1회 | | 2회 | |
|---|---|---|---|
| ① | ③ | ① | ③ |
| ② | ④ | ② | ④ |

☑오답체크

## 02

1회차　2회차

**다음 중 '유치원 3법'에 포함되지 <u>않는</u> 것은?**

① 유아교육법

② 사립학교법

③ 학교급식법

④ 교육기본법

☑정답체크

| 1회 | | 2회 | |
|---|---|---|---|
| ① | ③ | ① | ③ |
| ② | ④ | ② | ④ |

---

### 핵심풀이 ❗

## 01

**2018년 7월 시행된 근로기준**

근로기준법에 따르면 근로자는 한 주에 하루 8시간씩 5일을 정규노동시간으로 하여, 12시간까지 추가 근로를 할 수 있다. 총 한 주에 일할 수 있는 시간은 52시간이며, 이는 2018년 7월부터 300인 이상 사업장에서 적용된다. 이후 2020년 1월 1일에는 50~299인의 사업장에, 2021년 7월 1일에는 5~49인 사업장에 실시된다.

**출제기관**

2019 뉴스1[하] 헤럴드경제[하] 서울경제[하] 안동MBC[상]

2018 SBS[하] 전기신문[하] KBS[하] 대전MBC[상] 광주MBC[상]

## 02

**유치원 3법**

유아교육법, 사립학교법, 학교급식법 세 법의 개정안을 일컫는 말로, 대표 발의자의 이름을 따서 '박용진 3법'이라고도 한다. 사립유치원 회계관리시스템 '에듀파인' 사용 의무화, 유치원 설립자의 원장 겸직 금지, 학교급식법 적용 대상에 유치원 포함 등 사립유치원의 공공성을 강화하는 내용이 골자를 이루는 아동 교육기관 비리 근절 법안이다. 패스트트랙 제도를 통해 입법화되었다.

**출제기관**

2020 TV조선[하] 경향신문[상] 대전MBC[상]

2019 충북MBC[하] 매일신문[하] CBS[상] 한겨레[상] 충북MBC[상]

정답　01 ② | 02 ④

## 03

☑ 오답체크

| 1회차 | 2회차 |

**자신과는 다른 타인종과 외국인에 대한 혐오를 나타내는 정신의학 용어는?**

① 호모포비아

② 제노포비아

③ 노모포비아

④ 케미포비아

☑ 정답체크

| 1회 | 2회 |
| --- | --- |
| ① ③ | ① ③ |
| ② ④ | ② ④ |

**03**

**제노포비아(Xenophobia)**
국가, 민족, 문화 등의 공동체 요소가 다른 외부인에 대한 공포감·혐오를 가리킨다. 현대에는 이주 노동자로 인해 경제권과 주거권에 위협을 받는 하류층에게서 자주 관찰된다.

**호모포비아(Homophobia)**
동성애나 동성애자에게 갖는 부정적인 태도와 감정을 말하며, 각종 혐오·편견 등으로 표출된다.

**노모포비아(Nomophobia)**
'노 모바일(No Mobile)', 즉 휴대폰이 없는 상황이 올 경우 굉장한 스트레스를 느끼는 휴대폰 중독 상황을 가리킨다.

**케미포비아(Chemophobia)**
가습기 살균제, 계란, 생리대 등과 관련하여 불법적 화학 성분으로 인한 사회문제가 연이어 일어나면서 생활 주변의 화학제품에 대한 공포감을 느끼는 소비자 심리를 가리킨다.

출제기관
2019 충북MBC[상]
2018 MBC[하] 경향신문[하] MBN[하] 전주MBC[하]
2017 MBN[하]
2016 SBS[하] 울산MBC[상]

## 04

☑ 오답체크

| 1회차 | 2회차 |

**다음 중 '직장 내 괴롭힘 금지법'에 대한 설명으로 옳지 않은 것은?**

① 근로기준법 내의 일부 개정안으로 마련되었다.

② 직장 내 괴롭힘 신고가 들어왔을 경우, 사용자는 지체 없이 행위자에게 징계 등의 조치를 내려야 한다.

③ 필요할 경우 사용자는 피해근로자의 휴식을 위해 유급으로 휴가를 보내야 한다.

④ 사업자는 직장 내 괴롭힘의 예방 및 발생 시 조치에 관한 사항을 취업 규칙에 필수적으로 기재해야 한다.

☑ 정답체크

| 1회 | 2회 |
| --- | --- |
| ① ③ | ① ③ |
| ② ④ | ② ④ |

**04**

**직장 내 괴롭힘 금지법**
2019년 7월부터 시행된 근로기준법 일부 개정안이다. 직장 내 괴롭힘을 근절하기 위해 사용자가 적극적인 조치를 내리도록 규정하고 있다. 직장 내 괴롭힘이 발생했을 시 누구나 신고할 수 있다. 또한 직장 내 괴롭힘 발생에 대한 신고가 들어오면 사용자는 지체 없이 사실 여부를 파악해야 하며, 확인될 경우 사용자는 지체 없이 피해자에 대한 보호, 행위자에 대한 징계 등의 조치를 내려야 한다.

출제기관
2019 헤럴드경제[하] MBC[하] 매일경제[하]

정답 03 ② | 04 ②

## 05

☑오답체크
1회차  2회차

낙후된 구도심 지역이 활성화되어 중산층 이상의 계층이 유입되면서 기존주민이 이탈하는 현상은?

① 젠트리피케이션

② 디즈니피케이션

③ 투어리스티피케이션

④ 백워데이션

☑정답체크
1회  2회
① ③  ① ③
② ④  ② ④

## 06

☑오답체크
1회차  2회차

경영난에도 불구하고 피고용인의 고용 상태를 유지하려는 기업을 정부가 지원하는 '고용유지지원금'의 최장 지급 기간은 얼마인가?

① 3개월

② 6개월

③ 9개월

④ 12개월

☑정답체크
1회  2회
① ③  ① ③
② ④  ② ④

### 핵심풀이

### 05

**젠트리피케이션(Gentrification)**
지역 전체의 구성과 성격이 변해 지가 및 임대료가 상승하면서 하층 주민들이 경제적 부담이 커져 이주하는 것을 가리키는 말이다. 우리나라에서는 서촌, 해방촌, 경리단길, 성수동 서울숲길 등이 대표적인 젠트리피케이션 지역이다.

**디즈니피케이션(Disneyfication)**
관광객의 민폐 때문에 지역이 마치 디즈니랜드와 같아져 원주민이 반발하는 현상을 가리키는 단어이다.

**투어리스티피케이션(Touristification)**
지역의 관광지화로 인해 관광객의 각종 민폐와 부동산 값 상승이 원인이 되어 원주민이 이탈하는 현상을 가리킨다.

**백워데이션(Back-wardation)**
일시적 수요·공급 변화 요인으로 인해 선물가격보다 현물가격이 오를 정도로 가격이 상승하는 현상을 가리킨다.

출제기관
2019 매일신문[하] 안동MBC[상]
2018 SBS[하] 아이뉴스[하] UPI[하]
2017 SBS[하] 한국경제TV[하] 부산일보[하] 이투데이[상] 한국일보[상]
2016 조선일보[하] SBS[하] 국민일보[하] 오마이뉴스[하]
　　　 매일경제[상] TV조선[상] MBN[상] 언론진흥재단[상]
　　　 한국대학신문[상]

### 06

**고용유지지원금**
최저임금 상승과 경영난 속에서도 감원 대신 휴직이나 일시 휴업 등을 이용해 고용을 계속 유지하는 기업체에 고용노동부가 지원하는 지원금을 말한다. 휴업·휴직·훈련의 고용유지조치일수를 합해 당해 보험연도의 기간(1년) 중에 180일(6개월)을 한도로 지원한다.

출제기관
2019 YTN[하]
2018 경남MBC[하] 채널A[하]

정답  05 ①  |  06 ②

**07**
☑오답체크
1회차    2회차

'강사법(개정 고등교육법)'과 관련한 내용으로 옳지 <u>않은</u> 것은?

① 강사를 2년 이상 고용해야 한다.

② 강사에게 3년까지 재임용 절차를 보장한다.

③ 강사에게는 방학 동안에도 임금을 지급한다.

④ 사이버대학을 제외한 원격대학의 강사는 1년 미만으로 임용할 수 있다.

☑정답체크
| 1회 | 2회 |
|---|---|
| ① ③ | ① ③ |
| ② ④ | ② ④ |

**07**

강사법
2019년 8월부터 적용된 대학 시간강사의 처우 개선을 위한 고등교육법 일부 개정안이다. 시간강사의 임용 기간 1년 이상 보장, 재임용 절차 3년까지 보장, 방학 기간에도 임금 지급 등의 내용을 담고 있다. 예외적으로 원격 대학의 강사 혹은 계절수업 담당 강사는 1년 미만의 기간으로 임용할 수 있다.

출제기관
2019 **YTN**[하]
2018 **경남MBC**[하] **채널A**[하]

**08**
☑오답체크
1회차    2회차

여성에 대한 사회적 장벽을 의미하는 '유리천장'의 국가별 정도를 지수화하여 발표하는 잡지는 무엇인가?

① 〈이코노미스트〉

② 〈포브스〉

③ 〈타임〉

④ 〈보그〉

☑정답체크
| 1회 | 2회 |
|---|---|
| ① ③ | ① ③ |
| ② ④ | ② ④ |

**08**

유리천장
겉으로는 보이지 않으나 뚫을 수 없는 사회적 진입 장벽을 뜻한다. 제도적으로는 문제가 없지만 직장 내에서 여성들의 임금이 낮고, 승진이 되지 않을 때 유리천장이 있다고 표현한다. 〈이코노미스트〉에서는 전 세계 유리천장 지수를 조사하여 발표한다.

출제기관
2019 **SBS**[하]
2018 **이데일리**[상]
2017 **한겨레**[상]

정 답   07 ① | 08 ①

**09** ☑ 오답체크  1회차  2회차

## 다음 기사의 빈칸 안에 들어갈 말로 옳은 것을 고르시오.

최근 대학가에 잇따른 총여학생회 폐지 역시 (　　)와/과 무관하지 않다는 지적이 제기되고 있다. 페미니즘의 물결 속에서 오히려 이에 대한 반발로 차별과 혐오가 난무하는 상황이다.

노혜경 시인은 우리 사회의 '원로 페미니스트' 중 한 명이다. 과거 SNS를 통해 '내가 원조 꼴페미'라고 선포한 적도 있다. 그는 "반발은 어디에나 있으니까 크게 신경 쓰지 않아도 된다. (　　)에 부딪히고 옆으로 샐 때도 있지만 페미니즘은 앞으로 잘 나아가고 있다"고 말했다.

① 리무진 리버럴

② 백래시

③ 구동존이(求同存異)

④ 원리주의

☑ 정답체크
| 1회 | 2회 |
|---|---|
| ① ③ | ① ③ |
| ② ④ | ② ④ |

**10** ☑ 오답체크  1회차  2회차

## 다음 중 단어가 가리키는 대상이 가장 <u>다른</u> 것 하나는 무엇인가?

① 시스젠더

② 헤테로섹슈얼

③ 이성애

④ 에이섹슈얼

☑ 정답체크
| 1회 | 2회 |
|---|---|
| ① ③ | ① ③ |
| ② ④ | ② ④ |

핵심풀이 ❗

### 09

**백래시(Backlash)**
톱니바퀴와 같은 기계장치에 고안된 요소로, 나사와 톱니가 움직일 수 있도록 만들어둔 홈이다. 이러한 홈은 톱니를 반대 방향으로 돌릴 때엔 오히려 반발이 일어나는데 사회학에서는 이러한 점에 착안하여 '진보적 변화에 대한 대중의 반발'을 뜻하는 용어로 사용하기도 한다.

**리무진 리버럴(Limousine Liberal)**
고학력에 부유한 상류층이면서 하류층과 저학력자층을 우대하는 정책을 선보이며 진보 정치를 추구하는 모순적 행태의 정치인을 일컫는 말이다. 겉으로는 서민과 약자들의 편이라 말하지만 리무진을 타는 등 부유층의 인생을 향유하는 이들이다. 인기를 위한 이런 위선적인 행동은 정치인뿐만 아니라 연예계 스타들에게서도 자주 보인다.

**구동존이(求同存異)**
박근혜 정부 때 한중 정상회담에서 시진핑 주석이 THAAD(고고도미사일방어체계) 문제에 대한 유보 방안을 언급하면서 사용한 용어이다. 과거 저우언라이(주은래) 총리 시절에 처음 언급되었는데, 외교 관계에 있어서 일부 반목되는 부분이 있어도 이익을 추구할 수 있는 부분에서는 협력한다는 뜻이다.

출제기관
2018 한국경제신문[하] 한겨레[하] UPI[하] 문화일보[하]

### 10

시스젠더, 헤테로섹슈얼, 이성애는 모두 남성과 여성의 결합을 성적 지향으로 삼는 사람들을 가리키는 말이다. 에이섹슈얼(Asexuality)은 성적 지향 자체가 없다고 보거나 부재한 사람들을 가리키는 말이다. 무성애자라고도 한다.

출제기관
2018 한국경제신문[하] 한겨레[하] UPI[하] 문화일보[하]

정답  09 ② | 10 ④

**11** ☑오답체크 | 1회차 | 2회차 |

## 우리나라 배심제에 대한 다음 설명 중 옳지 <u>않은</u> 것은?

① 배심원단의 결정은 참고용으로만 사용한다.

② 배심원단은 9명까지 구성된다.

③ 배심원이 미참석할 경우 처벌할 수 있다.

④ 만 20세 이상의 국민 중 법조인을 제외하고 선발한다.

☑정답체크

| 1회 | 2회 |
|---|---|
| ① ③ | ① ③ |
| ② ④ | ② ④ |

**12** ☑오답체크 | 1회차 | 2회차 |

## 다음 중 '김영란법'에 저촉될 수 있는 계획을 발언한 사람은?

① A 사원 : 부정청탁 금지에 따라 동료 직원에게 명절 열차 예매 부탁을 하지 말아야지.

② B 사원 : 협력업체 직원들과 함께 식사할 때 밥값 신경 쓰기 귀찮으니 내 밥값은 내가 내야지.

③ C 사원 : 내 결혼식 때 축의금을 20만원 한 K 상사의 결혼식에 어쩔 수 없이 10만원을 해야겠군.

④ D 사원 : 승진하신 J 처장님을 위해 팀원 10명이 각각 5만원씩 걷어서 축하선물을 사드려야지.

☑정답체크

| 1회 | 2회 |
|---|---|
| ① ③ | ① ③ |
| ② ④ | ② ④ |

---

**핵심풀이** 🔍

**11**

**국민참여재판**

2008년 1월 실시된 배심원 재판제도이다. 만 20세 이상의 국민을 무작위로 선정하여 형사재판 1심에 배심원으로 참여시킨다. 배심원단의 결정은 참고용으로만 활용한다. 배심원단은 5~9명으로 구성되며 법조인은 제외된다. 피고인이 거부할 경우 실시할 수 없다.

출제기관

2019 **연합뉴스TV**[하]

2018 **광주MBC**[상]

2016 **포커스뉴스**[상]

**12**

**김영란법**

2012년 김영란 국민권익위원장이 발의·요청하여 입법되었다. 언론인, 교직자를 포함한 공직자의 부정청탁 금지에 대해 규정하고 있다. 공직자는 제3자로부터 3만원 이상의 접대와 5만원 이상의 경조사비(화환·조화 10만원), 5만원 이상의 선물(농수산물 원료 제품 20만원)을 받아선 안 된다.

출제기관

2020 **TV조선**[하]

2019 **MBC**[하] **EBS**[하]

2018 **언론중재위원회**[상] **MBC**[상]

2017 **한국언론진흥재단**[상]

2016 **국제신문**[하] **조선일보**[하] **SBS**[하] **시사저널e**[하] **국민일보**[하] **이투데이**[상]

정답 **11** ③ | **12** ③

# 문화·문학

시험에 나오는 것부터 공부하자!

# 출제 유력 16제

---

## 01

☑ 오답체크 　1회차　2회차

다음 중 문학 작품과 그 작품을 지은 작가의 이름이 **잘못** 연결된 것은?

① 장강명 - 〈댓글부대〉

② 김영하 - 〈오직 두 사람〉

③ 김지영 - 〈그녀 이름은〉

④ 구병모 - 〈네 이웃의 식탁〉

☑ 정답체크

| 1회 | 2회 |
| --- | --- |
| ① ③ | ① ③ |
| ② ④ | ② ④ |

### 01

〈그녀 이름은〉의 작가는 조남주이다.

**조남주**
2016년 여성에 대한 차별을 담은 사회비판 소설 〈82년생 김지영〉을 펴 큰 호응을 얻었다. 2018년 신작 〈그녀 이름은〉을 냈다.

**장강명**
기자 출신의 작가로 〈댓글부대〉, 〈알바생 자르기〉 등의 소설을 썼다. 2011년 〈표백〉으로 한겨레문학상을 수상했다. SF소설 작가 출신으로 장르문학과 같은 가벼운 문체를 사용하는 것으로도 유명하다.

**김영하**
〈너의 목소리가 들려〉, 〈살인자의 기억법〉, 〈빛의 제국〉 등 다양한 인기 소설을 쓴 소설가이다. 2017년 〈오직 두 사람〉을 발간했다.

**출제기관**
2018 SBS[하] 헤럴드경제[상]
2017 평화방송[하]
2016 경향신문[하]

---

## 02

☑ 오답체크 　1회차　2회차

사회적 현상으로 나타난 'ㅇㅇ족'이라는 신조어에 대한 설명 중 옳지 **않은** 것은?

① 딩크족 : 결혼은 하되 아이를 두지 않는 맞벌이 부부

② 딘트족 : 수입을 거두지만 시간이 없어 돈을 쓸 수 없는 신세대 맞벌이 부부

③ 그루밍족 : 자녀의 부양을 거절하고 자녀로부터 독립해 부부끼리 살아가는 노년층

④ 딩펫족 : 의도적으로 자녀를 낳지 않는 대신 애완동물을 기르는 현대 부부

☑ 정답체크

| 1회 | 2회 |
| --- | --- |
| ① ③ | ① ③ |
| ② ④ | ② ④ |

### 02

**그루밍족(Grooming)**
패션과 미용에 아낌없이 투자하는 남자들을 뜻한다.

**통크족(Two Only No Kids)**
자녀의 부양을 거절하고 자녀로부터 독립해 부부끼리 살아가는 노년층을 말한다.

**출제기관**
2019 KBS[상]
2016 건설경제신문[상]

정 답　01 ③ | 02 ③

**03** | 1회차 | 2회차 |

## 다음 중 세계문화유산에 등재된 서원이 <u>아닌</u> 것은?

① 소수서원

② 도산서원

③ 화계서원

④ 돈암서원

| 1회 | 2회 |
| --- | --- |
| ① ③ | ① ③ |
| ② ④ | ② ④ |

**04** | 1회차 | 2회차 |

## 다음 기사 빈칸 안에 들어갈 조선왕실의궤의 명칭으로 올바른 것은?

성곽 축조에 관한 모든 것을 담은 (    )에는 인부들의 이름과 직무, 근무 일수는 물론 성곽을 쌓을 때 사용한 재료, 기구들까지 세세히 기록돼 있다. 정약용이 만든 것으로 잘 알려진 거중기와 도르래를 이용해 무거운 물건을 들어 올리는 데 쓰였던 기구인 녹로, 돌, 목재 등 건설 자재를 나를 때 썼던 수레 유형거의 원리와 사용법도 자세히 기록돼 있다. 이 책은 조선 후기의 축성 공사의 실태를 알 수 있는 소중한 유물이다.

① 외규장각의궤

② 화성성역의궤

③ 정조대왕의궤

④ 혜경궁진찬소의궤

| 1회 | 2회 |
| --- | --- |
| ① ③ | ① ③ |
| ② ④ | ② ④ |

---

핵심풀이 ❗

**03**

**유네스코 등재 한국의 서원**
소수서원, 남계서원, 도산서원, 옥산서원, 필암서원, 도동서원, 병산서원, 돈암서원, 무성서원 9곳이다.

**한국의 유네스코 세계문화유산**
석굴암·불국사(1995), 해인사 장경판전(1995), 종묘(1995), 창덕궁(1997), 수원화성(1997), 경주역사유적지구(2000), 고창·화순·강화 고인돌 유적(2000), 제주화산섬과 용암동굴(2007), 조선왕릉(2009), 안동하회·경주양동마을(2010), 남한산성(2014), 백제역사유적지(2015), 산사, 한국의 산지승원(2018), 한국의 서원(2019)

출제기관
2019 매일신문[하]
2018 SBS[하] KBS[하] 언론중재위원회[상]

**04**

**화성성역의궤**
조선 정조 대에 수원 화성을 지으며 건설 과정 및 기타 제반 사항들을 빠짐없이 기록하여 남긴 조선왕실의궤이다. 수원 화성이 유네스코 세계문화유산으로 등록되는 데 지대한 공헌을 했다고 알려져 있다.

출제기관
2018 경인일보[하]
2017 경인일보[상] 문화일보[상]

정 답  03 ③ | 04 ②

**05** ☑오답체크 1회차 2회차

경제적 안정을 이룬 뒤 빠른 은퇴와 편안한 삶을 추구하는 이들을 가리키는 용어는?

① 욜로족

② 로하스족

③ 나오머족

④ 파이어족

☑정답체크

| 1회 | 2회 |
|---|---|
| ① ③ | ① ③ |
| ② ④ | ② ④ |

**05**

**파이어족(FIRE)**
Financial Independence, Retire Early의 약자이다. 젊었을 때 극단적으로 절약한 후 노후자금을 빨리 모아 30대, 늦어도 40대에는 퇴직하고자 하는 사람들을 의미한다.

**욜로족(YOLO)**
You Only Live Once의 줄임말이다. 불확실한 미래보다는 취미, 자기계발 등 자신이 현재 누릴 수 있는 행복을 가장 중시하는 사람을 뜻한다.

**로하스족(LOHAS)**
건강과 환경을 중시해 친환경적인 제품만을 찾는 이들을 가리킨다.

**나오머족**
Not Old Multiplayer의 첫음절을 따서 만든 말이다. 늙지 않는 멀티플레이어라는 뜻으로 육아와 부부관계와 일까지 전부 잘하는 여성을 가리킨다.

출제기관
2019 **매일경제[하] 이투데이[상]**
2018 **경남MBC[하] 문화일보[하] 머니투데이[하]**
2017 **SBS[하] 뉴스1[하] TV조선[하] KBS[하] 매일신문[상]**
　　　 **경향신문[상] 문화일보[상] 매일신문[상] 경향신문[상]**

**06** ☑오답체크 1회차 2회차

다음 중 MBN의 프로그램이 <u>아닌</u> 것은?

① 〈속풀이쇼 동치미〉

② 〈나는 자연인이다〉

③ 〈사랑의 콜센타〉

④ 〈기막힌 이야기 실제 상황〉

☑정답체크

| 1회 | 2회 |
|---|---|
| ① ③ | ① ③ |
| ② ④ | ② ④ |

**06**
방송국 지원 시 방영프로그램에 대해서 파악하고 있어야 한다. 〈사랑의 콜센타〉는 TV조선의 예능 프로그램이다.

출제기관
2021 **MBN[상]**
2018 **TV조선[하]**
2016 **TV조선[하] MBN[하] TV조선[상] MBN[상]**

정답　05 ④ | 06 ③

## 07

**다음 중 '방탄소년단'에 대한 설명으로 옳지 않은 것은?**

① 뷔, 슈가, RM, 정국, 진, 지민, 제이홉으로 이뤄진 7인
조 아이돌 그룹이다.

② 팬클럽의 이름은 '아미'라 한다.

③ 소속사는 빅히트 엔터테인먼트이다.

④ 2020년 1월 정규 4집 앨범 〈맵 오브 더 솔 : 페르소나
(MAP OF THE SOUL : PERSONA)〉 수록곡 〈작은 것
들을 위한 시〉를 공개했다.

☑정답체크

| 1회 | 2회 |
|---|---|
| ① ③ | ① ③ |
| ② ④ | ② ④ |

## 08

**다음 시상식과 시상 장르의 연결이 바르지 않은 것은?**

① 토니상 – 연극 · 뮤지컬

② 그래미상 – 각본

③ 에미상 – 방송

④ 오스카상 – 영화

☑정답체크

| 1회 | 2회 |
|---|---|
| ① ③ | ① ③ |
| ② ④ | ② ④ |

---

### 핵심풀이 ❗

### 07

〈맵 오브 더 솔 : 페르소나(MAP OF THE SOUL : PERSONA)〉
는 2019년 4월 발매한 앨범이다. 2020년 1월 발매한 정규 4
집 앨범은 〈맵 오브 더 솔 : 7(MAP OF THE SOUL : 7)〉이고
수록곡은 〈블랙스완(Black Swan)〉이 있다.

**방탄소년단**
빅히트 엔터테인먼트 소속의 남자 아이돌 그룹이다. 2013년
데뷔해 멤버로는 진, 슈가, 제이홉, RM(리더), 지민, 뷔, 정국
등이 있다. 전 세계적으로 인기를 끌고 있으며 빌보드 뮤직
어워드에서 '탑 소셜 아티스트' 상을 수상한 바 있다.

**출제기관**
2021 연합뉴스TV[상]
2020 EBS[하] TV조선[하] 연합뉴스[하]
2019 조선일보[하]
2018 매일경제[하] 경인일보[하] 경향신문[하]
2017 KBS[하]

### 08

**EGOT**
에미상(방송), 그래미상(음반), 아카데미[오스카]상(영화), 토
니상(연극 · 뮤지컬)의 미국 연예 4대상을 통틀어 이르는 말
이다. 이들 모두를 받은 이를 EGOT라 부르기도 한다.

**출제기관**
2021 연합뉴스TV[상]
2018 국제신문[상] 코리아헤럴드[상] SBS[하]
2016 SBS[하] 경향신문[상]

정답　07 ④ | 08 ②

**09**

☑ 오답체크  1회차  2회차

다음 중 3·1운동 시기를 다루지 <u>않는</u> 문화예술 작품은 무엇인가?

① 소설 〈아나키스트 박열〉

② 드라마 〈여명의 눈동자〉

③ 소설 〈상해임시정부〉

④ 영화 〈항거〉

☑ 정답체크

| 1회 | 2회 |
|---|---|
| ① ③ | ① ③ |
| ② ④ | ② ④ |

**09**

**〈여명의 눈동자〉**
MBC에서 1991년에 김성종의 동명 소설을 원작으로 제작해 방영한 드라마이다. 1940년대 일제강점기 후반부터 해방 이후의 좌우대립 시기를 생생하게 그렸다.

**〈아나키스트 박열〉**
2017년 출간된 손승휘의 소설이다. 영화로도 제작됐다. 독립운동가 박열의 일대기를 다루고 있다.

**〈항거 : 유관순 이야기〉**
2019년 2월 개봉한 조민호 감독, 고아성 주연의 영화이다. 3·1운동 이후 '서대문형무소 8번방'에 수감된 유관순과 여성 독립운동가들의 이야기를 다루고 있다.

**〈상해임시정부〉**
2019년 출간된 정명섭의 소설이다. 1918년부터 시작해 3·1운동의 발생과 함께 상해임시정부 수립과 활동을 소재로 다루고 있다.

출제기관
2019 KBS[상]
2018 SBS[하] 헤럴드경제[상] 국제신문[상]

**10**

☑ 오답체크  1회차  2회차

별것 아니지만 위안을 얻을 수 있는 삶의 요소를 가리키는 '소확행' 용어를 만든 소설가는 누구인가?

① 어니스트 헤밍웨이

② 무라카미 하루키

③ 댄 브라운

④ 신경숙

☑ 정답체크

| 1회 | 2회 |
|---|---|
| ① ③ | ① ③ |
| ② ④ | ② ④ |

**10**

**소확행**
남들이 보기엔 별 것 아닌 것처럼 여길 수 있지만, 소소하더라도 확실하게 행복할 수 있는 삶의 경험을 가리킨다. 무라카미 하루키는 소설 〈랑겔한스섬의 오후〉에서 '소확행'을 언급했다. 소박한 행복을 뜻하는 비슷한 용어로 휘게(Hygge), 라곰(Lagom), 오캄(Au Clame) 등이 있다.

출제기관
2018 CJ-E&M[하] SBS[하] 이투데이[상] 헤럴드경제[상]
　　　아주경제신문[상]

정답  09 ② | 10 ②

## 11

오답체크
1회차    2회차

**다음 아이돌 그룹의 노래로 적절하지 <u>않은</u> 것은?**

① 〈Psycho〉 – 레드벨벳

② 〈아무노래〉 – 아이콘

③ 〈Feel Special〉 – 트와이스

④ 〈러브샷〉 – 엑소

정답체크
1회    2회
① ③  ① ③
② ④  ② ④

## 12

오답체크
1회차    2회차

**다음 중 월트 디즈니 컴퍼니가 인수합병한 회사가 <u>아닌</u> 것은?**

① ESPN

② 루카스필름

③ DC코믹스

④ ABC

정답체크
1회    2회
① ③  ① ③
② ④  ② ④

---

**핵심풀이 !**

### 11

〈아무노래〉는 2020년 1월 발매한 가수 지코의 앨범이자, 타이틀곡 명이다.

출제기관
2021 MBN[상]
2018 SBS[하]
2017 SBS[하]
2016 SBS[하] 채널A[하]

### 12

**월트 디즈니 컴퍼니**
1923년 설립된 문화산업 기업으로 세계 최대의 IP(지적재산권) 라이선스를 보유하고 있다. 인수합병도 적극 추진하여, ABC채널, 마블, ESPN, 루카스필름, 20세기 폭스를 계열사로 두고 있다. 2018년 개봉한 극장 애니메이션 〈주먹왕 랄프 2 : 인터넷 속으로〉에서는 이런 디즈니 계열사들의 IP를 총동원하여 다채로운 캐릭터들이 한 작품 안에 등장하는 장면을 선보였다.

출제기관
2019 MBC[하] 목포MBC[하]
2018 SBS[하] 광주MBC[상]

정답  11 ② | 12 ③

**13** ☑오답체크 1회차 2회차

중국의 인터넷 상에서 인기 있고 영향력이 있는 사람, 즉 인플루언서(Influencer)를 일컫는 말은?

① 왕홍(罔紅)

② 톈왕(天網)

③ 바오치(保七)

④ 바링허우(八零後)

☑정답체크

| 1회 | 2회 |
|---|---|
| ① ③ | ① ③ |
| ② ④ | ② ④ |

**14** ☑오답체크 1회차 2회차

아랍권의 이슬람 여성들이 머리와 상반신을 가리기 위해 쓰는 의복 중 신체를 가리는 부위가 가장 넓은 것은 무엇인가?

① 니캅(Niqab)

② 부르카(Burqah)

③ 차도르(Chaddor)

④ 히잡(Hijab)

☑정답체크

| 1회 | 2회 |
|---|---|
| ① ③ | ① ③ |
| ② ④ | ② ④ |

**핵심풀이 ♀**

**13**

**왕홍(罔紅)**
중국에서 온라인 상에서 유명인이라는 뜻의 '왕뤄훙런(網絡紅人)'의 줄임말이다.

**톈왕(天網)**
중국의 전국적 CCTV 감시망 구축 프로젝트이다.

**바오치(保七)**
중국이 경제의 고도성장을 상징하는 경제성장률 7%를 지킨다는 뜻이다.

**바링허우(八零後)**
덩샤오핑이 1979년 '1가구 1자녀' 정책을 실시한 이후인 1980년대 출생 세대를 말한다.

출제기관
2019 TV조선[하]
2018 조선비즈[상]
2017 농민신문[하] 아이뉴스[상]

**14**

히잡은 얼굴에 두르는 두건이며, 니캅은 눈 아래 얼굴을 가리는 마스크 형식의 수건, 차도르는 망토형의 베일이다. 부르카는 머리부터 발끝까지 모두 가리고 눈은 망사로 처리하는 복장이다.

출제기관
2018 MBC[상]
2017 SBS[하]

정답 13 ① | 14 ②

**15** ☑오답체크 1회차 2회차

2020년 12월 유네스코 무형문화유산으로 등재된 한국의
행사는 무엇인가?

① 연등회

② 윷놀이

③ 지신밟기

④ 강릉 단오제

☑정답체크

| 1회 | 2회 |
|---|---|
| ① ③ | ① ③ |
| ② ④ | ② ④ |

**15**

2020년 12월 16일 연등회가 유네스코 무형문화유산으로 등
재되었다.

출제기관

2018 **경향신문**[하] **경인일보**[하]

**16** ☑오답체크 1회차 2회차

'거짓말을 통해 인간이 발전한다'는 주장과 관련된 도서
는 무엇인가?

① 〈12가지 인생의 법칙〉

② 〈사피엔스〉

③ 〈호모 루덴스〉

④ 〈트렌드 코리아〉

☑정답체크

| 1회 | 2회 |
|---|---|
| ① ③ | ① ③ |
| ② ④ | ② ④ |

**16**

**〈사피엔스〉**

〈호모 데우스〉, 〈21세기를 위한 21가지 제언〉으로 유명한 이
스라엘 역사학자 유발 하라리의 저서이다. 인간의 발전이
거짓말과 음해에서 비롯된 '인지혁명'에 의해 이뤄졌다고
주장한다.

**〈12가지 인생의 법칙〉**

이 책의 저자인 조던 피터슨은 전 하버드대 심리학과 교수
로 전 세계에서 가장 영향력 있는 학자로 꼽히는 인물이다.
'인생은 고통이다. 하지만 무너지지 않을 길은 있다'라고 말
하는 이 책은 고된 삶에 무너지지 않고 의미 있는 삶을 사
는 지혜를 12가지 법칙으로 담아 전하고 있다.

**〈호모 루덴스〉**

'유희의 인간'이라는 뜻으로 인간의 문화는 놀이 그 자체라
는 요한 하위징아의 저서이다.

**〈트렌드 코리아〉**

김난도 교수가 발간하는 트렌드 도서로 매년 새로운 마케
팅 개념을 짚어 유행할 것이라고 내다본다.

출제기관

2021 **충북MBC**[상]

2020 **KBSN**[상]

2018 **SBS**[하] **원주MBC**[상]

정답  15 ① | 16 ②

# 예술·스포츠

시험에 나오는 것부터 공부하자!

# 출제 유력 24제

**01** ☑오답체크
1회차　2회차

다른 매체의 원작을 리메이크한 것이 **아닌** 오리지널 제작된 영화를 고르시오.

① 〈인랑〉

② 〈시동〉

③ 〈범죄도시〉

④ 〈신과 함께〉

☑정답체크

| 1회 | 2회 |
|---|---|
| ① ③ | ① ③ |
| ② ④ | ② ④ |

**02** ☑오답체크
1회차　2회차

칸 영화제에서 경쟁부문 최고 권위로 인정받는 상은 무엇이라 부르는가?

① 오스카상

② 황금종려상

③ 황금사자상

④ 심사위원대상

☑정답체크

| 1회 | 2회 |
|---|---|
| ① ③ | ① ③ |
| ② ④ | ② ④ |

## 핵심풀이 ❗

**01**
〈인랑〉은 동명의 일본 애니메이션을 기반으로 제작되었으며, 〈시동〉과 〈신과 함께〉는 동명의 한국 웹툰을 원작으로 제작되었다.

출제기관
2018 SBS[하] 경인일보[하]
2017 EBS[하]

**02**
**칸 영화제**
매년 5월 프랑스의 남부지방 칸에서 열리는 권위 있는 국제영화제이다. 영화제 공식 마크는 종려나무의 잎사귀에서 따왔으며, 그에 걸맞게 경쟁부문에서 최고 권위로 인정받는 황금종려상이 이 문양을 본떠 만들어진다.

출제기관
2019 TV조선[하] 영남일보[하]
2018 조선비즈[상]
2017 농민신문[하] 아이뉴스[상]

정답　01 ③ | 02 ②

☑오답체크

## 03

| 1회차 | 2회차 |

세계 3대 영화제 중 하나로 국제영화제 중 가장 오랜 전통을 가진 영화제는?

① 아카데미 시상식

② 칸 영화제

③ 베니스 영화제

④ 베를린 영화제

☑정답체크

| 1회 | 2회 |
| --- | --- |
| ① ③ | ① ③ |
| ② ④ | ② ④ |

☑오답체크

## 04

| 1회차 | 2회차 |

2026년 FIFA(국제축구연맹) 월드컵 개최지와 가장 관련 없는 나라는 어디인가?

① 미국

② 캐나다

③ 멕시코

④ 카타르

☑정답체크

| 1회 | 2회 |
| --- | --- |
| ① ③ | ① ③ |
| ② ④ | ② ④ |

핵심풀이 !

## 03

베니스 영화제

매년 9월 이탈리아 베니스에서 열리는 국제영화제이다. 1932년에 처음 시작되어 국제영화제로서는 가장 오랜 전통을 갖고 있다. 최고의 수상작에는 황금사자상이 수여된다.

출제기관

2021 **연합뉴스TV**[상]

2019 **TV조선**[하]

2018 **조선비즈**[상]

2017 **농민신문**[하] **아이뉴스**[상]

## 04

2022년 월드컵 개최지는 카타르이며, 2026년에는 미국 · 캐나다 · 멕시코 북미 3국이 공동으로 개최한다.

출제기관

2019 **TV조선**[하]

2018 **경인일보**[하]

2017 **TV조선**[하] **매일신문**[상]

2016 **SBS**[상] **포커스뉴스**[상]

정 답   03 ③ | 04 ④

☑ 오답체크

## 05
1회차    2회차

다음 레오나르도 다 빈치의 회화 작품 중 2017년 미술품 경매 역사상 최고가를 경신해 화제가 됐던 작품은 무엇인가?

① 〈살바도르 문디〉

② 〈모나리자〉

③ 〈최후의 만찬〉

④ 〈수태고지〉

☑ 정답체크

| 1회 | 2회 |
|---|---|
| ① ③ | ① ③ |
| ② ④ | ② ④ |

☑ 오답체크

## 06
1회차    2회차

2021년 베를린 영화제에서 은곰상(각본상)을 수상한 작품은 무엇인가?

① 〈인트로덕션〉

② 〈밤의 해변에서 혼자〉

③ 〈도망친 여자〉

④ 〈아임 유어 맨〉

☑ 정답체크

| 1회 | 2회 |
|---|---|
| ① ③ | ① ③ |
| ② ④ | ② ④ |

**핵심풀이** ❗

## 05

〈살바도르 문디〉

'살바도르 문디(Salvator Mundi)'는 라틴어로 구세주, 즉 예수를 뜻한다. 레오나르도 다 빈치가 그린 유화 〈살바도르 문디〉는 1500년 무렵에 제작된 것으로 추정된다. 흔히 '남자 모나리자'라고도 불리며, 2017년 미술품 경매 사상 최고가인 약 4억 5,000만달러에 팔려 화제가 됐다.

출제기관

2019 TV조선[하]

2018 YTN[하] 원주MBC[상] 국제신문[상]

2017 SBS[하]

## 06

〈인트로덕션〉

홍상수 감독의 25번째 장편 영화이다. 이 영화는 세 개의 단락을 통해서 청년 영호가 각각 아버지, 연인, 어머니를 찾아가는 여정들을 따라가는 내용이다. 제71회 베를린국제영화제 은곰상(각본상)을 수상했다.

출제기관

2018 대구TBC[상] MBC[상]

2017 경인일보[상]

정답    05 ① | 06 ①

**07**

1회차  2회차

다음 동계올림픽 종목 중에서 경기장의 형태가 가장 다른 하나는?

① 컬링

② 바이애슬론

③ 쇼트트랙

④ 피겨 스케이팅

정답체크

| 1회 | 2회 |
|---|---|
| ① ③ | ① ③ |
| ② ④ | ② ④ |

**08**

1회차  2회차

다음 중 여자 5대 메이저 골프대회가 <u>아닌</u> 것은?

① 솔하임컵

② US 여자 오픈

③ 에비앙 챔피언십

④ ANA 인스퍼레이션

정답체크

| 1회 | 2회 |
|---|---|
| ① ③ | ① ③ |
| ② ④ | ② ④ |

**핵심풀이** ❗

**07**

**바이애슬론(Biathlon)**
야외 설산에서 벌어지는, 스키를 타며 사격을 하는 종목이다. 2018년에 평창올림픽 정식종목으로 채택되었다.

**컬링(Curling)**
빙상에서 스톤을 밀어 고득점 자리에 위치시키는 게임이다.

출제기관

2019 KBS[상] 충북MBC[하]

2018 뉴시스[상]

2017 조선일보[하] 문화일보[상]

2016 국민일보[하]

**08**

**솔하임컵**
1990년부터 시작됐으며, 유럽과 미국 여성 골퍼들이 참가하는 대륙간 대항전이다. 이 대회의 명칭은 골프용품 제조사 '핑(Ping)'의 창업주 카르스텐 솔하임의 이름에서 유래했다.

**여자 5대 메이저 골프대회**
ANA 인스퍼레이션, US 여자 오픈, 위민스 PGA 챔피언십, 에비앙 챔피언십, 위민스 브리티시 오픈이다.

출제기관

2019 경인일보[하] 춘천MBC[하]

정답 07 ② | 08 ①

**09**

☑오답체크
1회차　2회차

다음 중 테니스에서 그랜드슬램이라고 부르는 4개 대회가 **아닌** 것은?

① 호주 오픈

② 프랑스 오픈

③ 영국 오픈

④ US 오픈

☑정답체크

| 1회 | | 2회 | |
|---|---|---|---|
| ① | ③ | ① | ③ |
| ② | ④ | ② | ④ |

**09**

영국 오픈은 테니스 그랜드슬램이 아니다. 골프에서의 그랜드슬램이 영국 오픈, 마스터스, US 오픈, PGA 챔피언십으로 구성되어 있다.

**테니스 그랜드슬램**

호주 오픈, 프랑스 오픈, 영국 윔블던, US 오픈으로 이뤄진 국제 테니스 대회 중 가장 권위 있는 4개 대회를 가리키는 말이다. 4개 대회에서 모두 우승한 선수를 그랜드슬램을 달성했다는 의미로 그랜드슬래머라고 부르기도 한다.

출제기관
2020 **한국일보[상]**
2019 **조선일보[하]**
2017 **한국일보[상]**
2016 **TV조선[하] YTN[상] 포커스뉴스[상]**

**10**

☑오답체크
1회차　2회차

화려한 색으로 환상적인 생물을 표현하는 멕시코의 민속 조각 예술을 무엇이라 하는가?

① 두들링

② 도슨트

③ 알레브리헤

④ 아라베스크

☑정답체크

| 1회 | | 2회 | |
|---|---|---|---|
| ① | ③ | ① | ③ |
| ② | ④ | ② | ④ |

**10**

**알레브리헤**

환상적이고 비현실적인 생물에 다채로운 색감을 입힌 멕시코의 조각 예술로 1936년 페드로 리나레스에 의해 창시되었다. 2007년부터 알레브리헤 퍼레이드(Alebrije Parade)가 매년 개최되기도 한다.

**두들링**

일상생활에서 쓱 그린 낙서의 이미지를 주는 예술작품이다. 낙서와 다양한 일상의 사물이 쓰이기도 한다.

**도슨트**

박물관 등에서 관객들에게 전시물을 설명해주며 안내하는 이들을 가리킨다.

**아라베스크**

이슬람교의 우상 금지로 인해 발생한 기하학적 무늬만으로 이뤄진 미술 양식이다.

출제기관
2020 **대전MBC[상]**
2018 **경남MBC[하]**
2017 **KBS[하] 원주MBC[상]**

정답　09 ③ | 10 ③

## 11

☑오답체크
1회차 2회차

다음 중 스포츠 용어 'VAR'과 가장 관련 있는 스포츠 협회/대회는 무엇인가?

① KBL(한국 프로 농구)

② WTF(세계태권도연맹)

③ V-리그(한국 배구 리그)

④ 국제축구연맹(FIFA)

☑정답체크

| 1회 | | 2회 | |
|---|---|---|---|
| ① | ③ | ① | ③ |
| ② | ④ | ② | ④ |

## 11

비디오 판독 시스템

육상과 같은 단순 판정 종목에서는 옛날부터 도입했으나, 야구와 농구·축구와 같은 판정 규칙이 복잡한 종목에서는 비교적 늦게 도입되었다. 최근 축구에서 비디오 판독 시스템인 VAR(Video Assistant Referee)을 도입하였다.

출제기관
2020 TV조선[하]
2019 한국일보[상]
2018 SBS[하] 한겨레[하]

## 12

☑오답체크
1회차 2회차

역사 속 사건을 다루는 다음 영화들 중 가장 최근의 시대를 배경으로 하는 영화는 무엇인가?

① 〈천문 : 하늘에 묻는다〉

② 〈물괴〉

③ 〈남한산성〉

④ 〈안시성〉

☑정답체크

| 1회 | | 2회 | |
|---|---|---|---|
| ① | ③ | ① | ③ |
| ② | ④ | ② | ④ |

## 12

〈안시성〉의 배경은 645년, 〈천문 : 하늘에 묻는다〉의 배경은 1442년, 〈물괴〉의 배경은 조선 중종 대인 1527년, 〈남한산성〉의 배경은 1636년이다.

출제기관
2018 KBS[하] 전주MBC[하]

정답 11 ④ | 12 ③

**13** ☑오답체크 1회차 2회차

가장 최근에 실사로 제작된 디즈니의 애니메이션은?

① 〈정글북〉

② 〈알라딘〉

③ 〈뮬란〉

④ 〈미녀와 야수〉

☑정답체크

| 1회 | 2회 |
|---|---|
| ① ③ | ① ③ |
| ② ④ | ② ④ |

**14** ☑오답체크 1회차 2회차

미국 아카데미 시상식에서 2024년부터 추가되는 심사기준은 무엇인가?

① 공평성

② 다양성

③ 예술성

④ 전문성

☑정답체크

| 1회 | 2회 |
|---|---|
| ① ③ | ① ③ |
| ② ④ | ② ④ |

---

**핵심풀이** ❗

**13**

월트 디즈니 애니메이션 실사화 사례

• 정글북(1994, 2016)
• 101마리 달마시안(1996)
• 이상한 나라의 앨리스(2010)
• 신데렐라(2015)
• 미녀와 야수(2017)
• 덤보(2019)
• 알라딘(2019)
• 라이온 킹(2019)
• 뮬란(2020)

출제기관

2019 SBS[하] EBS[하]

**14**

아카데미 시상식에서는 오는 2024년 제96회 시상식부터 다양성에 관한 신설 기준 4가지 중 2개는 반드시 충족해야 작품상 후보에 오를 수 있다. 신설된 4가지 기준은 '스크린 속 표현', '주제 및 내러티브', '창조적 리더십과 프로젝트팀', '산업 접근성 및 기회', '관객 개발' 등으로 영화가 제작과정 동안 마련해야할 기준이다. 이 중 최소 2가지 영역에서 그동안 소외됐던 여성, 인종이나 민족 집단, 성소수자, 장애인 등이 비중 있게 참여해야 한다.

출제기관

2020 TV조선[하]

2019 SBS[하]

2018 SBS[하] 코리아헤럴드[상]

2016 SBS[하] 한국일보[상]

정답 13 ③ | 14 ②

**15**

☑ 오답체크  1회차  2회차

포르투갈어로 '새로운 경향'을 뜻하며, 2019년 7월 별세한 주앙 지우베르투가 대표적인 음악가로 꼽히는 음악 장르는 무엇인가?

① 하바네라(Habanera)

② 폴로네즈(Polonaise)

③ 보사노바(Bossa Nova)

④ 파소 도블레(Paso Doble)

☑ 정답체크

| 1회 | 2회 |
|---|---|
| ① ③ | ① ③ |
| ② ④ | ② ④ |

**15**

보사노바(Bossa Nova)
1960년대 초 브라질에서 일어난 새로운 리듬의 음악으로서, 브라질의 민속 음악 삼바에 재즈 요소를 가미했으며, 지적이고 차분한 분위기를 띤다.

출제기관
2019 SBS[하]
2018 SBS[하]

**16**

☑ 오답체크  1회차  2회차

2020년 KBO 코리안시리즈에서 우승한 프로야구팀은 어디인가?

① NC 다이노스

② 두산 베어스

③ 한화 이글스

④ LG 트윈스

☑ 정답체크

| 1회 | 2회 |
|---|---|
| ① ③ | ① ③ |
| ② ④ | ② ④ |

**16**

2020년 가을 KBO 코리안시리즈에서 우승한 팀은 NC 다이노스다.

출제기관
2018 SBS[하]
2017 국민일보[하]

정답 15 ③ | 16 ①

**17**

☑ 오답체크

1회차  2회차

## 2022년 아시안게임을 개최하는 도시는 어디인가?

① 일본 도쿄

② 중국 항저우

③ 필리핀 마닐라

④ 대한민국 대전

☑ 정답체크

| 1회 | 2회 |
|---|---|
| ① ③ | ① ③ |
| ② ④ | ② ④ |

**17**

2018년 인도네시아의 자카르타-팔렘방 아시안게임에 이어 2022년에는 중국 항저우에서 아시안 게임을 개최한다.

출제기관

2018 TV조선[하] 경남MBC[하] 광주MBC[상]

**18**

☑ 오답체크

1회차  2회차

## 미국 아카데미 시상식에서 감독상을 받은 최초의 여성 감독은 누구인가?

① 린 램지

② 캐서린 비글로우

③ 아그네스 바르다

④ 이사벨라 로셀리니

☑ 정답체크

| 1회 | 2회 |
|---|---|
| ① ③ | ① ③ |
| ② ④ | ② ④ |

**18**

캐서린 비글로우 여감독의 영화 〈허트 로커〉는 2010년 제82회 아카데미 시상식에서 감독상, 작품상, 각본상 등 6개의 상을 받았다.

출제기관

2020 TV조선[하]

2019 SBS[하]

2018 SBS[하] 코리아헤럴드[상]

2016 SBS[하] 한국일보[상]

정답 17 ② | 18 ②

**19**

☑오답체크  1회차  2회차

**다음 중 음악가에 대한 기술이 <u>잘못된</u> 것은?**

① 윤이상 : '동백림 간첩단 왜곡 사건'에 희생되어 목숨을 잃었다.

② 밥 딜런 : 음악가 최초로 노벨문학상을 수상한 바 있다.

③ 황병기 : 대한민국의 가야금 명인이다.

④ 루치아노 파바로티 : 세계 3대 테너 중 한 명이다.

☑정답체크

| 1회 | | 2회 | |
|---|---|---|---|
| ① | ③ | ① | ③ |
| ② | ④ | ② | ④ |

**20**

☑오답체크  1회차  2회차

**다음 중 컬링 종목에서 혼성 2인조를 가리키는 용어를 무엇이라 하는가?**

① 믹스더블(Mixed Double)

② 믹스듀오(Mixed Duo)

③ 블렌딩듀오(Blending Duo)

④ 믹시드니스(Mixedness)

☑정답체크

| 1회 | | 2회 | |
|---|---|---|---|
| ① | ③ | ① | ③ |
| ② | ④ | ② | ④ |

---

**핵심풀이** 💡

**19**

**윤이상**
'동백림 간첩단 왜곡 사건'으로 복역한 뒤 독일로 망명했다. 독일에서 사망한 뒤 2006년 '국정원 과거사 진실규명'을 통해 진실이 밝혀졌다.

**밥 딜런**
미국의 포크 가수이다. 문학적으로 높은 수준의 가사를 써 2016년 음악가 최초로 노벨문학상을 수상했다.

**황병기**
국립국악원에서 여러 가야금 명인들과 활동하여 한국 국악의 대표 명인 중 한 명이 되었다. 2018년 타계하였다.

**루치아노 파바로티**
역대 최고의 테너로 불리는 성악가이다. 플라시도 도밍고, 호세 카레라스와 더불어 3대 테너로 불렸다.

출제기관
2020 한국일보[상]
2018 한겨레[하] SBS[하]
2017 SBS[하] 한국일보[상] 한겨레[상]
2016 TV조선[하] 서울경제[하] EBS[하] 아이뉴스[상]

**20**
평창 동계올림픽에서는 처음으로 컬링 믹스더블 종목이 신설됐다.

출제기관
2018 뉴시스[상]
2017 조선일보[하] 문화일보[상]

정 답   19 ① | 20 ①

**21** ☑오답체크
1회차　　2회차

## 올림픽에 대한 설명으로 옳지 <u>않은</u> 것은?

① 2022년 동계올림픽은 중국 베이징에서 열린다.

② 대한민국이 첫 출전한 올림픽은 1948년 런던올림픽이다.

③ 사격은 근대 5종 경기 중 하나이다.

④ 올림픽 관리위원회 IOC는 그리스에 본부를 둔다.

☑정답체크

| 1회 | 2회 |
|---|---|
| ① ③ | ① ③ |
| ② ④ | ② ④ |

**21**

**IOC**
스위스 로잔에 본부를 둔 국제 올림픽 기구이다. 2021년 3월 현재 위원장은 2013년 선출된 독일의 토마스 바흐이다.

**2022년 베이징 동계올림픽**
중국은 2022년 2월 4일부터 2월 20일까지 수도 베이징에서 올림픽을 개최한다.

**2021년 도쿄 하계올림픽**
2020년 도쿄 하계올림픽이 1년 연기되어 열린다. 도쿄는 1964년 도쿄 하계올림픽 이후 두 번째다.

**근대 5종 경기**
쿠베르탱이 근대 올림픽을 실시하면서 만든 종목이다. 근대 5종 경기로는 사격, 펜싱, 수영, 승마, 크로스컨트리가 있다.

출제기관
2020 EBS[하] 경향신문[상] 춘천MBC[상]
2019 KBS[상]
2018 SBS[하] 경향신문[하]
2016 청주MBC[상]

**22** ☑오답체크
1회차　　2회차

## 다음 중 축구 선수 손흥민이 소속되어 있지 <u>않았던</u> 팀은 어디인가?

① 함부르크

② 토트넘

③ 레버쿠젠

④ 맨체스터 유나이티드

☑정답체크

| 1회 | 2회 |
|---|---|
| ① ③ | ① ③ |
| ② ④ | ② ④ |

**22**
손흥민은 유소년 포함 2008년부터 2013년까지 독일 분데스리가의 함부르크 구단에 소속되어 있었으며 2013~2015년에는 같은 리그 레버쿠젠 구단에 소속되어 있었다. 이후 영국 프리미어 리그로 이적해 토트넘 구단에서 현재까지 활동 중이다.

출제기관
2019 G1강원민방[상]
2018 경기방송[하] SBS[하]

정답　21 ④ | 22 ④

## 23

☑오답체크
1회차 　2회차

1차 세계대전 중에 반(反)도덕 · 반사회 · 반이성을 표방하며 발생했으며, 엘뤼아르 · 뒤샹 등이 대표적 작가로 유명한 미술 사조는?

① 징고이즘(Jingoism)

② 다다이즘(Dadaism)

③ 아르카이즘(Archaism)

④ 모노시이즘(Monotheism)

☑정답체크
| 1회 | 2회 |
|---|---|
| ① ③ | ① ③ |
| ② ④ | ② ④ |

**23**

**다다이즘(Dadaism)**
모든 사회적 · 예술적 전통을 부정하고 반(反)이성, 반도덕, 반예술을 표방한 예술 운동이다. 1차 세계대전 중 스위스 취리히에서 일어나 1920년대 유럽에서 성행한 것으로, 브르통 · 아라공 · 엘뤼아르 · 뒤샹 · 아르프 등이 참여했는데, 후에 초현실주의에 흡수되었다.

출제기관
2019 안동MBC[상]
2016 청주MBC[상]

## 24

☑오답체크
1회차 　2회차

영화가 출시된 뒤 극장 상영, DVD 판매, TV · 케이블 방영권 판매 등이 기간을 두고 순차적으로 이뤄지며 수익을 낸다. 이 기간을 가리키는 용어는 무엇인가?

① 홀드백(Holdback)

② 모큐멘터리(Mockumentary)

③ 뉴커런츠(New Currents)

④ 레제드라마(Lesedrama)

☑정답체크
| 1회 | 2회 |
|---|---|
| ① ③ | ① ③ |
| ② ④ | ② ④ |

**24**

**홀드백(Holdback)**
출시된 영화가 극장 상영을 하다 DVD 판매를 하기까지, 이후 케이블에 방영권을 판매하기까지 등 수익을 거두는 방식을 변환하는 기간을 가리킨다. '넷플릭스' 등 OTT 산업의 발달로 이 기간이 점차 짧아지고 있다고 한다. 동의어로 극장원도(Theater Window)가 있다.

**모큐멘터리(Mockumentary)**
사건, 인물, 배경까지 전부 픽션이지만 영화로 보일 수 있는 연출을 하지 않아, 관객의 입장에서는 다큐멘터리로 보이게끔 하는 장르이다. 관객은 픽션인 걸 알면서도 신선한 재미를 느끼기도 한다. '페이크 다큐멘터리'라고도 한다.

**레제드라마(Lesedrama)**
무대에 올리는 것이 아니라 독자에게 읽을 것을 목적으로 쓰여진 각본 형식의 문학작품이다.

출제기관
2019 울산MBC[상]
2018 방송통신심의위원회[상]
2017 KBS[하]
2016 건설경제신문[상]

정답　23 ② | 24 ①

# 한국사

시험에 나오는 것부터 공부하자!

# 출제 유력 4제

## 01

☑ 오답체크
| 1회차 | 2회차 |

다음 중 대통령들이 먼저 재임한 순서대로 연결되어 있는 것은?

① 박근혜 → 문재인 → 이명박 → 노무현

② 노무현 → 김대중 → 이명박 → 박근혜

③ 김대중 → 김영삼 → 노무현 → 문재인

④ 김대중 → 노무현 → 이명박 → 박근혜

☑ 정답체크
| 1회 | 2회 |
| ① ③ | ① ③ |
| ② ④ | ② ④ |

## 02

☑ 오답체크
| 1회차 | 2회차 |

1987년 개헌된 현행 헌법의 전문에 나와 있지 <u>않은</u> 날짜는 무엇인가?

① 5 · 18  　　② 4 · 19

③ 3 · 1  　　④ 7 · 12

☑ 정답체크
| 1회 | 2회 |
| ① ③ | ① ③ |
| ② ④ | ② ④ |

---

### 핵심풀이 ❗

**01**

6공화국 재임 대통령
13대 노태우 대통령 : 1988~1993
14대 김영삼 대통령 : 1993~1998
15대 김대중 대통령 : 1998~2003
16대 노무현 대통령 : 2003~2008
17대 이명박 대통령 : 2008~2013
18대 박근혜 대통령 : 2013~2017
19대 문재인 대통령 : 2017~

출제기관
2018 경인일보[하]
2016 오마이뉴스[하]

**02**

현행 헌법 전문(前文)
(전략) 3 · 1운동으로 건립된 대한민국 임시정부의 법통과 불의에 항거한 4 · 19민주이념을 계승 (중략) 1948년 7월 12일에 제정되고 8차에 걸쳐 개정된 헌법을 이제 국회의 의결을 거쳐 국민투표에 의하여 개정한다.

5 · 18민주화운동
1980년 5월 18일에 일어난 광주 시민들의 민주화 운동이다. 시민군을 조직하여 무장한 뒤 계엄군에 맞섰으며, 폭동으로 규정되었다가 1993년 역사 바로세우기를 통해 민주화운동으로 재평가됐다.

출제기관
2020 경향신문[상]
2019 매일경제[하] 매일신문[하] MBC[하]
2018 언론중재위원회[상] MBC[상]
2017 DNA[상]
2016 TV조선[하] 헤럴드경제[하]

정답　01 ④ | 02 ①

**03**

☑오답체크 1회차　2회차

1926년 조선총독 사이토 마코토와 1933년 만주국 일본전권대사 무토 노부요시를 처단하려 했으나 미수에 그친 여성 독립운동가는?

① 이신애

② 이화림

③ 방순희

④ 남자현

☑정답체크

| 1회 | 2회 |
|---|---|
| ① ③ | ① ③ |
| ② ④ | ② ④ |

**03**

남자현

의병 활동을 하던 남편이 전사한 후 집안을 돌보던 남자현 의사는 3·1운동 이후 중국으로 망명해, 투옥된 독립운동가들의 뒷바라지를 하며 20곳이 넘는 여성 교육기관을 세웠다. 무토 노부요시 처단 미수 사건으로 투옥되어 단식투쟁 중에 1933년 8월 순국했다. 그녀는 영화 〈암살〉의 소재가 되기도 했다.

출제기관

2018 아주경제신문[상]

2017 조선일보[상]

**04**

☑오답체크 1회차　2회차

다음 중 3·1운동 이후 벌어진 사건으로 옳지 <u>않은</u> 것은 무엇인가?

① 대한민국 임시정부 수립

② 순종의 장례식

③ 조선총독부 설치

④ 태평양전쟁 발발

☑정답체크

| 1회 | 2회 |
|---|---|
| ① ③ | ① ③ |
| ② ④ | ② ④ |

**04**

조선총독부는 1910년 한일병합 직후 설치됐다.

3·1운동(1919)

고종의 인산일(장례식)에 맞춰 1919년 전국에서 일어난 독립 만세 시위이다. 이를 계기로 상해·연해주·한성 등에 임시정부가 수립됐다.

6·10만세운동(1926)

천도교와 조선공산당이 지휘하여 서울을 중심으로 일으킨 만세 운동이다. 순종의 장례식을 기점으로 시작되었다.

태평양전쟁(1941~1945)

1941년 일본이 진주만 폭격을 하면서 시작되어 1945년 일본이 항복을 하기까지 이어진 일본과 중국·미국·영국·호주 등의 전쟁이다.

출제기관

2018 SBS[하] 헤럴드경제[상]

정답　03 ④ | 04 ③

시험에 나오는 것부터 공부하자!

# 인문·세계사 출제 유력 4제

---

**01**

기존 강대국과 성장하는 신흥국이 필연적으로 대립하는 상황을 이르는 말로, 〈펠로폰네소스 전쟁사〉의 저자 이름을 딴 용어는?

① 갈라파고스효과

② 투키디데스의 함정

③ 마키아벨리즘

④ 시뮬라르크효과

**02**

다음 단어에 대한 설명으로 옳지 않은 것은?

① 〈우신예찬〉 : 가톨릭을 비판하여 종교개혁을 촉발시켰다.

② 밈 : 리처드 도킨스가 주장한 문화 교류의 장애가 되는 요소들이다.

③ 스탕달 증후군 : 예술작품을 보고 환각 등을 경험하는 것을 말한다.

④ 플라톤 : 철인정치를 주장하였다.

---

**핵심풀이 !**

## 01

**투키디데스의 함정**
투키디데스는 기원전 465년경부터 기원전 400년경까지 살았다고 추정되는 고대 그리스 아테나의 역사가이다. 기원전 5세기경 지속된 아테나와 스파르타의 전쟁사를 담은 〈펠레폰네소스 전쟁사〉를 저술했으며 "역사는 영원히 되풀이된다"라는 명언을 남겼다. 미국 정치학자 그레이엄 앨리슨은 2017년 낸 저서 〈예정된 전쟁〉에서 기존 강대국이던 스파르타와 신흥 강국이던 아테나가 맞붙었듯이 역사는 늘 반복되어왔으며, 현재 미국과 중국의 세력 충돌 또한 필연적이라는 주장을 하였다. 또한 이런 필연을 '투키디데스의 함정'이라고 명명했다.

**시뮬라르크**
장 보드리야르가 규명한 존재의 종류이다. 실제로는 존재하지 않는 것이지만 실제보다 더 우리의 가치관에 지배적인 무언가를 가리킨다.

출제기관

## 02

**밈(Meme)**
리처드 도킨스가 자신의 저서 〈이기적 유전자〉에서 정의한 용어로 유전자 외에 인간의 행동 양식을 복제하는 문화적 전달 요소를 가리킨다. 네티즌들은 인터넷상에서 유행하는 이미지를 밈이라 부르고 있다.

**〈우신예찬〉**
에라스무스가 저술한 풍자 형식의 가톨릭 비판 저서이다.

**스탕달 증후군**
감수성이 예민한 사람이 뛰어난 예술작품을 감상하면서 의식의 혼란, 환각을 경험하는 현상이다.

**플라톤**
소크라테스의 제자이자 아리스토텔레스의 스승인 고대 그리스 철학자이다. 정치철학과 윤리철학에서 많은 사유를 남겼다. 시민들에 의한 민주정이 아니라 철학을 깨우친 엘리트에 의해 나라가 다스려져야 한다는 '철인 정치'를 주장했다.

출제기관

정 답    01 ② | 02 ②

## 03

**마르코 폴로와 관련된 설명으로 옳지 <u>않은</u> 것은?**

① 그의 저서 〈동방견문록〉에는 당시 중국의 지배자였던 원나라에서의 다양한 경험이 담겨 있다.

② 〈동방견문록〉에 따르면 그는 원나라에서 실제로 칭기즈 칸을 알현했고 관료로 일했다고 한다.

③ 이탈리아 베니치아 출신의 여행가이다.

④ 고향으로 돌아와 1324년 사망한다.

## 04

**다음 중 가톨릭의 교황 선출 회의 '콘클라베(Conclave)'에 대한 설명으로 옳지 <u>않은</u> 것은?**

① 시스티나 성당에 모여 선출된다.

② 80세 미만의 추기경만 참여할 수 있다.

③ 3분의 2 이상 득표한 후보자가 있을 경우 검은 연기를 피어올린다.

④ 콘클라베란 '잠겨 있는 방'을 의미한다.

---

**핵심풀이** ❗

### 03

〈동방견문록〉에는 마르코 폴로가 당시 원나라 황제였던 쿠빌라이 칸을 알현했다고 나와 있다.

**마르코 폴로**

13세기 말 베니치아 출신의 탐험가로, 동방으로 여행을 떠나 칭기즈 칸의 손자 쿠빌라이 칸이 다스리던 원나라에서 17년을 보냈다. 후에 고향으로 돌아와 원나라에서의 경험을 바탕으로 〈동방견문록〉을 저술하였다.

출제기관

2018 KBS[하]

2017 EBS[하]

### 04

**콘클라베(Conclave)**

교황 선거자인 추기경들이 외부로부터 격리되어 시스티나 성당에 모여 교황을 선출하는 것이다. 새로운 교황으로 선출되려면 투표자의 3분의 2 이상의 표를 얻어야 한다. 선출될 때까지 반복해서 투표를 지속한다. 재투표를 실시할 경우 굴뚝에 검은 연기를 피어올리고 선출이 완료되었을 경우 흰 연기를 피어올린다. 교황 선거에 참가할 수 있는 추기경은 80세 미만으로 한정된다.

출제기관

2019 연합뉴스[상]

2017 경향신문[상]

**정 답**  03 ② | 04 ③

시험에 나오는 것부터 공부하자!

# 출제 유력 20제

---

**01** ☑오답체크  1회차  2회차

다음 중 수두를 일으키는 바이러스에 의해 생기는 병은 무엇인가?

① 성홍열

② 지카열

③ 대상포진

④ 디프테리아

☑정답체크

| 1회 | | 2회 | |
|---|---|---|---|
| ① | ③ | ① | ③ |
| ② | ④ | ② | ④ |

---

**02** ☑오답체크  1회차  2회차

미국 라스베이거스에서 열리는 소비자 전자제품 박람회의 영어 명칭으로 옳은 것은?

① CES

② KES

③ SNIEC

④ CEATEC

☑정답체크

| 1회 | | 2회 | |
|---|---|---|---|
| ① | ③ | ① | ③ |
| ② | ④ | ② | ④ |

---

**핵심풀이** ❓

### 01

**대상포진**
유아 때 수두를 일으키는 바이러스가 신경절에 침투한 사람이 면역력이 약해졌을 경우 발생하는 질병이다.

**지카바이러스**
숲모기를 통해 사람에게 전염되는 바이러스이다. 지카열이라는 질병을 일으킨다. 질병 자체는 가벼운 편이나 산모의 경우 임신 중 지카열을 앓게 되면 소두증을 가진 아이를 낳게 된다고 추정된다.

**출제기관**
2018 YTN[하]
2016 SBS[하] 국민일보[하] 영남일보[상]

### 02

**CES**
Consumer Electronics Show의 약자로 1967년부터 매년 미국 라스베이거스에서 열리는 소비자 가전제품 박람회이다. 세계적인 전자회사들이 신기술과 신제품을 선보인다.

**KES(한국전자전)**
Korea Electronics Show의 약자로 한국에서 열리는 전자제품 박람회이다.

**SNIEC(상하이국제박람센터)**
Shanghai New International Expo Center의 약자로 중국 상하이에 있는 전시회장이다.

**CEATEC**
Combined Exhibition of Advanced Technologies의 약자로 일본에서 열리는 전자 · 정보통신 박람회이다.

**출제기관**
2020 아시아경제[하]
2019 아주경제[상]
2017 경향신문[상]
2016 문화일보[상] 이투데이[상] YTN[상]

정 답  01 ③ | 02 ①

**03**

☑오답체크
1회차 　　2회차

다음 중 '불의 고리'와 가장 관련이 <u>없는</u> 국가는 어디인가?

① 미국

② 일본

③ 브라질

④ 뉴질랜드

☑정답체크

| 1회 | 2회 |
|------|------|
| ① ③ | ① ③ |
| ② ④ | ② ④ |

**03**

브라질은 남아메리카 동부에 위치해 대서양에 인접한 국가이다.

**불의 고리**
태평양을 둘러싼 약 4만km의 환태평양조산대를 '불의 고리'라고 부르는데, 활발한 화산 활동이 이어지고 있다. 지구에서 발생하는 지진의 약 80%가 환태평양조산대인 '불의 고리'에서 일어났다.

출제기관

2017 KBS[하]

2016 MBN[상]

**04**

☑오답체크
1회차 　　2회차

다음 중 2020년 노벨상과 가장 관련이 <u>없는</u> 과학 연구 분야는 무엇인가?

① C형 간염 바이러스

② 블랙홀

③ 3세대 유전자가위

④ 리튬전지

☑정답체크

| 1회 | 2회 |
|------|------|
| ① ③ | ① ③ |
| ② ④ | ② ④ |

**04**

**2020 노벨상**
2020 노벨생리의학상은 'C형 간염 바이러스'를 연구한 학자들이 수상했고, 노벨물리학상은 '블랙홀'을 연구한 학자들이 수상했으며, 노벨화학상은 '3세대 유전자가위' 기술을 발명한 학자들이 수상했다. '리튬전지'는 2019 노벨물리학상을 수상한 학자들과 관련된 연구 분야이다.

출제기관

2021 연합뉴스TV[상]

2020 EBS[하] YTN[하] 경향신문[상] 서울경제[하] 한국일보[상]

2019 MBN[하] 한겨레[상] 충북MBC[상]

2018 MBN[하] 뉴스1[하] 경향신문[하]

2017 MBN[하] 머니투데이[하] 평화방송[하]

2016 한국경제신문[하] 국민일보[하] 매일경제[상]

정 답　03 ③ | 04 ④

**05** ☑오답체크

1회차　　2회차

**'데이터 마이닝'과 가장 관련 있는 IT 기술은 무엇인가?**

① 빅데이터

② 딥 러닝

③ 머신러닝

④ 인공지능

☑정답체크

| 1회 | 2회 |
|---|---|
| ① ③ | ① ③ |
| ② ④ | ② ④ |

**05**

**데이터 마이닝**
통계학적 관점에서 데이터를 찾고 통계상에 나타나는 현상과 흐름을 파악하는 것이다. 빅데이터 기술에 활용된다.

**빅데이터**
인터넷 등의 발달로 방대한 데이터가 쌓이는 것. 그리고 데이터 처리기술의 발달로 디지털 환경에서 만들어지는 방대한 데이터를 분석해 그 의미를 추출하고 경향을 파악하는 것이다.

**딥 러닝**
인공지능 프로그램이 다양한 데이터를 통해 스스로 머신러닝을 수행할 수 있는 인공신경망을 만드는 것이다. 머신러닝이란 알고리즘을 이용해 데이터를 분석하고 이를 기반으로 판단하는 작업인데, 딥 러닝은 알고리즘을 생성하는 것까지 자동화하는 기반을 만든 것이다.

**출제기관**

2018 SBS[하] 한겨레[하] 여수MBC[하] 대전MBC[상] 원주MBC[상]

2017 여수MBC[하] 서울경제신문[하] 머니투데이[하] 문화일보[상] 이투데이[상]

2016 뉴스토마토[하] TV조선[하] 서울경제[하]

**06** ☑오답체크

1회차　　2회차

**구글의 딥마인드사가 발명한 인공지능 프로그램 '알파고'의 가장 최신 버전의 이름은 무엇인가?(2021년 3월 현재)**

① 알파 제로

② 알파고 제로

③ 알파고 마스터

④ 한돌

☑정답체크

| 1회 | 2회 |
|---|---|
| ① ③ | ① ③ |
| ② ④ | ② ④ |

**06**

**알파고**
구글의 딥마인드사에서 개발한 바둑용 인공지능 머신이다. 인공지능의 학습 방법인 머신러닝 분야에 '딥 러닝'이라는 획기적인 기술이 도입되어 스스로 학습하는 인공지능의 성격을 갖고 있다. 바둑기사 이세돌과의 대전에서 승리하여 유명세를 탔으며, 이후 알파고 마스터, 알파고 제로, 알파 제로 순으로 후속 프로그램이 나왔다. 알파 제로는 바둑을 넘어 다양한 보드게임을 할 수 있는 인공지능 프로그램이다.

**한돌**
우리나라의 바둑 AI프로그램이다. NHN엔터테인먼트 '한게임 바둑'이 개발했다. 최근 초기 '알파고' 수준에 버금가는 실력을 갖췄다는 보도가 나왔다.

**출제기관**

2020 대전MBC[상]

2019 KBS[상]

2018 코리아헤럴드[상]

2017 TV조선[하] CBS[하] 조선일보[상]

2016 SBS[하] JTBC[하] TV조선[하] 더벨[상] YTN[상]
　　　한국대학신문[상] 청주MBC[상] 경기일보[상] 영남일보[상]
　　　이투데이[상]

정답　 05 ① | 06 ①

## 07

☑ 오답체크 1회차 2회차

**다음 기사의 빈칸 안에 공통으로 들어갈 말로 알맞은 것은?**

• 전남대학교 병원에서 친인척 채용비리 의혹 사건이 불거진 가운데, 경찰은 압수수색을 통해 수집한 하드디스크가 이미 (    )되어 증거 능력이 상실되었다고 밝혔다.

• 조국 전 법무부 장관의 부인 정경심 교수가 검찰의 압수수색 전 컴퓨터 하드디스크를 교체한 것에 대해 증거인멸 의혹이 일자, 김기창 고려대 법학전문대학원 교수는 "교체만 했지 (    )하는 등 망가뜨리지는 않았기에 증거인멸로 보는 것은 적절치 않다"고 주장했다.

① 디가우징
② 디지털 포렌식
③ 디지털 장례
④ 안티앨리어싱

☑ 정답체크

| 1회 | 2회 |
|---|---|
| ① ③ ① ③ | |
| ② ④ ② ④ | |

## 08

☑ 오답체크 1회차 2회차

**각 나라와 4차 산업혁명 대비 제조업 혁신 전략 이름의 연결이 올바르지 않은 것은?**

① 중국 – 제조 2025
② 미국 – AMI(Advanced Manufacturing Partnership)
③ 한국 – I4MS(ICT for Manufacturing SMEs)
④ 독일 – 인더스트리4.0(Industry 4.0)

☑ 정답체크

| 1회 | 2회 |
|---|---|
| ① ③ ① ③ | |
| ② ④ ② ④ | |

### 07

**디가우징(Degaussing)**
자기장으로 하드디스크를 물리적으로 복구 불가능하게 지우는 것을 가리킨다.

**디지털 포렌식(Digital Forensic)**
PC나 휴대폰 등에 남아 있는 디지털 정보를 분석하여 범죄 단서를 찾는 수사 기법을 말한다.

**디지털 장의사**
고인이 온라인상에서 남긴 기록을 찾아 말끔히 지워주고 유족에게 기록을 전달해주는 일(디지털 장례)을 하는 업체이다. 디지털 장의사는 특정 업체명이기에 디지털 세탁소라고도 한다.

**안티앨리어싱(Anti-aliasing)**
컴퓨터 그래픽의 품질 향상 기술이다. 렌더링된 콘텐츠가 왜곡되는 현상을 해결하기 위하여 투입되는 기능들을 가리킨다.

출제기관
2020 한국일보[상]
2019 매일신문[하] SBS[하]
2018 대구MBC[하] SBS[하] TV조선[하] 전자신문[하] 경인일보[하]
2016 조선일보[하] EBS[하]

### 08

I4MS는 EU의 4차 산업혁명 대비 제조업 혁신 전략이다.

**4차 산업혁명 대비 각국 전략**
• 미국 : 첨단제조 경쟁력 제고를 위해 '첨단제조파트너십(AMI ; Advanced Manufacturing Initiative)' 프로그램과 '리메이킹 아메리카(Remaking America)' 전략을 발표했다.

• 독일 : 기업들이 스마트 공장을 구축하는 데 필요한 사안을 정부 주도로 해결하는 '인더스트리4.0(Industry4.0)' 계획을 발표했다.

• 중국 : 개발도상국형 제조업에서 벗어나 선진국형 제조 강국의 실현을 목표로 첨단 ICT 기술을 2025년까지 제조업에 접목할 계획인 '중국 제조 2025'를 발표했다.

• 한국 : 4차 산업혁명에 대비해 '스마트 제조혁신 비전 2025' 계획을 발표했다. 스마트 공장 3만개 구축 등의 내용을 담고 있다.

출제기관
2019 매일경제[하] CBS[상]
2018 아이뉴스24[하] 서울경제TV[상] UBC[상] 코리아헤럴드[상] 대구TBC[상]
2017 아주경제[상] 아이뉴스24[상]
2016 국민일보[하] 뉴스토마토[하]

정답 07 ① | 08 ③

## 09

☑오답체크
1회차　2회차

### 다음 중 프로그램의 설명이 올바르지 않은 것은?

① 어시스턴트 : 구글사의 AI프로그램

② Air Drop : 와이파이와 블루투스를 통해 다른 장치로 파일을 공유하는 애플사의 프로그램

③ 빅스비 : 삼성 갤럭시 핸드폰에 장착된 AI 프로그램

④ 블루투스 : 삼성이 개발한 무선 근거리 데이터 송신 프로그램

☑정답체크

| 1회 | | 2회 | |
|---|---|---|---|
| ① | ③ | ① | ③ |
| ② | ④ | ② | ④ |

## 10

☑오답체크
1회차　2회차

### 다음 중 미디어 콘텐츠 'ASMR'의 뜻으로 올바른 것은?

① Autonomous Sensory Meridian Response

② Accelerating Seismic Moment Release

③ Audio Sensory Meridian Response

④ Atraumatic Sensory Meridian Response

☑정답체크

| 1회 | | 2회 | |
|---|---|---|---|
| ① | ③ | ① | ③ |
| ② | ④ | ② | ④ |

---

**핵심풀이 !**

### 09

**블루투스**

1994년 스웨덴의 통신 장비 제조사 에릭슨이 개발한 근거리 무선 통신 산업 표준이다. 전 세계 많은 기업들이 무선 장비의 통신 규격으로 사용하고 있으며, 2016년 최신 버전 5가 출시되었다. 블루투스의 명칭과 로고는 덴마크와 노르웨이를 통일한 왕 하랄드 블라톤의 별칭 '파란 이빨의 왕'에서 따왔다고 한다.

**AI 프로그램 정리**

• 삼성 : 빅스비
• 애플 : 시리
• 구글 : 어시스턴트
• 아마존 : 알렉사
• 마이크로소프트 : 코타나
• 네이버 : 아미카

**출제기관**

2019 TV조선[하]

2018 SBS[하] 한국경제TV[하]

2017 이투데이[상] 조선일보[상]

### 10

**ASMR**

Autonomous Sensory Meridian Response의 약자이다. 한국어로는 '자율감각 쾌락 반응'이라고 하며, 유튜브 등 멀티미디어 사이트에서 유행하고 있는 콘텐츠로, 주로 청각을 이용하여 시청자들의 쾌감을 유발하는 것이다. 발전한 녹음 장비와 음향 장비를 통해서 콘텐츠 수용자는 콘텐츠 내의 일이 마치 바로 옆에서 일어나고 있는 것처럼 느낄 수 있다.

**출제기관**

2019 조선일보[하]

2018 SBS[하] 경기방송[하]

2016 CBS[하] MBN[하]

정답　09 ④ | 10 ①

## 11

시청자가 원하는 콘텐츠를 인터넷을 통해 제공하는 방송·통신 융합 서비스로, 편한 시간에 원하는 프로그램을 볼 수 있는 매체는?

① CATV

② Streaming

③ Podcasting

④ IPTV

## 12

AI와 관련해 다음과 같은 발언을 한 이는 누구인가?

> "기계가 사악해진다는 공포는 관심을 딴 데로 돌리는 또 다른 요소이다. 정말 걱정할 거리는 악의가 아니라 능력이다. 초인간 AI는 개념 정의상 그게 무엇이든 목표를 달성하는 일에 매우 뛰어나고, 그래서 우리는 그것의 목표와 우리 목표를 정렬해두어야 한다"

① 마크 저커버그

② 맥스 테그마크

③ 스티븐 호킹

④ 래리 헥

---

### 핵심풀이 ❗

### 11

**OTT(Over The Top)**
'Top(셋톱박스 : 단말기)을 통해 제공됨'을 의미한다. 범용 인터넷을 통해 다양한 미디어 콘텐츠를 양방향으로 송수신하는 점이 특징이며, 대표적인 서비스로는 넷플릭스, 푹, 티빙 등의 IPTV 서비스와 유튜브, 아프리카TV 등의 인터넷 스트리밍 서비스가 있다.

**CATV(Cable Television)**
동축케이블을 이용해 프로그램을 송신하는 기존 유선TV를 가리키는 용어이다.

**스트리밍(Streaming)**
네트워크상에서 비디오나 오디오 등의 데이터를 송신하는 동시에 볼 수 있게 하는 기술이다.

**팟캐스팅(Podcasting)**
아이팟의 동기화 기능을 통해 새로운 방송을 자동으로 구독했던 것에서 나온 미디어 전달방식이다.

출제기관

2021 CBS[상] 세계일보[상]

2020 TV조선[하] 춘천MBC[상] 한국경제[하]

2019 연합뉴스[상] 아주경제[상]

2018 SBS[하] 여수MBC[하]

2017 여수MBC[하] KBS[하]

### 12

맥스 테그마크가 그의 저서 〈라이프 3.0〉에 쓴 내용의 일부분이다.

**〈라이프 3.0〉**
인공지능 학문의 권위자 맥스 테그마크 교수의 저서로 그의 AI에 대한 각종 입장을 정리한 책이다. 인공지능 도입 사회에 대한 막연한 두려움을 버리고 인공지능이 우리에게 줄 선물과 위협을 분리해서 접근해야 함을 강조했다.

출제기관

2018 문화일보[하] CJ-E&M[하]

**13**

물속에 녹아 있는 산소를 가리키는 용어인 '용존산소'의 영문 약칭은 무엇인가?

① DO

② SS

③ COD

④ BOD

**13**

물의 오염 정도를 나타내는 지표로는 DO(Dissolved Oxygen : 용존산소량), BOD(Biochemical Oxygen Demand : 생화학적 산소요구량), COD(Chemical Oxygen Demand : 화학적 산소요구량), SS(Suspended Solids : 부유물질량) 등이 있다.

출제기관
2018 전주MBC[하] 제주MBC[하]

**14**

다음 중 비트코인 이외의 암호화폐(가상화폐)를 통틀어 부르는 용어는?

① 리플(Ripple)

② 알트코인(Altcoin)

③ 이더리움(Ethereum)

④ 라이트코인(Litecoin)

**14**

**가상화폐**
현물 화폐 없이 가상 네트워크에서 전자식으로 발행·계산되는 화폐를 말한다. 화폐 안전성을 위해 블록체인과 같은 보안 방식을 이용하는 것이 특징이다. 대표적으로 비트코인이 있다.

**알트코인(Altcoin)**
'Alternative(대체)'와 'Coin'의 합성어로, 리플·이더리움·라이트코인 등 비트코인 이외의 모든 암호화폐를 통틀어 부르는 말이다. 비트코인의 가치가 지나치게 올랐다는 인식 때문에 암호화폐 가능성에 주목한 투자자들이 찾는 대체 투자처로 관심을 끌고 있다.

출제기관
2019 MBN[하] 충북MBC[하] 머니투데이[하]

정답 13 ① | 14 ②

## 15

다음 중 빅데이터(Big Data)의 3대 핵심요소인 '3V'에 속하지 <u>않는</u> 것은 무엇인가?

① 크기(Volume)

② 속도(Velocity)

③ 다양성(Variety)

④ 정확성(Veracity)

## 16

아폴로 11호가 발사되었을 때 미국 대통령은 누구인가?

① 리처드 닉슨

② 존 F. 케네디

③ 로널드 레이건

④ 제럴드 포드

---

**핵심풀이** ❗

**15**

빅데이터 3V

가트너 그룹이 정의한 빅데이터의 핵심요소이다. 데이터의 Volume(크기), 데이터의 Velocity(속도), 데이터의 Variety(다양성) 등을 빅데이터의 3대 핵심요소로 꼽는다. 여기에 Veracity(정확성)를 더해 4V로 보기도 한다.

출제기관
2019 EBS[하] CJE&M[상]
2018 여수MBC[하] 원주MBC[상]

**16**

아폴로 계획은 미국 35대 대통령 존 F. 케네디 대통령 때 본격적으로 추진되어, 1969년 37대 대통령 리처드 닉슨 때 실제 달을 탐사하는 데 성공한 유인우주선 아폴로 11호가 발사되었고 임무를 수행했다.

출제기관
2018 경향신문[하]
2016 MBN[하]

정답　15 ④ | 16 ①

**17**

양자컴퓨터를 구현하기 위한 핵심 기술로, 원자를 고정시키는 방식으로 신호를 만들어낸 것은 무엇인가?

① 퀀텀점프(Quantum Jump)

② 퀀텀닷(Quantum Dot)

③ 퀀텀 디바이스(Quantum Device)

④ 퀀텀비트(Quantum Bit)

**18**

미국 항공우주국이 발사한 탐사선 '파커 솔라 프로브'가 향하는 천체는 어디인가?

① 목성

② 태양

③ 해왕성

④ 프록시마 켄타우리

---

**핵심풀이** ❗

**17**

**퀀텀비트(Quantum Bit)**
양자컴퓨터란 기존의 전산 방식의 계산을 양자역학을 이용한 계산 방식으로 바꾸어, 현재 슈퍼컴퓨터의 수억배의 계산속도를 낼 수 있다고 예상되는 미래의 컴퓨터이다. 양자컴퓨터를 구현하기 위해서는 원자를 고정시켜 신호를 저장할 수 있어야 하는데 이렇게 만들어진 양자 정보를 퀀텀비트라 한다.

**퀀텀점프(Quantum Jump)**
양자역학에서 전자가 주기를 변경할 경우 그 움직임이 도약하듯이 이뤄지는 것을 가리킨다. 경제학에서는 이 개념을 가져와 기업의 실적이 단기간에 비약적으로 호전되는 경우에 사용한다.

출제기관
2018 아이뉴스24[하] 언론중재위원회[상]

**18**

**파커 솔라 프로브(Parker Solar Probe)**
2018년 8월 12일 NASA가 발사한 태양 탐사선이다. 탐사선은 현재 태양에 가장 가까이 간 탐사선 기록을 갱신하고 있으며, 태양으로부터 690만km 거리까지 갈 것이라고 알려졌다.

출제기관
2019 한겨레[상]
2018 뉴시스[하] 조선일보[하]

정답 **17** ④ | **18** ②

## 19

### 다음 중 인공위성에 대한 설명으로 틀린 것은 무엇인가?

① 무궁화 3호 : KT에서 매각됐다.

② 스푸트니크 1호 : 세계 최초의 인공위성이다.

③ 우리별 1호 : 우리나라의 최신 인공위성이다.

④ 천리안 2A : 정지궤도위성이다.

## 20

### 다음 중 ICT그룹들을 가리키는 용어와 연결이 올바르지 않은 것은?

① FANG : Facebook, Apple, Netflix, Google

② PANDA : Paypal, Amazon, Nvidia, Disney, Alphabet

③ WNSSS : Weibo, Nvidia, Service-now, Square, Shopify

④ BATX : Baidu, Alibaba, Tencent, Xiaomi

---

**핵심풀이** ❗

### 19

우리나라 최초의 인공위성은 우리별 1호이고, 세계 최초의 인공위성은 스푸트니크 1호이다.

**무궁화 3호**

KT의 위성이었으나 홍콩의 위성방송사 ABS에 매각되었다. KT에서 관련 당국의 허가를 받지 않아 불법매각이라는 의혹이 일었다.

**정지궤도위성**

상공 35,786km의 위성을 가리키는 말로, 이 구간에서 받는 지구의 중력은 위성이 지구의 자전과 같은 속도로 공전할 때의 원심력과 비슷하다. 지구와 자전속도가 같아 항상 정지해 있는 것처럼 보인다. 한국은 2018년 12월 5일 첫 독자기술 정지궤도위성 천리안 2A를 발사하여 현재 총 5개를 보유하고 있다.

**출제기관**
2021 **MBN**[상]
2018 **SBS**[하] **경향신문**[하]

### 20

**FANG**

Facebook, Amazon, Netflix, Google로 온라인플랫폼의 성격을 보이는 대형 ICT그룹을 가리킨다.

**FAANG**

Facebook, Apple, Amazon, Netflix, Google로 대형 ICT 기술 회사들을 가리킨다.

**PANDA**

Paypal, Amazon, Nvidia, Disney, Alphabet으로 미래 기술을 이끌고 있다고 평가되는 ICT 기업들이다.

**WNSSS**

Weibo, Nvidia, Service-now, Square, Shopify를 가리킨다. FAANG그룹의 경영 악재로 대체 투자처로 떠오르는 ICT 기업들이다.

**BATX**

Baidu, Alibaba, Tencent, Xiaomi로 새롭게 떠오르는 중국의 ICT기업들을 가리킨다.

**출제기관**
2019 **YTN**[하]
2018 **SBS**[하] **뉴스1**[하] **MBN**[하] **KBS**[하] **서울경제신문**[하] **머니투데이**[하] **아시아경제**[하]
2017 **한국경제TV**[하] **SBS**[하]
2016 **MBN**[하]

**정답** 19 ③ | 20 ①

시험에 나오는 것부터 공부하자!

# 우리말·한자    출제 유력 4제

## 01

☑오답체크  1회차  2회차

다음 중 기사의 빈칸 안에 들어갈 한자성어로 가장 알맞은 것은?

> 문재인 대통령이 전면에 나서 주요 국정 현안을 직접 챙기는 일이 잦아지고 있다. 국정 기강을 다잡고 집권 중반기를 맞아 조속히 개혁 성과를 내려는 의도로 보인다. 하지만 문 대통령의 _____(이)라는 지적도 나온다.

① 지록위마(指鹿爲馬)  ② 만기친람(萬機親覽)

③ 호시우행(虎視牛行)  ④ 와신상담(臥薪嘗膽)

☑정답체크

| 1회 | 2회 |
|---|---|
| ① ③ | ① ③ |
| ② ④ | ② ④ |

### 01
- 만기친람(萬機親覽) : 임금이 모든 정사를 친히 보살피다.
- 지록위마(指鹿爲馬) : 이치에 맞지 않는 것을 우긴다.
- 호시우행(虎視牛行) : 신중하고 조심하며 일을 처리하다.
- 와신상담(臥薪嘗膽) : 복수하거나 마음먹은 일을 이루기 위해 어려움과 괴로움을 견디다.

출제기관
2021 CBS[상]
2020 대전MBC[상]
2018 서울경제신문[하] 경향신문[하]
2017 TV조선[하]

## 02

☑오답체크  1회차  2회차

다음 기사의 빈칸 안에 들어갈 수 있는 단어는 보기 중 어느 것인가?

> **독도 미기록 곤충 18종 한눈에**
> 경상북도와 한국연구재단이 주최하고 경북대 울릉도·독도연구소가 주관한 전시회에서는 독도에 사는 미기록 곤충 18종과 맨눈으로 식별이 불가능한 미세곤충 표본과 사진을 전시하고 관련 정보도 알려준다. 기름빛풀색노린재, 호리허리노린재, 알락매미충, 붉은등금파리, 짧은뿔쉬파리 등 18종은 독도에서 처음 발견된 미기록 종이다. 이 가운데 갯제비쑥을 숙주로 하는 바트라코몰푸스 디미누투스는 국내에서 처음 발견됐다. 독도 거주자와 방문자에게 몰려들어 피해를 주는 _____도 확인할 수 있다.

① 개호주  ② 능소니

③ 꺼병이  ④ 깔따구

☑정답체크

| 1회 | 2회 |
|---|---|
| ① ③ | ① ③ |
| ② ④ | ② ④ |

### 02
보기 중에서 곤충류는 '깔따구'뿐이다. 나머지는 포유류·조류의 새끼를 일컫는 순우리말 단어이다. 개호주는 범의 새끼, 능소니는 곰의 새끼, 꺼병이는 꿩의 새끼를 뜻한다. 모기를 닮은 깔따구는 깔따굿과의 곤충을 통틀어 이르는 말이며, 깔따구의 애벌레 시기의 수생종을 장구벌레라고 한다.

출제기관
2018 YTN[하] 경향신문[하]

정답  01 ② | 02 ④

**핵심풀이** ❗

☑️오답체크
**03** 1회차 2회차

**다음 중 한자 표기가 잘못된 것은?**

① 농단(壟斷) : 간교한 수단으로 자기 이익을 추구하는 것

② 시위(示威) : 많은 사람들이 모여 의견을 내보이는 것

③ 왜곡(倭曲) : 사실을 비뚤어지게 하여 전달하는 것

④ 평화(平和) : 다툼과 갈등 없이 유지되는 것

☑️정답체크

| 1회 | 2회 |
|---|---|
| ① ③ | ① ③ |
| ② ④ | ② ④ |

**03**

왜곡의 '왜'는 '좁'이다. '倭'는 일본을 뜻하는 한자이다.

출제기관
**2017 TV조선[하] KNN[하] 문화일보[상]**

☑️오답체크
**04** 1회차 2회차

**바람의 종류를 뜻하는 다음의 순우리말 중에서 풍향이 바르지 않은 것은?**

① 마파람 – 남풍(南風)

② 샛바람 – 동풍(東風)

③ 하늬바람 – 남동풍(南東風)

④ 높새바람 – 북동풍(北東風)

☑️정답체크

| 1회 | 2회 |
|---|---|
| ① ③ | ① ③ |
| ② ④ | ② ④ |

**04**

바람에 관련된 우리말
• 건들바람 : 초가을에 선들선들 부는 바람
• 높새바람 : 북동풍을 이르는 말
• 된바람 : 매섭게 부는 바람, 북풍, 덴바람, 호풍, 삭풍
• 마파람 : 남풍, 여름바람이나 가을바람
• 살바람 : 좁은 틈으로 새어 들어오는 찬바람, 초봄에 부는 찬바람
• 색바람 : 이른 가을에 부는 선선한 바람
• 샛바람 : 동풍, 봄바람
• 소소리바람 : 이른 봄의 맵고 스산한 바람
• 하늬바람 : 서풍, 여름바람이나 가을바람

출제기관
**2019 충북MBC[상] 안동MBC[상]**

정 답   03 ③ | 04 ③

# 03

언론사 합격의 Key
최신시사 · 빈출상식 단기완성
기출이 답이다!

# 언론사 '빈출상식'

## 분야별 출제 유력 256제

# 미디어

## 시험에 나오는 것부터 공부하자!

## 출제 유력 20제

---

☑오답체크 `1회차` `2회차`

······▶ 틀린 문제들은 이곳에 체크하고 복습하도록 합니다.

### 01

**다음 중 ㉠과 ㉡에 들어갈 영단어로 적절한 것은?**

> 광고 출연 시 호감을 주는 요소들을 가리키는 '3B'
> – Baby, Beauty, ( ㉠ )
> 콘텐츠 이용자들이 콘텐츠를 고르는 기준 '4I'
> – Immediacy, Individualization, Interactivity, ( ㉡ )

| | ㉠ | ㉡ |
|---|---|---|
| ① | Beast | Immersion |
| ② | Beast | Internationality |
| ③ | Blossom | Immersion |
| ④ | Blossom | Internationality |

문제를 풀 때 정답을 여기에 체크하여 다시 풀 때 정답이 보이지 않도록 합니다.

☑정답체크

| 1회 | 2회 |
|---|---|
| ① ③ | ① ③ |
| ② ④ | ② ④ |

---

☑오답체크 `1회차` `2회차`

### 02

**외관상 중립적이어 보이나 선택한 정보나 전달 방식이 미묘하게 편향적이어서 수용자의 인식을 왜곡시키는 것을 무엇이라 하는가?**

① 선별효과 이론
② 프레이밍효과
③ 침묵의 나선 이론
④ 칵테일파티효과

☑정답체크

| 1회 | 2회 |
|---|---|
| ① ③ | ① ③ |
| ② ④ | ② ④ |

---

### 핵심풀이

#### 01

**광고의 3B**
광고에 등장할 경우 대체적으로 호감을 주는 아기(Baby), 미인(Beauty), 동물(Beast)를 가리킨다.

**콘텐츠의 4I**
동영상 기술 업체 우얄라가 공개한 산업 보고서에서 이용자들이 콘텐츠를 선택할 때 중요하게 여기는 네 가지이다. 신속성(Immediacy), 개인화(Individualization), 상호작용성(Interactivity), 몰입성(Immersion)이 있다.

**출제기관**
2018 YTN[하]
2016 건설경제신문[하]

출제 내역을 확인합니다. [상]은 상반기 시험을 [하]는 하반기 시험을 가리킵니다.

#### 02

**프레이밍효과(Framing Effect)**
같은 사안이라도 질문이나 문제 제시 방법에 따라 사람들의 선택이나 판단을 달라질 수 있다. 이를 노려 정보의 제시자가 선택한 정보나 정보의 전달 방법 자체가 편향성을 지니고 있어 수용자의 인식이 왜곡되는 현상을 가리킨다.

**침묵의 나선 이론**
하나의 다수 의견이 퍼져 있을 경우 이에 반대하는 소수의견을 가진 인원들이 있어도 침묵을 지키는 현상이다.

**칵테일파티효과**
파티에서 시끄러운 소음에도 불구하고 참석자들 간에 원활한 소통이 이뤄지는 것을 가리킨다.

**출제기관**
2021 CBS[상] MBN[상]
2019 CBS[상]
2018 한겨레[하]
2017 G1강원민방[상] 이투데이[상]

정답 01 ① | 02 ②

☑ 오답체크

## 03    1회차    2회차

### 다음에서 설명하는 광고 형식을 무엇이라 하는가?

> 기사 형태로 만들어진 광고로 신문이나 잡지에 기사와 동일하게 실린다. 특정 브랜드나 제품을 광고하거나, 후원을 한 특정 기업 · 단체에 우호적인 내용의 기사가 실리기도 한다.

① 애드버토리얼
② 네이티브
③ 티저
④ 키치

☑ 정답체크

| 1회 | 2회 |
|---|---|
| ① ③ | ① ③ |
| ② ④ | ② ④ |

☑ 오답체크

## 04    1회차    2회차

### 매스미디어의 이론 중 사회 영향력의 정도를 보는 관점이 다른 것 하나는?

① 탄환 이론
② 제한효과 이론
③ 문화계발효과 이론
④ 침묵의 나선 이론

☑ 정답체크

| 1회 | 2회 |
|---|---|
| ① ③ | ① ③ |
| ② ④ | ② ④ |

---

### 핵심풀이 ❗

### 03

**애드버토리얼(Advertorial)**
Advertisement와 Editorial을 합성한 말로 '기사 광고'라 하기도 한다. 돈을 받고 쓴 기사 자체를 가리키며 독자에게 기사인지 광고인지 헷갈리게 만든 광고와 광고임을 명확이 표기한 광고로 나뉜다.

**네이티브 광고(Native Advertisement)**
웹사이트나 애플리케이션의 성격에 맞추어 기획된 광고를 말하는데 배너광고가 이용자들에게 큰 거부감을 주어 오히려 광고 효과가 떨어진다는 한계점이 나오자 대안으로 떠오른 기법이다. 배너광고와 달리 콘텐츠의 일부처럼 디자인하여 거부감을 최소화시킨다.

**티저(Teaser)**
티저는 '놀려대는 사람'이라는 뜻을 가진 단어인데, 시청자가 원하는 정보를 줄 듯 안 줄 듯하여 호기심을 불러일으킨다.

**키치(Kitsch)**
미학적이기보단 상업적, 쾌락적인 것을 추구한 예술을 가리킨다.

출제기관
2019 경인일보[하] 방송통신심의위원회[하]
2018 전주MBC[하] MBN[하] 대구TBC[상] MBC[상]
2017 조선일보[상] 한겨레[상]

### 04

**매스미디어의 강효과 · 약효과 이론**
20세기에 매스미디어의 사회 영향력에 대한 연구가 계속되면서 매스미디어의 사회 영향력이 강하다는 강효과 이론과 매스미디어가 사회에 별 영향력을 끼치지 못한다는 약효과 이론이 나오게 됐다. 강효과 이론으로는 침묵의 나선 이론, 문화계발효과 이론, 탄환 이론, 피하주사 이론 등이 있으며 약효과 이론으로는 제한효과 이론, 선별효과 이론, 2단계 유통 이론 등이 있다.

**제한효과 이론**
매스미디어를 통해 신념이 바뀌는 것은 아니며 기존의 신념을 조금 더 강화시켜주는 역할만 한다는 이론이다.

**침묵의 나선 이론**
하나의 다수 의견이 퍼져 있을 경우 이에 반대하는 소수의 견을 가진 인원들이 있어도 침묵을 지키는 현상이다.

**문화계발효과 이론**
사회구성원들은 매스미디어를 통해 접하는 정보로 사회 문화를 구성한다는 이론이다.

출제기관
2021 CBS[상] MBN[상]
2018 전주MBC[하] MBN[하] 대구TBC[상] MBC[상]
2017 조선일보[상] 한겨레[상]

정답   03 ① | 04 ②

**05** ☑오답체크 1회차 2회차

다음 중 '메시지의 반복 노출'과 가장 관련 있는 사회 효과는 무엇인가?

① 수면자효과

② 대조효과

③ 펭귄효과

④ 리플리효과

☑정답체크

| 1회 | 2회 |
|---|---|
| ① ③ | ① ③ |
| ② ④ | ② ④ |

**06** ☑오답체크 1회차 2회차

'영화, 드라마 등의 과도한 영상 서사를 시청하면, 시청자의 세계관이 비관적으로 바뀐다'는 이론은?

① 피하주사 이론

② 프레이밍 이론

③ 배양이론

④ 탄환이론

☑정답체크

| 1회 | 2회 |
|---|---|
| ① ③ | ① ③ |
| ② ④ | ② ④ |

---

**핵심풀이** ❗

**05**

**수면자효과**
사람들이 반복적으로 일정 메시지에 노출될 경우 처음에는 정보를 신뢰하지 않지만, 차츰 정보의 출처가 불분명하다는 사실을 잊고 해당 메시지를 신뢰하게 되는 현상이다.

**대조효과**
대조적인 상품을 순차적으로 보여줄 경우 그 차이점이 더 크게 부각되어 객관적인 판단을 하지 못하게 되는 현상을 가리킨다. 마케팅에서 손님에게 안 좋은 상품을 먼저 보여 준 뒤 실제 팔고자 하는 좋은 상품을 보여주면 더 효과적인 것 등을 가리킨다.

**펭귄효과**
타인의 구매 행위에 자극을 받아 물건을 사게 되는 현상을 가리킨다. 추운 겨울 펭귄들이 모여 있다 한 마리가 바다에 뛰어들면 나머지도 함께 뒤이어 뛰어내리는 것에 비유한 말이다.

**리플리 증후군**
자신을 포장하기 위해서 한 거짓말 때문에 반복해서 거짓말을 하는 현상이다. 이런 현상이 반복적으로 나타나는 정신 질환을 리플리 증후군이라고도 한다.

출제기관
2020 이투데이[상]
2019 KBS[상]
2018 MBN[하] SBS[하] MBC[상]
2017 경향신문[상]

**06**

**배양이론**
조지 거브너가 내놓은 미디어 이론으로, 과도한 TV 시청이 수용자가 세상을 비관적으로 바라보도록 만든다는 주장을 담고 있다. 그의 연구에 따르면 사람들은 성인이 될 때까지 평균 1만 3,000여 회의 죽음을 영화, TV 등에서 목격한다고 한다.

출제기관
2019 CBS[상]
2018 MBC[상]

**정답** 05 ① | 06 ③

☑오답체크

# 07

1회차　　2회차

## PPL에 대한 설명으로 틀린 것은?

① 'Product Placement'의 줄임말이다.

② PPL이 포함된 프로그램의 시작 전에 PPL을 포함하고 있음을 고지해야 한다.

③ 지상파 기준 프로그램 시간의 100분의 5를 넘어서는 안된다.

④ 지상파 기준 노출 시 화면의 2분의 1까지 나올 수 있다.

☑정답체크

| 1회 | 2회 |
|---|---|
| ① ③ | ① ③ |
| ② ④ | ② ④ |

☑오답체크

# 08

1회차　　2회차

## 다음 설명에 맞는 기관은 무엇인가?

• 미국을 비롯한 세계 각국 신문 · 방송 · 통신 특파원들의 친선단체이다.
• 워싱턴에 위치하고 외국 수뇌 인물들의 연설을 듣고 질의 · 응답하는 것을 주 행사로 삼고 있다.

① 내셔널프레스클럽

② 세계신문협회

③ 국제언론인협회

④ 국제기자연맹

☑정답체크

| 1회 | 2회 |
|---|---|
| ① ③ | ① ③ |
| ② ④ | ② ④ |

---

**핵심풀이** ❗

## 07

PPL(Product Placement : 간접광고)

시청자가 인지하지 못하게 노출되는 광고를 뜻한다. 예능이나 드라마 등에서 자연스럽게 재화나 서비스가 나오는 경우 이를 광고품으로 대체하거나 광고품에 맞춰 극이 연출되기도 한다. 우리나라에서는 간접광고 삽입 시 프로그램 시작 전에 고지해야 하며, 프로그램 시간의 100분의 5, 노출 시 화면의 4분의 1을 넘어서는 안 된다(지상파 기준).

출제기관

2018 원주MBC[상] MBC[상]

2017 여수MBC[하] KBS[하]

## 08

②는 1948년 발족한 세계 최대의 언론 단체다. ③은 1951년 결성된 단체로 언론인 상호 간의 교류와 협조를 통해 언론의 자유를 보장하는 것을 목적으로 한다. ④는 1952년 설립된 언론단체이다. 국제언론인보호기금 등을 유지하고 있다.

출제기관

2018 YTN[하] 한겨레[하]

정 답 　07 ④ | 08 ①

## 09

☑ 오답체크
1회차　2회차

**다음에서 설명하는 법칙은 무엇인가?**

- 상대방에 대한 인상이나 호감을 결정하는 데 있어서 '비언어적' 요소가 차지하는 비율이 무려 93%나 된다는 것
- 설득, 협상, 마케팅, 광고, 프레젠테이션 등 커뮤니케이션과 관련된 모든 분야의 이론에 대한 기반이 되는 법칙

① 그레샴의 법칙

② 메라비언의 법칙

③ 던바의 법칙

④ 파킨슨의 법칙

☑ 정답체크

| 1회 | | 2회 | |
|---|---|---|---|
| ① | ③ | ① | ③ |
| ② | ④ | ② | ④ |

### 09

**메라비언의 법칙**
메라비언이 1971년에 출간한 저서 〈침묵의 메시지〉를 통해 발표한 이론으로 커뮤니케이션에서 시각과 청각 이미지의 중요성을 주장한다.

**그레샴의 법칙**
소재의 가치가 서로 다른 화폐가 동일한 명목가치를 가진 화폐로 통용되면, 소재가치가 높은 화폐는 유통시장에서 사라지고 소재가치가 낮은 화폐만 유통되는 법칙이다.

**던바의 법칙**
고대 원시부족 사회에서 한 마을의 구성원이 150명 정도였던 것에 착안해 실제 우리 뇌가 동시에 친밀감을 유지할 수 있는 최대의 인원이 150명이라고 규정한 것이다.

**파킨슨의 법칙**
공무원의 숫자는 업무량과 관계없이 심리적 요인에 의해 계속해서 늘어난다는 법칙이다.

출제기관
2021 CBS[상]
2018 포항MBC[하]
2017 농민신문[하]

## 10

☑ 오답체크
1회차　2회차

**경쟁 논리로 인해서 오로지 선정적이고 자극적인 보도만을 추구하는 저널리즘은 무엇인가?**

① 블랙 저널리즘

② 옐로 저널리즘

③ 뉴 저널리즘

④ 하이에나 저널리즘

☑ 정답체크

| 1회 | | 2회 | |
|---|---|---|---|
| ① | ③ | ① | ③ |
| ② | ④ | ② | ④ |

### 10

**옐로 저널리즘**
사람들을 끌기 위해 자극적이고 선정적인 기사를 과도하게 취재하여 보도하는 행태이다.

**블랙 저널리즘**
언론의 취재권을 악용하여 조직이나 개인의 약점을 취재하여 협박하거나 사익을 도모하는 저널리즘이다.

출제기관
2021 CBS[상]
2019 YTN[하]
2018 전주MBC[하] 여수MBC[하] 원주MBC[상]
2017 한국언론진흥재단[하] SBS[하]

정 답　09 ② | 10 ②

## 11

☑오답체크
1회차    2회차

### 다음 중 용어와 그 해설이 적절하지 <u>않은</u> 것은?

① 서브리미널효과 : 친근감을 주는 소품을 이용해 광고 수
　용자의 호감을 사는 것

② 네카시즘 : 인터넷 마녀사냥

③ 미디어렙 : 광고판매 대행사

④ 위키피디아 : 누구나 첨가 가능한 인터넷 사전

☑정답체크

| 1회 | 2회 |
|---|---|
| ① ③ | ① ③ |
| ② ④ | ② ④ |

## 12

☑오답체크
1회차    2회차

### 신제품 또는 기업 홍보를 언론이 자발적으로 제공함으로써 무료 광고효과를 얻는 PR 방법은?

① 콩글로머천트(Conglomerchant)

② 애드보커시(Advocacy)

③ 퍼블리시티(Publicity)

④ 네이티브 광고(Native Advertisement)

☑정답체크

| 1회 | 2회 |
|---|---|
| ① ③ | ① ③ |
| ② ④ | ② ④ |

핵심풀이 ❗

## 11

**서브리미널효과(Subliminal Effect)**
메시지를 교묘하게 전달해, 수용자는 자극의 존재를 의식하지 못하지만 잠재의식은 그에 감화되는 광고이다. 주로 성적인 메시지를 담는 경우가 많아 외국에서는 법적으로 규제되기도 한다.

**네카시즘(Netcarthyism)**
Netizen과 Mccarthyism의 합성어로 인터넷 마녀사냥을 뜻한다.

**미디어렙(Media Representative)**
Media와 대표자인 Representative의 합성어로 광고판매 대행사를 가리킨다. 기업과 방송사는 이곳을 통해서 광고료와 광고를 거래한다.

**출제기관**
2019 안동MBC[상]
2018 광주MBC[상]
2017 TV조선[하]

## 12

**퍼블리시티(Publicity)**
광고주가 회사·제품·서비스 등과 관련된 뉴스를 신문·잡지 등의 기사나 라디오·방송 등에 제공하여 무료로 보도하도록 하는 PR 방법이다.

**네이티브 광고(Native Advertisement)**
웹사이트나 애플리케이션의 성격에 맞추어 기획된 광고를 말하는데 배너광고가 이용자들에게 큰 거부감을 주어 오히려 광고 효과가 떨어진다는 한계점이 나오자 대안으로 떠오른 기법이다. 배너광고와 달리 콘텐츠의 일부처럼 디자인하여 거부감을 최소화한다.

**출제기관**
2018 MBC[상]
2016 SBS[하]

정답　11 ① | 12 ③

**13** ☑오답체크

1회차    2회차

**외압 혹은 권태적 경쟁에 의해 모든 언론사의 보도가 획일화되는 것을 무엇이라 하는가?**

① 파일럿(Pilot)

② 하이프 저널리즘(Hipe Journalism)

③ 팩 저널리즘(Pack Journalism)

④ 해시태그(Hash-tag)

☑정답체크

| 1회 | 2회 |
|---|---|
| ① ③ | ① ③ |
| ② ④ | ② ④ |

## 13

**팩 저널리즘(Pack Journalism)**

뉴스의 획일적인 보도 행태로 언론사들이 의욕이 없이 서로의 기사를 베껴 적기만 하거나, 외압에 의해 보도지침을 받을 때 기사가 비슷비슷해지는 현상이다.

**파일럿 프로그램(Pilot Program)**

방송 프로그램의 정규 편성에 앞서 시청자의 반응을 살펴보기 위해 1·2회 분을 미리 방영하고 반응을 보는 것이다.

**하이프 저널리즘(Hipe Journalism)**

오락거리만 있고 정보는 전혀 없는 뉴스이다.

**해시태그(Hash-tag)**

SNS 등에서 해시 기호 '#'를 특정 단어 앞에 쓰고 검색하면 그 단어와 관련된 다른 사람의 소식을 볼 수 있는 기능이다. 자신의 소식을 업데이트할 때에도 관련 단어를 해시태그로 붙여 업로드할 수 있다.

출제기관

2021 CBS[상]

2018 대구MBC[하] 원주MBC[상] 이투데이[상] 대전MBC[상]

2016 언론진흥재단[상]

**14** ☑오답체크

1회차    2회차

**기사 끝에 쓰는 기자의 신상정보를 입력하는 곳을 무엇이라 하는가?**

① 바이라인

② 발롱데세

③ 게이트키핑

④ 스핀닥터

☑정답체크

| 1회 | 2회 |
|---|---|
| ① ③ | ① ③ |
| ② ④ | ② ④ |

## 14

**바이라인(By Line)**

기사 끝에 기자의 신상정보를 입력할 수 있는 공간이다. 'Reported By ○○○'이라고 한 것의 By에서 따왔다.

**발롱데세**

의도적으로 정보를 흘려 여론의 반응을 살피는 것이다. 기상관측을 위해 띄우는 기구에서 따온 말이다.

**게이트키핑(Gate Keeping)**

언론사 데스크에서 기자들이 써온 뉴스를 취사선택하여 전달하는 것이다.

출제기관

2019 MBC[하] UBC[상]

2018 YTN[하] 포항MBC[하] MBC[상]

2017 한국언론진흥재단[상] G1강원민방[상]

2016 건설경제신문[상] 한국언론진흥재단[상]

정답  13 ③ | 14 ①

**15** ☑오답체크 1회차　2회차

폭로성 극비 문건 발표만 지속되는 저널리즘을 무엇이라 하는가?

① 가차 저널리즘
② 제록스 저널리즘
③ 센세이셔널리즘
④ 경마 저널리즘

☑정답체크

| 1회 | 2회 |
|---|---|
| ① ③ | ① ③ |
| ② ④ | ② ④ |

**16** ☑오답체크 1회차　2회차

다음 중 뉴스의 종류와 그에 대한 설명이 바르게 연결되지 <u>않은</u> 것은?

① 디스코뉴스 : 뉴스의 본질에 치중하기보다는 스타일을 더 중요시하는 행태
② 스폿뉴스 : 텔레비전 방송에서 프로그램의 진행을 멈추고 방영하는 짧은 뉴스
③ 패스트뉴스 : 긴 해설이나 설명 없이 최신뉴스(핫뉴스)를 간략하게 보도하는 것
④ 스트레이트 기사 : 사건·사고의 내용을 심층적으로 탐구하여 객관적 입장에서 보도하는 것

☑정답체크

| 1회 | 2회 |
|---|---|
| ① ③ | ① ③ |
| ② ④ | ② ④ |

**핵심풀이** 💡

**15**
①은 유명인사의 사소한 해프닝을 집중 보도하는 행태. ③은 스캔들 기사 등을 보도하며 호기심을 자극하는 보도 행태. ④는 선거 보도에서 후보자의 여론조사 결과 및 득표 상황만을 집중적으로 보도하는 저널리즘을 말한다.

출제기관
2018 언론중재위원회[상] 대구TBC[상]
2016 MBN[하]

**16**
**스트레이트 기사(Straight Article)**
정보 제공을 목표로 신속하고 짧게 적은 기사이다. 이후 분석과 심층 탐구가 더해져 쓴 장문의 기사를 피처 기사(Feature Article)라 한다.

출제기관
2019 원주MBC[상]
2017 한국언론진흥재단[하]

정답 15 ② | 16 ④

**17** ☑오답체크 1회차 2회차

**다음 중 인정되지 않는 보도청구권은 무엇인가?**

① 피해보도청구권

② 정정보도청구권

③ 반론보도청구권

④ 추후보도청구권

☑정답체크

| 1회 | 2회 |
|---|---|
| ① ③ ① ③ | |
| ② ④ ② ④ | |

**17**

언론에 의해 권익의 침해를 겪을 경우 그 형태에 따라 보도 청구를 할 수 있다. 정정보도는 언론사가 사실관계를 잘못 파악하여 기사를 내보낸 경우 이것을 정정하도록 하는 것 이며, 반론보도는 사실관계에는 문제가 없으나 자신의 입장 을 피력하고 싶을 경우 요청할 수 있다. 추후보도는 보도 이후 재판상의 절차가 끝나고 자신의 명예를 회복할 필요 가 있을 경우 요청하는 것이다.

출제기관

2020 TV조선[하]

2018 언론중재위원회[상]

2017 KBS[하]

2016 CBS[하]

**18** ☑오답체크 1회차 2회차

**언론에 보도하지 않는 것을 전제로 하여 관련 인원에 게 전달하는 비공식 발언을 무엇이라 하는가?**

① 엠바고

② 오프더레코드

③ 신디케이트

④ 스쿠프

☑정답체크

| 1회 | 2회 |
|---|---|
| ① ③ ① ③ | |
| ② ④ ② ④ | |

**18**

①은 보도 거리를 알려주되 보도를 일정 기한까지 통제하 는 것, ③은 기업 독점의 한 형태, ④는 특종기사를 경쟁관 계에 있는 타사보다 앞서 보도하는 것이다.

출제기관

2020 춘천MBC[상]

2019 YTN[하] UBC[상]

2018 제주MBC[하] 대구TBC[상]

2016 포커스뉴스[상] YTN[상] 이투데이[상]

정 답    17 ① | 18 ②

**19**

☑오답체크
1회차　2회차

**다음 중 종합편성채널을 보유한 언론사가 <u>아닌</u> 것은?**

① 조선일보

② 중앙일보

③ 연합뉴스

④ 매일경제

☑정답체크

| 1회 | 2회 |
|---|---|
| ① ③ | ① ③ |
| ② ④ | ② ④ |

**19**

연합뉴스는 YTN과 함께 보도 전문 채널 사업자로 선정되었다.

**종합편성채널**
편성 기준을 지상파와 동일한 수준으로 할 수 있는 방송 사업자를 가리킨다. 2010년 12월 발표된 종합편성채널 사업자로는 조선일보(TV조선), 중앙일보(JTBC), 매일경제(MBN), 동아일보(채널A)가 있다.

출제기관
2019 한겨레[상]
2017 여수MBC[하]
2016 TV조선[하]

**20**

☑오답체크
1회차　2회차

**다음 중 미디어렙에 대한 설명으로 틀린 것은?**

① 운영의 정당성을 얻기 위해 국영 혹은 공영으로만 운영된다.

② AE제도로 인해서 미디어렙이 방송사와 광고주를 연결해 줘야 하는 시스템이 정착되었다.

③ 광고주에게 광고 분석, 기법 등에 대한 조언을 한다.

④ 광고주가 광고를 빌미로 방송사에 영향을 끼치는 것을 예방한다.

☑정답체크

| 1회 | 2회 |
|---|---|
| ① ③ | ① ③ |
| ② ④ | ② ④ |

**20**

미디어렙은 설립 주체에 따라 공영 미디어렙, 민영 미디어렙, 국영 미디어렙 등이 있다.

**미디어렙(Media Representative)**
Media와 대표자인 Representative의 합성어로 광고판매 대행사를 가리킨다. 기업과 방송사는 이곳을 통해서 광고료와 광고를 거래한다.

**AE(Account Executive)**
방송사가 광고주와 직접 연결되지 못하고 대행사를 거쳐가야만 하는 제도이다. 광고주가 돈을 빌미로 방송사를 압박하지 못하게 하기 위해 만들어졌다.

출제기관
2018 대구TBC[상]
2016 건설경제신문[상]

정답　19 ③ | 20 ①

# 국제·정치

시험에 나오는 것부터 공부하자!

# 출제 유력 36제

핵심풀이 💡

## 01

☑ 오답체크
1회차 　 2회차

다음 중 "국회의 동의를 얻어 대통령이 임명한다"는 헌법 조문의 적용을 받지 **않는** 공직은?

① 대법관

② 대법원장

③ 국무총리

④ 헌법재판관

☑ 정답체크

| 1회 | 2회 |
|---|---|
| ① ③ | ① ③ |
| ② ④ | ② ④ |

### 01

헌법재판관은 대통령이 임명하며, 국회의 동의가 필요하지 않다.

**국회 임명동의가 필요한 주요 공직**
국무총리(헌법 제86조 제1항), 감사원장(제98조 제2항), 대법원장(제104조 제1항), 대법관(제104조 제2항), 헌법재판소장(제111조 제4항) 등은 헌법에 따라 국회의 동의를 얻어 대통령이 임명한다.

**대법관**
대법원장을 포함해 총 14명인 대법관은 국회의 동의를 얻어 대통령이 임명한다. 대법관의 임기는 6년이며 정년은 70세까지이다.

**출제기관**
2019 경인일보[하] 매일신문[하]
2018 한겨레[하] 안동MBC[상] 춘천MBC[상] MBC[상]
2017 조선일보[하] TV조선[하]
2016 EBS[하]

## 02

☑ 오답체크
1회차 　 2회차

다음 중 국회 정무위원회 소관 기관이 **아닌** 것은?

① 통계청

② 국무총리비서실

③ 금융위원회

④ 공정거래위원회

☑ 정답체크

| 1회 | 2회 |
|---|---|
| ① ③ | ① ③ |
| ② ④ | ② ④ |

### 02

통계청은 정무위원회가 아닌 기획재정위원회 소관 기관이다.

**국회 상임위원회**
국회에서 의원들이 소속되는 운영위원회, 법제사법위원회, 정무위원회, 기획재정위원회, 교육위원회, 문화체육관광위원회 등의 위원회이다. 각각 관련 정부 조직의 일을 소관하고 감독할 의무를 갖는다. 정무위원회에서는 국무조정실과 국무총리비서실, 국가보훈처, 공정거래위원회, 금융위원회, 국민권익위원회의 업무 등을 소관한다.

**출제기관**
2020 연합인포맥스[하]
2019 YTN[하]
2018 SBS미디어넷[하] UPI[하] TV조선[하]

정답　01 ④ | 02 ①

☑오답체크

## 03 | 1회차 　 2회차

**대통령 탄핵 시 국정 운영이 승계되는 대행 순서로 틀린 것은?**

① 1순위 : 국무총리

② 2순위 : 기획재정부 장관

③ 3순위 : 국방부 장관

④ 4순위 : 과학기술정보통신부 장관

☑정답체크

| 1회 | 2회 |
|---|---|
| ① ③ | ① ③ |
| ② ④ | ② ④ |

### 03

**대통령 권한 승계**

대통령 자리가 공석이 되거나 정무처리가 불가능한 상황일 경우 국무위원의 서열에 따라 대통령의 권한을 대행한다. 현행 정부조직법에 따르면 국무총리 → 기획재정부 장관 → 교육부 장관 → 과학기술정보통신부 장관 → 외교부 장관 → 통일부 장관 등의 순으로 서열이 매겨져 있다.

출제기관

2018 **전자신문**[하] **MBC**[상]

☑오답체크

## 04 | 1회차 　 2회차

**다음 중 G20에 포함되지 않는 국가는?**

① 터키

② 중국

③ 네덜란드

④ 인도네시아

☑정답체크

| 1회 | 2회 |
|---|---|
| ① ③ | ① ③ |
| ② ④ | ② ④ |

### 04

**G20**

미국, 프랑스, 영국, 독일, 일본, 이탈리아, 캐나다 G7 7개국 및 유럽연합 의장국과 아르헨티나, 오스트레일리아, 브라질, 중국, 인도, 인도네시아, 멕시코, 러시아, 사우디아라비아, 남아프리카공화국, 터키, 한국 등 12개의 신흥국으로 이뤄진 국제 논의기구이다.

출제기관

2019 **MBC**[하] **SBS**[하] **뉴시스**[상] **G1강원민방**[상]

2017 **불교방송**[하] **평화방송**[하]

정 답　03 ③ | 04 ③

**05** ☑오답체크  1회차  2회차

현지 정부가 <u>다른</u> 나라의 외교 사절을 승인하는 일을 무엇이라 하는가?

① 아그레망

② 매니페스토

③ 로그롤링

④ 플리바게닝

☑정답체크
| 1회 | 2회 |
|---|---|
| ① ③ | ① ③ |
| ② ④ | ② ④ |

**06** ☑오답체크  1회차  2회차

북한의 미사일 중 작명 방식이 <u>다른</u> 것 하나는 무엇인가?

① 노동

② 화성

③ 대포동

④ 무수단

☑정답체크
| 1회 | 2회 |
|---|---|
| ① ③ | ① ③ |
| ② ④ | ② ④ |

---

### 핵심풀이 !

**05**

**아그레망(agrément)**
특정 인물을 외교 사절로 보내게 될 경우 관례상 사절을 받아들이는 상대국에 먼저 인물을 받아줄 것인지에 대한 의향을 확인한다. 상대국이 이의가 없다고 확인하는 것을 '아그레망을 부여한다'고 하는데, 반대로 상대국이 해당 인물을 거부할 경우 거부된 인물을 '페르소나 논 그라타'라고 한다.

**매니페스토(Manifesto)**
매니페스토는 선거와 관련하여 유권자에게 정치적 의도와 공약을 밝히는 연설이나 문서의 형태의 정보전달을 말한다.

**로그롤링(Log-rolling)**
정치세력들이 상호지원을 합의하여 투표거래나 투표담합을 하는 행위를 말한다.

**플리바게닝(Plea Bargaining)**
피의자가 기소 및 수사기관으로부터 감형을 약속받고 사건의 내막이나 공범자를 실토하는 것을 말한다.

출제기관
2019 목포MBC[상] 충북MBC[하]
2018 KBS[하] MBC-C&I[하] YTN[하] TV조선[하] 춘천MBC[상]
2017 MBN[하] 농민신문[하] 경인일보[상] 한국언론진흥재단[상]
2016 문화일보[상] 청주MBC[상]

**06**

북한의 미사일은 화성, 북극성, 백두산 등의 북한의 정식 제식명과 달리 남한과 미국에서는 노동, 대포동, 무수단과 같은 해당 미사일이 처음 발견된 북한 지명의 이름을 따서 부른다.

**북한 미사일의 사거리**
• 노동 1호(화성 7호) : 500km
• 노동 2호(화성 9호) : 1,000km
• 노동-D(북극성 1호) : 2,500km
• 대포동 1호(백두산 1호) : 1,500km
• 대포동 2호(은하 1호) : 3,500km
• 무수단(화성 10호) : 4,000km

출제기관
2017 문화일보[상]
2016 SBS[하] 문화일보[상] TV조선[상] MBN[상]

정답  05 ① | 06 ②

☑오답체크

**07** 1회차 2회차

**대한민국의 3부 요인에 속하지 <u>않는</u> 인물은 누구인가?**

① 대통령

② 국무총리

③ 대법원장

④ 국회의장

☑정답체크

| 1회 | 2회 |
|---|---|
| ① ③ | ① ③ |
| ② ④ | ② ④ |

☑오답체크

**08** 1회차 2회차

**다음 세 키워드와 관련 있는 단어는 무엇인가?**

- 테러방지법
- 국회
- 랜드 폴 미국 상원의원

① 딥스로트

② 게리맨더링

③ 필리버스터

④ 가스라이팅

☑정답체크

| 1회 | 2회 |
|---|---|
| ① ③ | ① ③ |
| ② ④ | ② ④ |

**핵심풀이** ❗

**07**

**3부 요인**

대한민국을 이루는 입법부, 행정부, 사법부 '3부의 요인'이란 뜻으로 세 기관의 수장(국회의장, 국무총리, 대법원장)을 뜻한다. 예우 규정에 따라서 생긴 용어로, 대통령은 별도의 예우 규정이 정해져 있어 행정부의 요인은 일반적으로 국무총리라고 본다. 5부 요인은 헌법재판소장, 중앙선거관리위원회위원장을 포함한다.

**현직 요인(2021년 3월 기준)**

- 국무총리 : 정세균
- 대법원장 : 김명수
- 국회의장 : 박병석
- 헌법재판소장 : 유남석
- 중앙선거관리위원회위원장 : 노정희

출제기관

2018 **경향신문[하] 아주경제신문[상]**

2016 **국민일보[하] 경향신문[상]**

**08**

**필리버스터**

필리버스터는 소수 의견을 가진 의원들이 의결 강행을 막기 위해 발언 시간을 이어감으로써 합법적으로 표결을 저지하는 행위이다. 각국의 법령에 따라 다소 다른 형태로 나타나지만 대부분의 민주주의 국가에서 각 의원들에게 보장되어 있다. 한국에서는 테러방지법을 반대하기 위해 2016년 당시 야당인 더불어민주당 의원들이 필리버스터를 했으며, 미국에서는 드론 사용 허가를 막기 위해 2013년에 랜드 폴 의원이 13시간 동안 필리버스터를 펼친 바 있다.

**게리맨더링**

선거구 설정자가 자기 당에 유리하도록 기형적이고 불공평하게 선거구를 획정하는 것을 말한다.

**가스라이팅**

타인의 심리를 조정하여 그에 대한 지배력을 강화하려는 심리학적 용어이다.

출제기관

2020 **경향신문[상] 뉴스1[상]**

2019 **매일신문[하] 헤럴드경제[하] 이투데이[상]**

2018 **언론중재위원회[상] 목포MBC[상]**

2017 **이투데이[상] 경향신문[상] TV조선[상]**

2016 **SBS[하] TV조선[하] 오마이뉴스[하] 경향신문[상]**
     **전주MBC[상] 한국대학신문[상] 매일경제[상] 문화일보[상]**
     **이투데이[상] YTN[상]**

정답 07 ① | 08 ③

**09**

☑ 오답체크
1회차  2회차

**교섭단체를 꾸리기 위해 필요한 의석수는 몇 석인가?**

① 10석

② 15석

③ 20석

④ 25석

☑ 정답체크

| 1회 | 2회 |
|---|---|
| ① ③ | ① ③ |
| ② ④ | ② ④ |

**09**

**교섭단체**

국회의 의사진행을 시킬 수 있는, 일정 수 이상의 의원이 모여야 구성되는 원내 단체이다. 교섭단체가 구성되면 정당 국고보조금, 입법지원비 등의 금전적 지원을 받으며, 일정 조정, 국무위원 출석 요구, 의원 징계, 위원회 구성 등의 역할을 할 수 있게 된다. 국회법에 의해 규정된 제도이며, 지방의회의 경우 조례에 따라 규정된다.

**출제기관**

2020 뉴스1[상]

2019 매일경제[하]

2018 SBS[하] 문화일보[하] 이데일리[상] 아주경제신문[상]

2017 SBS[하] 한겨레[상] 문화일보[상]

2016 이투데이[상]

**10**

☑ 오답체크
1회차  2회차

**다음 중 대한민국 국회의 권한이 아닌 것은?**

① 긴급명령권

② 불체포특권

③ 예산안 수정권

④ 대통령 탄핵 소추권

☑ 정답체크

| 1회 | 2회 |
|---|---|
| ① ③ | ① ③ |
| ② ④ | ② ④ |

**10**

긴급명령권은 대통령의 권한이다.

**긴급명령권**

대통령은 내우·외환·천재·지변 또는 중요한 재정·경제상의 위기에 있어서 국가의 안전보장 또는 공공의 안녕질서를 유지하기 위한 조치가 필요하고 국회의 집회를 기다릴 여유가 없을 때에 한하여 최소한으로 필요한 재정·경제상의 처분을 하거나 이에 관하여 법률의 효력을 가지는 명령을 발할 수 있다(대한민국 헌법 제76조).

**출제기관**

2019 춘천MBC[하]

2018 MBC[상] 안동MBC[상] 목포MBC[상]

정답   09 ③ | 10 ①

**핵심풀이 💡**

☑오답체크
**11** 1회차  2회차

**다음 중 용어에 대한 설명이 틀린 것은?**

① FDA : 국제 식약품 인증기관

② 다보스포럼 : 매년 개최되는 국제 경제포럼

③ 다우닝가 : 영국의 백악관이라 불리는 총리의 집무 공간

④ 말뫼의 눈물 : 스웨덴 말뫼로부터 구입한 크레인

☑정답체크

| 1회 | 2회 |
|---|---|
| ① ③ | ① ③ |
| ② ④ | ② ④ |

**11**

**FDA**
미국 내 유통되는 식약품의 안전성을 검증하는 행정기관이다.

**다보스포럼**
정확한 명칭은 세계경제포럼(World Economic Forum, WEF)으로 매년 스위스 다보스에서 개최되며 세계경제 발전 방안 등에 대해 논의한다.

**다우닝가**
영국의 백악관이라 할 수 있는 내각과 총리의 집무 공간을 말한다.

**말뫼의 눈물**
2000년대 들어 북유럽 조선업이 망하면서 스웨덴 항구도시 말뫼에서는 도시의 상징과도 같던 골리앗 크레인을 헐값에 팔아야만 했다. 이때 붙은 크레인의 별칭으로 쇠퇴한 도시의 슬픔을 상징적으로 표현한다.

**출제기관**
2019 **목포MBC[상]**
2018 **한국경제TV[하] 문화일보[하]**
2017 **KBS[하]**
2016 **SBS[하] 국민일보[하]**

☑오답체크
**12** 1회차  2회차

**미국이 2021년 초 '테러지원국'으로 재지정한 나라는?(2021년 3월 현재)**

① 이란

② 쿠바

③ 북한

④ 시리아

☑정답체크

| 1회 | 2회 |
|---|---|
| ① ③ | ① ③ |
| ② ④ | ② ④ |

**12**
쿠바는 1959년 공산화된 국가로, 과거 볼리비아, 앙골라 등의 공산주의 반군을 원조하여 미국이 '테러지원국'으로 지정한 바 있으나, 2015년 미국과 쿠바의 국교가 정상화됐고 테러지원국 지정이 해제되었다. 이후 2021년 초 바이든 정부 출범 직전에 트럼프 전 대통령이 재지정했다.

**테러지원국**
미국 국무부가 발표하는 테러 집단에 대한 지원을 반복적으로 한 국가 명단이다. 현재 명단에 포함된 국가들로는 이란, 수단, 시리아, 쿠바, 북한이 있다.

**출제기관**
2018 **이데일리[상]**
2016 **TV조선[하]**

**정답** 11 ① | 12 ②

핵심풀이 ❗

**13**

☑오답체크
| 1회차 | 2회차 |

## 다음 중 재선거와 보궐선거에 대한 설명으로 옳지 <u>않은</u> 것은?

① 재선거는 임기 개시 전에 당선 무효가 된 경우 실시한다.

② 보궐선거는 매년 4월 첫 번째 주 수요일에 실시한다.

③ 전국구 국회의원의 궐원 시에는 보궐선거를 실시한다.

④ 보궐선거 이전에 대선 · 총선 · 지방선거가 있을 경우 함께 실시할 수 있다.

☑정답체크
| 1회 | 2회 |
| ① ③ | ① ③ |
| ② ④ | ② ④ |

**13**

전국구 국회의원(비례대표 의원)의 궐원 시에는 중앙선거관리위원회가 궐원통지를 받은 후 당은 10일 이내에 의석을 승계할 자를 결정해야 한다.

**보궐선거**

임기 시작 후 궐원이 발생한 공직에 대한 임시적 선출 선거이다. 정기적으로 매년 4월 첫 번째 주 수요일에 실시하며, 총선 · 대선 · 지방선거와 시기가 겹칠 경우 한꺼번에 실시한다. 대통령을 제외하고 자리가 빈 지역구 국회의원, 지방의회 의원, 자치단체장, 교육감 등을 다시 뽑는다.

출제기관

2021 **연합뉴스TV[상]**

2018 **원주MBC[상] 광주MBC[상]**

2017 **뉴스1[하]**

**14**

☑오답체크
| 1회차 | 2회차 |

## 다음 중 NATO의 회원국이 <u>아닌</u> 국가는?

① 터키

② 폴란드

③ 스웨덴

④ 노르웨이

☑정답체크
| 1회 | 2회 |
| ① ③ | ① ③ |
| ② ④ | ② ④ |

**14**

**NATO(북대서양 조약기구)**

서방 국가들의 군사 동맹으로, 과거 공산권의 바르샤바 조약기구에 대한 군사적 대응으로 설립되어 현재까지 유지되고 있다. 2021년 3월 현재 총 30개의 서방 국가가 가입되어 있으며, 중립국을 표방해온 스웨덴은 가입하지 않았다.

출제기관

2020 **뉴스1[상]**

2018 **문화일보[하]**

2017 **조선일보[상]**

정답 13 ③ | 14 ③

## 15

### '비선실세'와 가장 관련 있는 단어는 무엇인가?

① 블랙리스트(Black List)

② 화이트리스트(White List)

③ 키친 캐비닛(Kitchen Cabinet)

④ 섀도 캐비닛(Shadow Cabinet)

## 16

### 다음 중 비례대표제와 관련된 설명으로 옳지 <u>않은</u> 것은?

① 뒤베르제의 법칙에 따르면 비례대표제는 양당제보다 다당제를 가져온다.

② 우리 국회 규정상 1인1표 비례대표제를 하고 있다.

③ 20대 국회의 비례대표 의석수는 총 47석이다.

④ 비례대표의원이 정당에서 제명돼도 의원직은 유지된다.

---

핵심풀이 ❗

### 15

**키친 캐비닛(Kitchen Cabinet)**
정식 임명이 없이 통수권자에게 사적인 조언만을 하는 인원을 가리킨다. 정치적 영향력을 미칠 수 있으며 기밀을 알 수 있다는 점에서 사적인 권력과 이익을 탐할 우려가 있기에 이러한 행위는 우려스럽게 다뤄지고 있다.

**블랙리스트(Black List)**
인사, 지원 등에서 반대편에 있는 사람들을 배제하기 위해 작성해두는 명부이다.

**화이트리스트(White List)**
자신에게 조력하거나 같은 편에 있는 사람들에게 지원하기 위해 작성해두는 명부이다.

**섀도 캐비닛(Shadow Cabinet)**
19세기 이래 영국에서 시행되어 온 제도로, 야당이 행정부를 견제하고 정권획득을 대비하여 총리와 각료로 예정된 멤버를 미리 정해두는 것이다.

출제기관
2019 **이투데이[상] 안동MBC[상]**
2018 **전주MBC[하]**
2017 **평화방송[하] TV조선[하] 매일신문[상] G1강원민방[상]**

### 16

**비례대표제**
전국구 의원선거라고도 불린다. 지역별 소선거구에서 투표하여 국회로 보내는 일반적인 국회의원 선거와 달리, 따로 정당 단위로 투표해 득표수 대로 정당 명부에 기재된 인물이 의원이 된다. 20대 국회에서는 300명 중 47명의 국회의원이 비례대표로 선출되었다. 비례대표 의원이 탈당할 경우 의원직은 정당 내에서 승계되나 정당에서 제명될 경우 의원직은 유지돼 무소속 의원이 된다.

**1인1표 비례대표제**
2001년 위헌 판결을 받은 비례대표 선출방식이다. 지역구 투표와 구분 없이 지역구 표를 받은 비율만큼 정당이 비례대표 의석을 가져가는 방식이다.

**뒤베르제의 법칙**
정치학자 모리스 뒤베르제가 주장한, '단순다수대표가 양당제를 가져오며, 비례대표제가 다당제를 가져온다'는 정치학 법칙이다.

출제기관
2020 **경향신문[상]**
2019 **MBN[하]**
2018 **서울경제신문[하] 제주MBC[하] SBS[하] MBC[상]**
2016 **한국일보[상] 경향신문[상] 포커스뉴스[상]**

정 답    15 ③ | 16 ②

☑오답체크

## 17  1회차    2회차

다음 중 민족자결주의와 가장 관련 있는 미국의 대외 정책은 무엇인가?

① 먼로주의

② 윌슨주의

③ 닉슨독트린

④ 트루먼독트린

☑정답체크

| 1회 | 2회 |
|---|---|
| ① ③ | ① ③ |
| ② ④ | ② ④ |

☑오답체크

## 18  1회차    2회차

파리기후협약에 따라 마련된 온실가스 감축 노력과 가장 관련 있는 보기는 무엇인가?

① 탄소세

② 탄소발자국

③ 탄소배출권

④ 탄소제로

☑정답체크

| 1회 | 2회 |
|---|---|
| ① ③ | ① ③ |
| ② ④ | ② ④ |

---

**핵심풀이** 💡

### 17

**민족자결주의**
제28대 미국 대통령 우드로 윌슨이 1차 세계대전 이후 발표한 세계 평화를 위한 14개조 원칙 중에 하나이다. 각 민족이 외부의 간섭 없이 자기 스스로 문제를 결정할 수 있는 권리를 말한다.

**윌슨주의**
제28대 미국 대통령 우드로 윌슨이 제창한 적극적 대외 개입 정책 노선이다. 미국은 민주주의와 자본주의, 민족 자결 원칙의 국제적 확산에 노력하며, 폐쇄주의와 타국의 문제를 해결하기 위해 끊임없이 간섭할 것이라 표명했다.

**먼로주의**
제5대 미국 대통령 제임스 먼로가 주장한 고립주의 외교 노선이다. 유럽 국가들이 미국의 일에 참견하지 말고, 자신들 또한 유럽의 일에 참견하지 않을 것이라고 주장했다.

**닉슨독트린**
제37대 미국 대통령 리처드 닉슨이 발표한 대외 정책이다. 미국은 향후 강대국의 핵무기 위협이 아닌 한 우방국에 대한 군사적 개입은 피하며 경제 원조 또한 상호 원조 방식으로 전환하겠다고 발표했다.

**트루먼독트린**
제33대 미국 대통령 해리 트루먼이 선포한 외교 노선이다. 공산주의의 확산을 막기 위해 가장 적극적인 대처를 할 것이라고 주장하였다. 유럽 자유주의 국가에 대한 경제 원조책인 마셜플랜과 함께 거론된다.

출제기관
2019 영남일보[하]
2018 포항MBC[하]
2016 조선일보[하]

### 18

**탄소제로**
2016년 파리기후협약에서 195개 당사국들이 '2050 탄소중립 목표 기후동맹'에 가입하면서 전 세계적인 화두가 됐다. 배출하는 탄소량과 흡수·제거하는 탄소량을 같게 함으로써 실질적인 탄소배출량을 '0'으로 만드는 것을 말한다. 즉, 온실가스 배출량(+)과 흡수량(-)을 같게 만들어 더 이상 온실가스가 늘지 않는 상태를 말한다. 우리 정부 역시 '넷제로 2050'을 발표하고 2050년까지 온실가스 순배출을 '0'으로 만들어 장기저탄소발전전략(LEDS)을 세운다는 탄소중립 의제를 세웠다.

출제기관
2021 CBS[상]
2020 서울경제[하]

정답  **17 ②** | **18 ④**

**19**

☑오답체크
1회차    2회차

다음 설명에 해당하는 국제기구는 무엇인가?

> • 태평양 주변 국가들의 정치 · 경제적 결속을 다지는 기구로 지속적인 경제성장과 공동의 번영을 위해 1989년 호주 캔버라에서 12개국 간의 각료회의로 출범했다.
> • 1998년 가입국 러시아, 베트남, 페루까지 총 21개국이 가입되어 있으며 매년 정상들이 모여 개최국 전통복장을 입고 기념사진을 촬영하는 것으로 유명하다.

① ASEM

② G7

③ RCEP

④ APEC

☑정답체크

| 1회 | 2회 |
| --- | --- |
| ① ③ | ① ③ |
| ② ④ | ② ④ |

**20**

☑오답체크
1회차    2회차

남한과 북한의 분계선에 관련된 다음 용어들에 대한 풀이로 틀린 것은?

① MDL : 비교전접촉선

② NLL : 북방한계선

③ JSA : 공동경비구역

④ DMZ : 비무장지대

☑정답체크

| 1회 | 2회 |
| --- | --- |
| ① ③ | ① ③ |
| ② ④ | ② ④ |

---

**19**

**APEC**
Asia-Pacific Economic Cooperation, 아시아태평양경제협력체라 한다. 본부는 싱가포르에 있으며, 1년에 한 번씩 회의를 개최한다. 참가자들은 '국가'가 아닌 '경제주체'로서 참가하며 기념사진 촬영 시 지역의 전통복장을 입는다.

**ASEM**
Asia-Europe Meeting, 아시아-유럽 정상회의로 한국, 중국, 일본 동북아 3개국과 동남아시아 ASEAN 회원국, EU회원국으로 개최되며 2년에 한 번씩 회의가 열린다.

**G7**
서방 선진국 7개국 모임인 G7은 1975년 프랑스가 G6 정상회의를 창설하고 그 다음해 캐나다가 추가 · 확정되면서 매년 개최된 회담이다. 미국 · 영국 · 프랑스 · 독일 · 이탈리아 · 일본 · 캐나다로 구성되어 있다.

**RCEP**
Regional Comprehensive Economic Partnership의 약자로 역내포괄적동반자협정이라고 한다. 아세안 10개국과 한국, 일본, 중국, 인도, 호주, 뉴질랜드의 총 16개국의 다자간 자유무역협정이다.

출제기관

2019 YTN[하]

2018 대구MBC[하]

2016 포커스뉴스[상]

**20**

**MDL(Military Demarcation Line)**
군사분계선으로두 교전국 간에 휴전협정에 의해 그어지는 군사활동의 경계선이다. 한국의 경우 1953년 7월 유엔군 측과 공산군 측이 합의한 정전협정에 따라 규정된 경계선을 말한다.

**NLL(Northern Limit Line)**
남북의 실질적인 해상경계선으로 남한 해역의 북방한계선이다. 서해 백령도 · 대청도 · 소청도 · 연평도 · 우도의 5개 섬 북단과 북한이 관할하는 옹진반도 사이의 중간선이다.

**JSA(Joint Security Area)**
1953년 10월 군사정전위원회 본부구역 군사분계선(MDL)상에 설치한 지대이다. 판문점이라고도 한다.

**DMZ(De-Militarized Zone)**
무력충돌을 방지하기 위해 휴전협상에 명시한, 남북이 MDL로부터 2km씩 물러나기로 약속한 지역이다.

출제기관

2019 광주MBC[상]

2018 대구MBC[하] 목포MBC[상]

2017 KBS[하]

2016 전주MBC[상] MBN[상]

정답 **19** ④ | **20** ①

**21**

## 다음 중 국제기구와 그 설명이 알맞지 않은 것은?

① IAEA : 전 세계의 원자력 사용을 감시하는 기구이다.

② NATO : 미국 · 캐나다와 유럽 10개국 등의 집단방위기구이다.

③ 국제엠네스티 : 국제사면위원회로 인권보호 활동을 한다.

④ UN : 현재 사무총장은 코피 아난이다.

**핵심풀이 ❗**

**21**
현재 UN 사무총장은 안토니우 구테흐스이다.

**NPT**
1969년 설립된 핵무기 전파를 방지하기 위한 조약이다. 비핵보유국이 핵무기를 보유하지 않도록 금지하고 있으며, IAEA는 이를 감시하는 기구이다.

**NATO**
북대서양조약기구로, 과거 동구권의 바르샤바조약기구에 대항하여 맺은 서방권의 집단방어 체제다. 미국, 캐나다와 유럽국가로 구성되어 있다. 본디 정치결합 체제였으나 한국전쟁을 계기로 군사 결합이 되었다.

**국제엠네스티**
1961년 영국 베넨슨 변호사가 시작한 인권운동단체로, 주로 독재에 맞서 싸우는 활동을 지원한다.

출제기관
2020 뉴스1[상]
2019 연합뉴스[상]
2018 문화일보[하]
2017 조선일보[상]

**22**

## 다음 중 국가들을 가리키는 용어와 해당 국가의 연결이 잘못된 것은?

① 동남아 신흥 3국 'VIP' : 베트남, 인도네시아, 필리핀

② 신흥 거대 경제국 'BRICS' : 브라질, 러시아, 인도, 중국, 남아프리카공화국

③ 골드만삭스가 지정한 유망국가 'MIST' : 멕시코, 인도네시아, 한국, 터키

④ 풍부한 자원과 잠재력을 갖춘 'MINTs' : 멕시코, 인도, 나이지리아, 터키

**22**

**MINTs**
멕시코, 인도네시아, 나이지리아, 터키로 경제규모는 작지만 성장 가능성이 큰 신흥시장을 가리킨다.

**VIP**
포스트 BRICS라 불리는 동남아시아의 국가 베트남, 인도네시아, 필리핀을 가리킨다. BRICS 국가들에 준하는 자원과 인구를 지녔다.

**BRICS**
거대한 땅과 자원 · 인구를 지닌 신흥국 브라질, 러시아, 인도, 중국, 남아프리카공화국을 가리키는 말이다.

**MIST**
브릭스(BRICS)라는 용어를 만든 골드만삭스가 다시금 떠오르는 유망국가 4곳을 지칭한 것으로 멕시코(Mexico), 인도네시아(Indonesia), 한국(South Korea), 터키(Turkey)의 앞글자를 합친 것이다.

출제기관
2017 KNN[하]
2016 이데일리[상]

정답    21 ④ | 22 ④

## 23

☑ 오답체크

1회차　　2회차

**다음 조건에 해당하는 국가는 어디인가?**

- EU 소속 국가가 아니다.
- 유로화를 통화로 사용한다.

① 그리스

② 오스트리아

③ 룩셈부르크

④ 모나코

☑ 정답체크

| 1회 | 2회 |
|---|---|
| ① ③ | ① ③ |
| ② ④ | ② ④ |

## 24

☑ 오답체크

1회차　　2회차

**남북 긴장이 고조될 때 발령되는 대비 태세에 관한 설명으로 옳지 않은 것은?**

① 인포콘 : 정보작전 방호태세, 총 5등급으로 사이버 공격이 있거나 예상될 때의 대비 태세

② 데프콘 : 전면전에 대비한 전투준비태세, 총 5등급으로 평시는 4등급을 적용

③ 워치콘 : 대북 정보감시태세, 총 5등급으로 평시는 4등급을 적용

④ 진돗개 : 국지 도발에 대비한 방어준비태세, 총 5등급으로 평시는 상시적으로 4등급을 적용

☑ 정답체크

| 1회 | 2회 |
|---|---|
| ① ③ | ① ③ |
| ② ④ | ② ④ |

### 23

**유로존**

EU의 통화 공동체로 유로화를 쓰는 지역을 가리킨다. EU에 소속되어 있으나 유로화를 사용하지 않는 국가들도 있으며 (덴마크, 스웨덴, 영국, 불가리아, 체코, 헝가리, 크로아티아, 폴란드, 루마니아), EU가 아니나 유로화를 쓰는 국가들도 있다(모나코, 산마리노, 바티칸 시국, 안도라).

출제기관

2019 **충북MBC**[상] **목포MBC**[상]

2016 **청주MBC**[상] **문화일보**[상] **YTN**[상] **SBS**[상]

### 24

**진돗개**

대간첩침투작전 경계 태세에 따라 발령되는 3단계 체계이다. 평상시에는 '셋'이며, 적 침투 가능성이 농후할 때는 '둘', 대간첩작전이 전개될 때는 '하나'가 발령된다.

**인포콘**

적의 사이버 공격에 대비한 대비 태세이다. 5단계로 이뤄져 있다.

**데프콘**

한미연합사가 유지하는 방어준비태세를 가리키는 5등급의 단계를 말한다. 데프콘5가 평시이나 우리는 평소 데프콘4를 유지하고 있다. 데프콘2가 되면 병사에게 실탄이 보급된다. 데프콘1은 발령과 함께 동원령이 선포되며 전시상태로 간주한다.

**워치콘**

대북 정보감시태세의 단계를 구분하는 5개 등급이다. 워치콘5가 평시이나 우리나라는 평소 워치콘4를 유지하고 있다. 상황이 긴박해질수록 1등급으로 단계가 올라간다.

출제기관

2017 **한국언론진흥재단**[하]

2016 **서울경제**[상]

정답　　23 ④ | 24 ④

**25**

☑오답체크
1회차  2회차

## 다음에서 설명하는 용어는 무엇인가?

> • 1878년 조지 홀리오크가 '데일리 뉴스' 기고문에서 이 용어를 쓰면서 정치적 의미를 획득했다.
> • 미국 대통령 테어도어 루스벨트는 이 용어를 정치적으로 이용한 대표적 인물로 손꼽힌다.

① 쇼비니즘

② 아포리즘

③ 징고이즘

④ 생디칼리슴

☑정답체크

| 1회 | 2회 |
|---|---|
| ① ③ | ① ③ |
| ② ④ | ② ④ |

**25**

**징고이즘(Jingoism)**
1877년 러시아와 투르크의 전쟁에서 영국의 대러시아 강경책을 노래한 속가 속에 'By Jingo'라는 '어림도 없다'는 뜻의 문구에서 유래한 단어다. 공격적인 외교정책을 만들어내는 극단적이고 맹목적이며 배타적인 애국주의 혹은 민족주의를 말한다.

**쇼비니즘**
배타주의를 가리킨다. 국가에 대한 맹목적 광신주의를 동반한다.

**아포리즘**
교훈을 주는 말 또는 사물의 핵심과 이치를 표현한 간결한 문장을 뜻한다.

**생디칼리슴**
노동자들이 뭉쳐 산업을 소유해야 한다고 주장하는 사회운동이다. 사회주의 내에서도 극좌로 분류되는 극단적 형태를 띠고 있다.

**출제기관**
2019 YTN[하]
2018 대구MBC[하] 여수MBC[상]

**26**

☑오답체크
1회차  2회차

## 다음 중 일본과의 영토분쟁이 <u>아닌</u> 곳은?

① 조어도

② 쿠릴

③ 파레세 벨라

④ 하이난

☑정답체크

| 1회 | 2회 |
|---|---|
| ① ③ | ① ③ |
| ② ④ | ② ④ |

**26**

하이난은 베트남과 필리핀 근처에 있는 중국 최남단의 섬으로, 중국과 동남아 국가들 사이에 벌어진 남중국해 영토분쟁 문제와 관련 있는 섬이다.

**출제기관**
2019 영남일보[하]
2018 뉴스1[하] TV조선[하]
2017 조선일보[상]
2016 SBS[하] 연합뉴스[상]

정답  **25** ③ | **26** ④

## 27

**'대륙간탄도미사일'과 '잠수함발사탄도미사일'을 순서대로 기술한 것은?**

① ICBM – SLBM

② MRBM – IRBM

③ MIRV – MRBM

④ SRBM – ICBM

## 28

**UN 산하 전문기구의 영문 명칭 연결이 잘못된 것은?**

① 국제노동기구 : ILO

② 세계보건기구 : WHO

③ 세계기상기구 : WMO

④ 국제투자분쟁해결센터 : MIGA

---

**핵심풀이** ❗

### 27

**ICBM**

Inter-Continental Ballistic Missile의 약자이다. 사거리 5,500km 이상의 미사일을 가리킨다.

**SLBM**

Submarine-Launched Ballistic Missile의 약자이다. 잠수함에서 발사하는 탄도미사일을 가리킨다.

**출제기관**

2020 경향신문[상]

2019 경인일보[하]

2017 SBS[하] 매경테스트[하] 조선일보[하] 경향신문[상]

2016 한국경제신문[하] SBS[하] 서울경제[하] 매일경제[상]

### 28

**UN 산하 전문기구**

국제노동기구(ILO), 국제해사기구(IMO), 국제연합식량농업기구(FAO), 국제연합교육과학문화기구(UNESCO), 세계보건기구(WHO), 국제통화기금(IMF), 국제부흥개발은행(IBRD), 세계은행(WB), 국제금융공사(IFC), 국제개발협회(IDA), 국제민간항공기구(ICAO), 만국우편연합(UPU), 세계기상기구(WMO), 국제전기통신연합(ITU), 세계지적재산권기구(WIPO), 국제농업개발기금(IFAD), 국제연합공업개발기구(UNIDO), 세계관광기구(UNWTO), 세계은행(WB), 국제투자분쟁해결센터(ICSID), 다자간투자보증기구(MIGA)

**출제기관**

2018 경남MBC[하] 대전MBC[상]

2017 문화일보[상]

**정답** 27 ① | 28 ④

**29** ☑오답체크 1회차 2회차

## 다음 중 방공식별구역에 대한 설명으로 옳지 <u>않은</u> 것은?

① 타국의 항공기에 대해 방위 목적으로 식별 및 타격을 할 수 있다고 설정한 지역이다.

② 200해리까지 선포된다.

③ 한국의 구역은 KADIZ라고 부른다.

④ 방공식별구역 확대 문제로 현재 한 · 중 · 일 국가 간의 갈등이 일고 있다.

☑정답체크

| 1회 | | 2회 | |
|---|---|---|---|
| ① | ③ | ① | ③ |
| ② | ④ | ② | ④ |

**29**

**방공식별구역**
위협요소에 대한 방어행위를 할 수 있는 공간이다. 방공식별구역은 영공과 별개의 개념으로, 국제법적인 근거가 약하다. 이 때문에 우리나라는 구역 내 군용기의 진입으로 인한 충돌을 방지하기 위해 1995년 한 · 일 간 군용기 우발사고 방지 합의서한을 체결한 바 있다.

**배타적 경제수역**
영해에 있어서 200해리까지의 해양자원에 대한 경제적 권리를 인정하는 개념이다.

**출제기관**
2019 **한국경제**[하] **매일경제**[하] **연합뉴스**[하]
2018 **조선일보**[하] **경인일보**[하] SBS[하]
2016 **조선일보**[하]

**30** ☑오답체크 1회차 2회차

## 다음 중 UN 상임이사국에 소속되지 <u>않는</u> 나라는?

① 러시아

② 영국

③ 프랑스

④ 독일

☑정답체크

| 1회 | | 2회 | |
|---|---|---|---|
| ① | ③ | ① | ③ |
| ② | ④ | ② | ④ |

**30**

**유엔 안전보장이사회**
UN의 가장 중추적인 의결기구로 국제 평화와 안보를 담당한다. 상임이사국 5개국과 2년 임기의 비상임이사국 10개국 등 총 15개국으로 구성된다. UN 상임이사국은 미국, 영국, 러시아, 프랑스, 중국이고, 비상임이사국은 2019년 6월부터 2020년 6월까지 벨기에, 도미니카공화국, 독일, 인도네시아, 남아프리카공화국이다.

**출제기관**
2018 MBC[상]
2017 **경향신문**[상]

**정답** 29 ② | 30 ④

## 31

☑오답체크 1회차 2회차

### 개헌 절차에 대한 설명으로 <u>틀린</u> 것은?

① 발의 절차는 2원화되어 있다.

② 정부수립 방식이 변경될 때마다 공화국 제호가 변경된다.

③ 국민투표 전에 대통령은 거부권을 행사할 수 있다.

④ 국회 재적 의원 3분의 2 이상의 찬성이 필요하다.

☑정답체크

| 1회 | 2회 |
|---|---|
| ① ③ ① ③ | |
| ② ④ ② ④ | |

## 32

☑오답체크 1회차 2회차

### 다음 보기의 공직자 임기를 모두 더한 것은?

| • 대통령 | • 대법관 | • 국회의원 |
|---|---|---|
| • 공수처장 | • 국회의장 | |

① 18년

② 19년

③ 20년

④ 22년

☑정답체크

| 1회 | 2회 |
|---|---|
| ① ③ ① ③ | |
| ② ④ ② ④ | |

핵심풀이 ?

## 31
**개헌**

대통령 혹은 국회 재적 과반수의 의원으로 발의한다. 발의된 헌법개정안은 대통령이 20일 이상 공고하여야 하며, 공고된 날로부터 60일 이내에 국회 의결을 거쳐야 한다. 국회 의결은 출석자 관계없이 재적 3분의 2 이상의 찬성이 필요하다. 국회 의결이 될 경우 30일 이내에 국민투표를 실시한다. 국민투표 결과 발표 즉시 헌법에 반영된다. 정부 형태가 변경될 경우 공화국 제호가 바뀐다.

**출제기관**

2020 YTN[하]

2019 뉴스1[하]

2018 경향신문[하] 청주MBC[상] MBC[상]

2016 국민일보[하] TV조선[상]

## 32
**주요 공직자의 임기**

• 국회의원 : 4년

• 대통령 : 5년

• 공수처장 : 3년

• 대법원장 : 6년

• 국회의장 : 2년

• 대법관, 대법원장, 헌재소장, 헌법재판관 : 6년

**출제기관**

2021 MBN[상]

2020 EBS[하] 뉴스1[상] 뉴시스[하] 한국일보[상]

2019 KBS[상]

2018 뉴스1[하] 경인일보[하] MBC[상]

2016 국민일보[하] SBS[하] 한국일보[상]

정 답　31 ③ | 32 ③

핵심 풀이 **!**

## 33

☑ 오답체크
1회차　2회차

### 다음 중 국정조사에 대한 설명으로 <u>틀린</u> 것은?

① 공개적으로 진행하는 것이 원칙이다.

② 재적의원 4분의 3 이상의 요구가 있는 때에만 조사를 시행한다.

③ 특정한 국정사안을 대상으로 한다.

④ 부정기적이며, 수시로 조사할 수 있다.

☑ 정답체크

| 1회 | 2회 |
|---|---|
| ① ③ | ① ③ |
| ② ④ | ② ④ |

### 33

**국정조사**

국회는 국정에 대하여 문제가 있다고 판단할 경우 이를 조사할 수 있다. 재적의원 4분의 1 이상의 요구가 있을 때에 실시한다. 매년 정기적으로 실시하는 국정감사와 방식은 동일하다. 공개를 원칙으로 하고, 비공개를 요할 경우에는 전원위원회의 의결을 통해 비공개로 할 수 있다.

출제기관
2018 **대구MBC**[하]
2016 **포커스뉴스**[상]

## 34

☑ 오답체크
1회차　2회차

### 다음 중 대통령이 국회의 사전 동의를 얻어야 할 경우가 <u>아닌</u> 것은?

① 외국으로 군대 파견

② 감사원장 임명

③ 예비비 지출

④ 대법관 임명

☑ 정답체크

| 1회 | 2회 |
|---|---|
| ① ③ | ① ③ |
| ② ④ | ② ④ |

### 34

**예비비 지출**

예비비는 국무회의 심의와 대통령 승인을 받아 예비 예산에서 지출한 예산이다. 다음 회계연도 개시 120일 전까지 국회에 제출하여 승인을 받아야 한다. 지출 이후에 승인을 받는 것이기 때문에 사후 승인이다.

출제기관
2019 **경인일보**[하] **매일신문**[하]
2018 **제주MBC**[하]
2017 **조선일보**[하] **안동MBC**[상]

**정답** 33 ② | 34 ③

## 35

✓오답체크
| 1회차 | 2회차 |

### 다음 중 대통령의 권한이 <u>아닌</u> 것은?

① 국군통수권
② 조약비준 동의권
③ 국민투표부의권
④ 법령집행권

✓정답체크
| 1회 | 2회 |
① ③ ① ③
② ④ ② ④

## 36

✓오답체크
| 1회차 | 2회차 |

### 민주주의와 관련된 다음 용어들에 대한 기술이 옳지 <u>않</u>은 것은?

① 데마고그 : 선동 정치를 말한다.
② 레임덕 : 대통령의 임기 말에 발생하기 쉽다.
③ 크레덴다 : 맹목적으로 정치권력에 대해 신성함을 표하고 찬미 · 복종하는 것을 말한다.
④ 옴부즈만 : 정부의 부당한 행정 조치를 시민들로부터 신고받아 대신 해결해주는 제도이다.

✓정답체크
| 1회 | 2회 |
① ③ ① ③
② ④ ② ④

---

**35**

조약비준권은 국회에 있는 권한이다.

**대통령의 권한**

한국의 대통령은 긴급명령권, 국군통수권, 조약체결권, 국민투표부의권, 법령집행권, 외교권 등을 갖는다.

출제기관

2018 포항MBC[하] 춘천MBC[상]

**36**

**미란다**

권력자가 자신에 대한 지지도를 올리기 위해 국민의 감정적인 측면을 자극하는 것을 가리킨다. 반대로 합리적이고 이성적인 측면을 자극하여 자신에 대한 지지를 이끌어내는 것을 크레덴다라 한다.

**데마고그**

감정적으로 대중을 기만하여 권력을 취하려는 선동적 중우 정치를 일삼는 정치가를 말한다.

**레임덕(Lame Duck)**

대통령의 임기 말 권력누수 현상을 말한다. 마치 절름발이 오리와 같다는 의미에서 붙여졌다.

**옴부즈만**

스웨덴을 비롯한 북유럽에서 발전된 제도로서, 정부의 부당한 행정 조치를 시민들로부터 신고받아 대신 해결해주는 제도이다. 한국은 국민신문고 · 국민청원제도 등이 있다.

출제기관

2019 춘천MBC[하]
2018 대전MBC[상]
2017 한국언론진흥재단[하] 한국언론진흥재단[상]
2016 울산MBC[상]

정답  35 ② | 36 ③

# 경제·경영

시험에 나오는 것부터 공부하자!

# 출제 유력 28제

---

## 01

☑ 오답체크

1회차　2회차

**다음 사례에서 나타난 현상은 무엇인가?**

> 영국과 프랑스에서 개발한 세계 최초의 초음속 여객기는 탑승 인원은 적고 연료 소모량은 많아 비효율적이었다. 그러나 그동안 투자된 금액의 손실을 우려한 경영주 때문에 계속 운영되었다. 결국 2003년 누적된 적자를 해결하지 못하고 운항을 중단했다.

① 딥스로트

② 인텔효과

③ 에펠탑효과

④ 콩코드효과

☑ 정답체크

| 1회 | 2회 |
|---|---|
| ① ③ | ① ③ |
| ② ④ | ② ④ |

### 01

**콩코드효과(Concorde Effect)**
일명 매몰비용효과로, 세계 최초 초음속 여객기를 만든 콩코드사의 실패 사례에서 유래했다. 미래의 손실을 예상하고도 지금까지의 시간, 투자가 아까워 그만두지 못하는 현상 또는 투자를 정당화하기 위해 함몰비용을 지속하는 비이성적 의사결정 행태를 말한다.

**딥스로트(Deep Throat)**
거대한 비리 사건의 핵심 정보를 고발하는 익명의 취재원을 가리키는 말이다. 미국 워터게이트 사건 당시 내부고발자였던 마크 펠트 전 연방수사국 부국장의 신원을 숨기기 위해 '딥스로트'라고 표현하면서 나오게 된 용어이다.

**에펠탑효과(Eiffel Tower Effect)**
1889년 에펠탑을 지을 당시에는 파리 시민들이 도시의 미관을 해친다며 극구 반대했지만, 현대에 와서는 파리 시민들이 가장 사랑하는 건축물이 된 것처럼 싫던 것도 주변에서 오래 노출되면 호감이 생기는 단순노출효과를 가리킨다.

출제기관

2020 매일경제[하]

2019 춘천MBC[하]

2018 SBS[하] 제주MBC[하] 언론중재위원회[상]

---

## 02

☑ 오답체크

1회차　2회차

**다음 경제 포럼 중 러시아에서 개최되는 포럼은?**

① 다보스포럼

② 보아오포럼

③ 동방경제포럼

④ 피엘시(PLC)포럼

☑ 정답체크

| 1회 | 2회 |
|---|---|
| ① ③ | ① ③ |
| ② ④ | ② ④ |

### 02

**동방경제포럼**
러시아에서 2015년 9월부터 블라디보스토크의 극동연방대학교에서 매년 한 차례씩 개최하는 경제 포럼이다. 아시아 국가와 협의해 러시아 극동 지역 개발을 위한 투자를 유치하는 것을 목적으로 한다.

**다보스포럼**
정확한 명칭은 세계경제포럼(World Economic Forum, WEF)으로 매년 스위스 다보스에서 개최되며 세계경제 발전 등에 대해 논의한다.

출제기관

2018 SBS[하] 제주MBC[하] 언론중재위원회[상]

정답　01 ④ | 02 ③

## 03

태풍(열대성 저기압)이 합쳐져 파급력이 커지듯 사회경제학에서 한꺼번에 몰려오는 초대형 위기를 뜻하는 것은?

① 활승전선(Anafront)

② 후지와라(藤原) 효과

③ 라디오존데(Radiosonde)

④ 퍼펙트스톰(Perfect Storm)

---

### 03

**퍼펙트스톰(Perfect Storm)**
태풍(열대성 저기압) 두 개가 합쳐져 더 큰 태풍이 되는 현상을 가리킨다. 경제 분야에서는 두 가지 악재가 동시에 겹쳐 위기가 증폭되는 현상을 가리킨다.

**후지와라 효과(Hujiwara Effect)**
1,000km 이내로 인접한 두 개의 태풍(열대성 저기압)이 서로에게 영향을 끼치는 현상을 뜻한다. 퍼펙트스톰이 두 태풍이 합쳐지는 현상만 가리킨다면 후지와라 효과는 서로의 영향을 받을 때 보이는 태풍의 다양한 움직임들을 전부 가리킨다.

**출제기관**
2019 CBS[상]
2018 조선일보[상]

---

## 04

다음 경제학 도서 중 '계획경제'와 가장 <u>반대</u> 주장을 하는 것은 무엇인가?

① 〈자본론〉

② 〈국부론〉

③ 〈고용, 이자 및 화폐의 일반 이론〉

④ 〈순수자본이론〉

### 04

**〈순수자본이론〉**
자유시장의 중요성을 강조한 20세기 경제학자 프리드리히 하이에크의 저서이다. 사회주의와 함께 계획경제를 비판하였으며, 경제적 제한이 정치적 제한으로 이어질 것이라고 경고했다.

**〈자본론〉**
자본주의를 비판하고 사회주의의 도래를 예측한 칼 마르크스의 저서이다.

**〈국부론〉**
오늘날 고전 경제학의 기초를 다지고, 자본주의 사회의 원리를 밝힌 애덤 스미스의 저서이다. 자유로운 개인의 욕구에서 비롯된 생산량의 증대가 국가 전반의 부를 향상시킨다고 주장했다.

**〈고용, 이자 및 화폐의 일반 이론〉**
고전학파와 자유방임주의를 부정하고 정부의 적극적 간섭을 통한 유효수요의 창출을 통한 경제성장을 주장한 존 메이너드 케인스의 저서이다.

**출제기관**
2019 헤럴드경제[하]
2018 포항MBC[하] 헤럴드경제[상]
2017 JTBC[하] CBS[하] 조선일보[상]

정답    03 ④ | 04 ④

**05**
☑오답체크
1회차  2회차

미국의 경제 활성화 방법 중 하나인 '오퍼레이션 트위스트'의 발동과 가장 관련 있는 것은 무엇인가?

① 국채
② 중립금리
③ 외국인 자본
④ 지급준비율

☑정답체크
| 1회 | 2회 |
|---|---|
| ① ③ | ① ③ |
| ② ④ | ② ④ |

**05**

**오퍼레이션 트위스트(Operation Twist)**
중앙은행은 금리가 비교적 높은 장기국채를 매입하고 금리가 비교적 낮은 단기국채를 매도하여 공개적으로 시장을 조작한다. 장기국채 금리는 하락하고 단기국채 금리는 상승하여 경제 활성화 효과가 나타난다.

**중립금리**
중앙은행이 예상하는 '이 정도로 설정하면 경기가 부양되지도 하강되지도 않겠다' 싶은 기준금리 수준을 가리킨다.

**지급준비율**
시중은행이 고객이 예치한 금액 중 중앙은행에 의무적으로 적립해야 하는 금액의 비율을 말한다.

출제기관
2019 연합뉴스[상]
2017 이투데이[상] TV조선[상]

**06**
☑오답체크
1회차  2회차

금융기관의 재무건전성을 나타내는 기준으로, 위험가중자산(총자산)에서 자기자본이 차지하는 비율은?

① DTI
② LTV
③ BIS 비율
④ RTI

☑정답체크
| 1회 | 2회 |
|---|---|
| ① ③ | ① ③ |
| ② ④ | ② ④ |

**06**

**BIS 비율**
스위스 바젤의 국제결제은행(BIS)이 일반은행에게 권고하는 자기자본비율 수치를 의미한다. 자기자본비율이란 은행의 위험가중자산(투자 자산, 대출 · 여신) 대비 보유한 자기자산(은행 자본금, 이익잉여금)의 비율을 말한다.

**DTI(Debt To Income ratio)**
총부채상환비율이라고 하며, 연소득 대비 모든 주택담보부채의 연간 원리금 상환액과 기타 대출의 이자 상환액이 차지하는 비율이다.

**LTV(Loan To Value ratio)**
담보 물건의 실제 가치 대비 대출 가능 금액의 비율이다.

출제기관
2020 서울경제[하] 아시아경제[하] 한국일보[상]
2019 충북MBC[하] 헤럴드경제[하] 서울경제[하] 아주경제[상]
2018 전주MBC[하] 경향신문[하] 매일경제[하] MBN[하] 뉴스1[하]
2017 아시아경제[하] SBS[하] 평화방송[하] 서울경제신문[하]
　　　경향신문[상] 문화일보[상] 한겨레[상] TV조선[상]
2016 헤럴드경제[하] 국민일보[하] 이투데이[상] 인베스트조선[상]
　　　포커스뉴스[상] 언론진흥재단[상]

정 답   05 ① | 06 ③

## 핵심풀이 ❗

**07**

**지니계수**
계층 간 소득분포의 불균형 정도를 나타내는 지표로 상류층에서 많은 소득을 가져갈수록 지수는 0에서 1로 높아진다. 지니계수는 인구를 소득 순으로 나열했을 때 나오는 로렌츠곡선과 대각선이 이루는 도형의 크기로 구하는데, 대각선은 소득분배가 완전히 평등한 상황을 상정하기에 불평등한 국가의 로렌츠 곡선일수록 대각선에서 멀어지고 도형의 크기도 커진다.

**엥겔계수**
엥겔계수는 가계지출총액에서 식료품비가 차지하는 비율을 나타내며 국가의 삶의 질 수준을 나타낸다. 엥겔계수가 0.5 이상이면 후진국, 0.3~0.5면 개발도상국, 0.3 이하일 경우 선진국으로 분류한다.

**패리티지수**
물가 상승과 연동해 농산물의 가격 상승 정도를 산출할 때 사용하는 지수이다.

출제기관
2020 **경향신문[상]**
2019 **목포MBC[상]**
2018 **경남MBC[하]**
2017 **조선일보[하]**

---

**07**

**07**  | 1회차 | 2회차 |

이탈리아의 통계학자가 만든 지수로, 경제적 불평등을 0~1까지의 숫자로 보여주는 수치는?

① 지니계수
② 엥겔계수
③ 로렌츠계수
④ 패리티지수

☑정답체크

| 1회 | 2회 |
|---|---|
| ① ③ | ① ③ |
| ② ④ | ② ④ |

---

**08**

**프리IPO**
회사가 주식을 상장해 투자금을 모아야 하지만 당장 기업공개에 성공하기 힘들 경우 선택 매물을 실시해 먼저 투자금을 어느 정도 확보해놓는 경우가 있다. 각종 주식시장 룰의 제약을 받지 않고 직접 거래자를 구해 거래한다.

**IPO**
회사가 일반대중에게 주식을 분산시킴으로써 기업공개 요건을 갖추는 것을 의미하며, 법률에서 말하는 기업공개는 상장을 목적으로 50인 이상의 여러 사람들을 대상으로 주식을 파는 행위이다.

**IR**
투자자를 대상으로 기업의 사업을 설명하고 홍보하여 투자유치를 하는 행위를 통칭한다.

**CEO**
기업의 최고경영책임자를 말한다.

출제기관
2020 **MTN[하] TV조선[하] 더벨[상] 아시아경제[하]**
2018 **인베스트조선[상]**
2017 **인베스트조선[상]**
2016 **더벨[상] 인베스트조선[상]**

---

**08**  | 1회차 | 2회차 |

주식회사가 상장하기 전 특정 회사에 매수권을 주어 지분을 매도하는 것을 무엇이라 하는가?

① 프리IPO
② IPO
③ IR
④ CEO

☑정답체크

| 1회 | 2회 |
|---|---|
| ① ③ | ① ③ |
| ② ④ | ② ④ |

정답  07 ① | 08 ①

## 09

✓오답체크

| 1회차 | 2회차 |

다음 중 외국 기업이 자국 이외의 지역에서 해당국의 통화로 발행하는 채권과 국가별 연결이 <u>잘못된</u> 것은?

① 김치본드 – 한국

② 양키본드 – 미국

③ 사무라이본드 – 일본

④ 불독본드 – 영국

✓정답체크

| 1회 | 2회 |
|---|---|
| ① ③ | ① ③ |
| ② ④ | ② ④ |

### 09

우리나라에서 외국 기업이 원화로 발행하는 채권은 김치본드가 아닌 아리랑본드이다.

**김치본드**
외국 기업이 자금을 조달하기 위해 우리나라에서 달러나 유로화 등의 외화로 발행하는 채권이다.

**아리랑본드**
외국 기업이 우리나라에서 원화로 발행하는 외국채이며 양키본드와 사무라이본드, 불독본드 역시 이러한 각국의 외국채에 해당한다.

**출제기관**
2018 이데일리[상]
2017 조선일보[상]
2016 이투데이[상]

## 10

✓오답체크

| 1회차 | 2회차 |

물가 하락에 따른 자산의 실질가치 상승 때문에 경제 주체들이 소비를 촉진하는 현상을 무엇이라 하는가?

① 피구효과

② 사발효과

③ 누적적효과

④ 허니문효과

✓정답체크

| 1회 | 2회 |
|---|---|
| ① ③ | ① ③ |
| ② ④ | ② ④ |

### 10

**피구효과(Pigou Effect)**
물가 하락이 발생하자 실질 자산 가치가 상승하여 경제 주체들이 소비에 여유를 갖게 되고 경제가 부양되는 현상을 가리킨다.

**사발효과**
도시가 해수면보다 낮은 곳에 있어 둑이 터질 경우 물에 잠기는 현상을 말한다.

**누적적효과**
광고 메시지가 장기적이고 복합적으로 수용자의 취향이나 구매에 미치는 영향을 뜻한다.

**허니문효과(Honeymoon Rally)**
새로 들어선 정부에 대한 기대감으로 인해 나타나는 사회적 안정 효과를 뜻한다. 허니문 랠리라고도 한다.

**출제기관**
2018 제주MBC[하] 이데일리[상] 조선일보[상] TV조선[상]

정답 09 ① | 10 ①

## 11

☑오답체크
1회차    2회차

다음 중 회사의 재무 업무에 관한 최고 책임자를 뜻하는 용어는 무엇인가?

① CEO

② COO

③ CFO

④ CTO

☑정답체크

| 1회 | 2회 |
|---|---|
| ① ③ | ① ③ |
| ② ④ | ② ④ |

### 11

**CFO(Chief Financial Officer)**
최고재무책임자로 회사의 모든 재무 업무를 총괄하는 최고 직책 중 하나이다. 회사의 재무 업무로는 회계 · 납세 업무부터 재무 전략, 투자 관리, 예산 관리, 평가 등이 있다. 국내 그룹 중에는 LG 그룹이 우선적으로 CFO 직책을 만들어 임명한 것으로 알려져 있다. 최고경영자(CEO), 최고운영책임자(COO)와 함께 3대 최고경영인으로 분류된다.

**CEO(Chief Executive Officer)**
기업의 최고경영책임자이다.

**COO(Chief Operating Officer)**
기업의 최고운영책임자이다.

**CTO(Chief Technical Officer)**
기업의 최고기술책임자이다.

**출제기관**
2018 원주MBC[상]
2016 머니투데이[하]

## 12

☑오답체크
1회차    2회차

2018년 2월 금융위원회가 설정한 법정 최고금리는 몇 % 인가?

① 20%

② 24%

③ 25%

④ 27.9%

☑정답체크

| 1회 | 2회 |
|---|---|
| ① ③ | ① ③ |
| ② ④ | ② ④ |

### 12

**법정 최고금리**
금융회사와 대부업체가 폭리를 취하지 못하도록 대출금 금리에 상한선을 정한 것이다. 이를 어길 경우 3,000만원 이하의 벌금을 내야 한다. 현재 법정 최고금리는 24%로, 2016년 3월 3일 연 34.9%에서 27.9%로 인하됐다가 2018년 2월 8일부터 24.0%로 인하됐다. 2021년 7월부터는 최고금리가 연 20%로 인하된다.

**출제기관**
2020 한국일보[상]
2018 국제신문[상]
2017 한국경제신문[하]

정답   11 ③ | 12 ②

**13** ☑오답체크 1회차 2회차

연소득 대비 신규 부채와 모든 기존 부채의 연간 원리금 상환액의 비율을 무엇이라 하는가?

① DTI

② DSR

③ LTV

④ RTI

☑정답체크

| 1회 | 2회 |
|---|---|
| ① ③ | ① ③ |
| ② ④ | ② ④ |

**14** ☑오답체크 1회차 2회차

2008년 금융위기 전후의 상황으로 옳은 것은?

① 금융위기 이후 경제학자 하이먼 민스키의 이론이 재조명 받게 되었다.

② 금융위기 이후 기준금리의 결정에 있어서 테일러 준칙 방식을 사용하게 되었다.

③ 금융위기로 신용부도스와프를 쥐고 있던 투자자들은 많은 돈을 벌었다.

④ 비우량 주택담보대출로 인한 거품이 깨지면서 금융위기가 발생하였다.

☑정답체크

| 1회 | 2회 |
|---|---|
| ① ③ | ① ③ |
| ② ④ | ② ④ |

**핵심풀이 ❗**

**13**

**DSR(Debt Service Ratio)**
총부채원리금상환액이라고 하며 연소득 대비 신규 부채와 모든 기존 부채의 연간 원리금 상환액이 차지하는 비율이다. 총부채상환비율(DTI)과 달리 주택담보부채 외의 부채의 원금 상환액을 계산에 포함한다.

**DTI(Debt To Income ratio)**
총부채상환비율이라고 하며, 연소득 대비 모든 주택담보부채의 연간 원리금 상환액과 기타 대출의 이자 상환액이 차지하는 비율이다.

**LTV(Loan To Value ratio)**
담보 물건의 실제 가치 대비 대출 가능 금액의 비율이다.

**RTI(Rent To Interest ratio)**
빚을 내서 건물을 산 사업자가 해당 건물을 통해서 벌어들이는 수익으로 이자를 낼 능력이 얼마나 되는지를 보는 지표이다.

출제기관

2020 서울경제[하] 아시아경제[하] 한국일보[상]

2019 헤럴드경제[하] 충북MBC[하] 서울경제[하] 아주경제[상]

2018 전주MBC[하] 뉴스1[하] 아시아경제[하] 머니투데이[하] 이투데이[상]

2017 조선일보[하] 머니투데이[하] KBS[하] 이투데이[상]

2016 연합인포맥스[하] 헤럴드경제[하] 이투데이[상]

**14**

**테일러 준칙**
2008년 이전에 미국과 한국 등에서 기준금리를 설정할 때 사용했던 계산식이다. [2.07 + (1.28 × 인플레이션율) − (1.95 × 실업갭)을 계산해서 나온 값을 기준금리 설정에 참조한다. 2008년 금융위기 이후에는 이 값을 준용할 경우 마이너스 금리 값이 나와 더 이상 사용하지 않고 '중립금리'를 사용하게 되었다.

**하이먼 민스키**
케인스학파 계열의 20세기 후반 경제학자이다. 금융불안정 가설을 내놔 모든 호황 끝에는 불황이 오며 호황이 길어질수록 불황의 파급력도 커진다고 주장했다. 2008년 경제위기를 통해 그의 주장에 대한 공신력이 올라가면서 그의 주장에 따라 호황이 끝나는 순간을 '민스키 모멘트'라고 부르게 되었다.

출제기관

2018 경남MBC[하] 언론중재위원회[상] 춘천MBC[상]

정답 13 ② | 14 ②

**15**

☑ 오답체크

1회차    2회차

다음은 경제 5단체로 불리는 기관들이다. 경제 4단체로 줄였을 때 해당하지 <u>않는</u> 기관은 어디인가?

- 전국경제인연합회
- 대한상공회의소
- 한국무역협회
- 한국경영자총협회
- 중소기업중앙회

① 한국무역협회

② 중소기업중앙회

③ 전국경제인연합회

④ 한국경영자총협회

☑ 정답체크

| 1회 | 2회 |
|---|---|
| ① ③ | ① ③ |
| ② ④ | ② ④ |

**15**

**경제 4단체**
전국경제인연합회, 대한상공회의소, 한국무역협회, 중소기업중앙회

**경제 5단체**
전국경제인연합회, 대한상공회의소, 한국무역협회, 중소기업중앙회, 한국경영자총협회

**경제 6단체**
전국경제인연합회, 대한상공회의소, 한국무역협회, 중소기업중앙회, 한국경영자총협회 + (한국중견기업연합회 or 소상공인연합회 or 은행협회)

출제기관

**2021** 안동MBC[상]

**2019** 매일신문[하] 이투데이[상]

**2018** 이데일리[상]

**2017** 매일신문[상]

**2016** 아시아경제[하] 이투데이[상]

**16**

☑ 오답체크

1회차    2회차

**GDP와 GNP에 대한 설명으로 틀린 것은?**

① GNP : 감가상각액을 제하면 국민순생산이 된다.

② GDP : 원자재와 중간재를 따로 더한다.

③ GNP : 원자재와 중간재를 계산에 포함하지 않는다.

④ GNP : 국민이 외국인 노동자로 많이 나가 있는 경제 체제에서 주요해진다.

☑ 정답체크

| 1회 | 2회 |
|---|---|
| ① ③ | ① ③ |
| ② ④ | ② ④ |

**16**

**GDP**
한 국가의 국경 안에서 만들어진 최종 생산물의 가치를 합한 것이다. 원자재와 중간재는 고려하지 않는다. 외국에서 벌어서 외국에서 소진하는 소비자의 글로벌화가 진행되면서 유용해졌다.

**GNP**
한 국가의 국민이 만들어낸 총생산으로 외국에 있는 국민이 만든 것 또한 포함한다. 원자재와 중간생산물의 가치는 제한 수치이며, 여기에 감가상각액을 제하면 국민순생산(NNP)이 된다. 교역조건 변동에 따른 손익을 감안한 수치는 GNI라 한다.

출제기관

**2018** UBC[상] 뉴스1[하]

**2017** 한국경제신문[하] 울산방송[상]

**2016** 국제신문[하]

정 답 **15** ④ | **16** ②

## 17

☑오답체크

| 1회차 | 2회차 |

**다음 현상과 가장 관련 있는 재화는 무엇인가?**

> 쌀의 가격이 올랐는데, 사람들은 식비 여건상 사치재인 고기 소비를 줄이고 그래도 비교적 싼 쌀을 더 사먹을 수밖에 없게 되었다.

① 기펜재

② 열등재

③ 보완재

④ 대체재

☑정답체크

| 1회 | 2회 |
|---|---|
| ① ③ | ① ③ |
| ② ④ | ② ④ |

### 17

**재화의 종류**

- 정상재 : 소득이 증가했을 때 수요가 증가하는 재화
- 열등재 : 소득이 증가했을 때 수요가 감소하는 재화
- 경제재 : 희소성과 경제적 가치가 있는 것
- 자유재 : 사용 가치는 있으나 무한한 것
- 대체재 : 한 재화의 가격이 오를 경우 대신 소비되는 것
- 보완재 : 함께 소요되는 경향이 있는 재화
- 기펜재 : 가격이 오를수록 소비량이 상승하는 열등재
- 공공재 : 공공기관에 의해 공급되는 비경합적 재화
- 경험재 : 수술, 공연처럼 직접 경험하기 전에는 가치판단이 어려우나 경험 뒤 반복 소비가 일어나기 힘든 재화

출제기관

2018 제주MBC[하] 안동MBC[상] 목포MBC[상]

## 18

☑오답체크

| 1회차 | 2회차 |

**다음 중 공공재의 특성으로만 구성된 것은?**

① 비배제성 – 경합성

② 비배제성 – 비경합성

③ 배제성 – 경합성

④ 배제성 – 비경합성

☑정답체크

| 1회 | 2회 |
|---|---|
| ① ③ | ① ③ |
| ② ④ | ② ④ |

### 18

**공공재**

공공기관에 의해 공급되는 재화로 비배제성과 비경합성을 띤다. 비배제성이란 일단 공급이 이뤄지고 나면 생산에 적극적으로 참여하지 않은 인원이라도 소비에 배제시킬 수 없는 재화를 가리키며, 비경합성이란 A가 재화를 소비해도 B도 함께 소비할 수 있는 것을 가리킨다.

출제기관

2018 제주MBC[하] 안동MBC[상] 목포MBC[상]

정 답  17 ① | 18 ②

**19**

'이미 지출되었기 때문에 선택을 물러도 다시 쓸 수 <u>없는</u> 비용'을 무엇이라 하는가?

① 기회비용

② 망각비용

③ 생산비용

④ 매몰비용

**20**

국채의 상환 기간을 유예하는 것은?

① 디폴트

② 모라토리엄

③ 살라미

④ 로폴리틱스

---

**핵심풀이 !**

**19**

**매몰비용**
어떤 선택을 되돌릴 수 없거나 되돌리더라도 회수되지 못하는 재화를 가리킨다. 재선택을 할 때 고려되어서는 안 된다.

**출제기관**
2017 **경향신문**[상]
2016 JTBC[하]

**20**

**모라토리엄(Moratorium)**
국가의 대외 채무에 대한 지불유예 선언을 의미한다.

**디폴트(Default)**
채무불이행으로서 정부가 외국에서 빌려온 차관을 지속적으로 갚지 못하는 상황에서 지불 불가를 선언하는 것이다. 최근 베네수엘라에 대해 채권자가 디폴트를 선언하는 '크로스 디폴트'가 선언되었다.

**살라미전술**
방대한 협의 거리를 가능한 잘게 쪼개고 해결 방식 또한 다양하게 구상해내어 개별 문제의 협의에서 가능한 이득을 얻어내는 외교 전술이다. 북한이 핵문제에 대해서 사용해온 것으로 유명하다.

**로폴리틱스**
통화나 무역 등 경제문제를 둘러싼 대외조치나 교섭을 말한다.

**출제기관**
2020 **경향신문**[상]
2019 **춘천MBC**[하]
2018 **뉴스1**[하] MBC[상]
2017 SBS[하]
2016 MBN[하]

**정답** 19 ④ | 20 ②

**21**

☑오답체크 1회차 2회차

경기상황이 디플레이션일 때 나타나는 현상으로 옳은 것은?

① 통화량 감소, 물가 하락, 경기 침체

② 통화량 증가, 식자재 가격 상승, 경기 침체

③ 통화량 감소, 물가 하락, 경기 부양

④ 통화량 증가, 물가 상승, 경기 침체

☑정답체크

| 1회 | 2회 |
|---|---|
| ① ③ | ① ③ |
| ② ④ | ② ④ |

**21**

**디플레이션**
통화량 감소와 물가하락 등으로 인하여 경제활동이 침체되는 현상을 말한다.

**스태그플레이션**
경기침체 속에서 물가상승이 동시에 발생하는 현상이다.

**애그플레이션**
곡물 가격이 상승하면서 일반 물가도 오르는 현상이다.

**출제기관**
2019 EBS[하]
2018 포항MBC[하] 경남MBC[하]

**22**

☑오답체크 1회차 2회차

다음 설명에 해당하는 펀드는?

• 제한된 인원을 고객으로 받아 운용한다.
• 위험을 감수하고 단기이익을 목적으로 채권, 실물자산 등에 투자해 이익을 얻는다.

① 사모펀드(Private Equity Fund)

② 모태펀드(Fund of Funds)

③ 헤지펀드(Hedge Fund)

④ ELS펀드(Equity Linked Securities Fund)

☑정답체크

| 1회 | 2회 |
|---|---|
| ① ③ | ① ③ |
| ② ④ | ② ④ |

**22**

**헤지펀드(Hedge Fund)**
제한된 인원을 고객으로 받아, 단기이익을 목적으로 주식, 채권, 파생상품, 실물자산 등에 투자해 고위험 고수익을 달성하는 상품이다.

**사모펀드(Private Equity Fund)**
사적으로 소수의 투자자로부터 모은 자금을 주식이나 채권 등에 운용하는 펀드이다. 사모는 '사적인 모집'이라는 뜻이며, 반대로 은행에서 공공으로 모집한 것은 공모펀드다.

**모태펀드(Fund of Funds)**
기업에 직접 투자하기보다는 개별 펀드에 출자하여 직접적인 투자위험을 감소시키면서 수익을 달성하려는 상품이다.

**ELS펀드(Equity Linked Securities Fund)**
원금 보장이 가능한 채권 등에 투자금의 대부분을 넣고 소액으로는 주가지수나 개별 종목에 투자하여 소액 부분에서 손해를 보더라도 채권 등에서 만회할 수 있는 투자이다.

**출제기관**
2021 인베스트조선[상]
2019 서울경제[하]
2018 인베스트조선[상]
2017 이투데이[상] 조선일보[상]
2016 SBS[하] 경향신문[상]

정답 **21 ① | 22 ③**

## 23

☑오답체크

| 1회차 | 2회차 |
|------|------|

국민복지 증진을 위해 없애야 할 다섯 가지로 빈곤, 나태, 질병, 무지, 불결을 뽑은 영국의 문서는?

① 베버리지

② 골디락스

③ 슈퍼사이클

④ 워크아웃

☑정답체크

| 1회 | 2회 |
|-----|-----|
| ① ③ | ① ③ |
| ② ④ | ② ④ |

### 23

**베버리지 보고서**
1942년 영국의 경제학자 베버리지가 사회보장에 관한 연구·조사 결과를 정리한 보고서로 국가가 '요람에서 무덤까지' 국민들의 생활을 보장해야 한다는 복지국가 이념을 담았다. 이후 영국은 복지 제도가 과대해져 국가재정은 바닥나고 국민의 근로 의욕은 바닥인 '복지병'을 앓기도 했다.

**골디락스**
높은 성장률을 기록하면서도 물가상승 압력이 거의 없는 이상적인 경제 상황이다.

**슈퍼사이클**
장기적인 가격 상승 추세를 일컫는 말로 원자재 시장에서 유래한 말이다.

**워크아웃**
재무위기 기업의 금융 지원으로, 재무구조 작업을 담보로 한다.

**출제기관**
2021 인베스트조선[상]
2017 한국일보[상]
2016 국제신문[하] 매일경제[상] 인베스트조선[상]

## 24

☑오답체크

| 1회차 | 2회차 |
|------|------|

외국 제품이 우수하여 수입이 급증할 때, 수입국이 관세를 인상하거나 수입량을 제한하여 국내 기업의 손실을 예방하는 조치를 무엇이라 하는가?

① 반덤핑관세

② 무역클레임

③ 세이프가드

④ 관세환급제

☑정답체크

| 1회 | 2회 |
|-----|-----|
| ① ③ | ① ③ |
| ② ④ | ② ④ |

### 24

**세이프가드**
특정 품목의 수입 증가에 따라 국내 기업의 손실이 우려될 경우 실시하는, GATT와 WTO에서 허가하는 긴급수입제한 조치이다. 수입국은 관세를 인상하거나 수입량을 제한할 수 있다.

**반덤핑관세**
국내로 물건을 들여오는 외국의 회사가 시장 장악을 위하여 물품을 비정상적으로 싸게 판다고 판단할 경우 부과하는 수입관세이다.

**출제기관**
2019 CBS[상]
2018 경향신문[하]

정답 | 23 ① | 24 ③

**25** ☑오답체크  1회차  2회차

## 다음과 관련 있는 경제 이론은?

- 브레튼우즈 체제를 설립함에 있어 미국이 받아들여야 했던 것
- 미국 경제 무역 수지와 세계경제 성장률이 반비례하는 이유

① 트리핀의 딜레마

② 테킬라효과

③ 세이의 법칙

④ 스미스의 역설

☑정답체크

| 1회 | 2회 |
|---|---|
| ① ③ | ① ③ |
| ② ④ | ② ④ |

**핵심 풀이** ❗

## 25

**트리핀의 딜레마**
기축통화로 설정한 국가는 언제나 어느 정도의 무역 적자를 봐야 한다는 것이다. 흑자를 보게 되면 통화량이 부족해 세계경제가 둔화된다.

**테킬라효과**
한 국가의 금융·통화 위기가 주변의 다른 국가로 급속히 확산되는 현상. 술에 취한 듯 번진다는 데서 비롯되었다.

**세이의 법칙**
수요 부족에 따른 초과공급이 발생하지 않는다는 고전적인 경제학 원리이다.

**스미스의 역설**
가격과 효용의 괴리 현상을 설명하면서 상품의 가치는 총효용에 의해 결정되는 것이 아니라 한계효용에 대해 결정된다고 주장한 것이다.

출제기관
2019 광주 MBC[상]
2018 포항MBC[하] 원주MBC[상]

**26** ☑오답체크  1회차  2회차

## 선물시장이 급변할 경우 현물시장의 매매 처리를 5분 동안 보류해, 현물시장의 타격을 최소화하는 프로그램 매매 호가 관리제도는 무엇인가?

① 코스피

② 트레이딩칼라

③ 사이드카

④ 서킷브레이커

☑정답체크

| 1회 | 2회 |
|---|---|
| ① ③ | ① ③ |
| ② ④ | ② ④ |

## 26

**사이드카(Side-car)**
코스피 기준 전일 종가 대비 5% 이상 등락가가 1분 이상 계속될 경우 발동된다. 매매호가 효력이 5분 동안 정지된다. 1일 1회까지만 발동된다.

**트레이딩칼라(Trading Collar)**
다우존스평균지수가 2% 이상 변동할 경우 차익프로그램 거래 가격이 직전가 이상 또는 이하로 제한되는 제도이다.

**서킷브레이커(Circuit Breaker)**
코스피, 코스닥 시장에서 전일 종가지수 대비 10% 이상 주식가격이 폭락한 상태가 1분 이상 지속되면 현물·선물·옵션의 모든 주문이 20분간 중단된다. 이후 10분간 동시호가를 받아 매매를 재개하되 하루 한 차례만 발동한다.

출제기관
2019 뉴스1[하] 매일신문[하] 충북MBC[상] 이투데이[상] CBS[상]
2018 헤럴드경제[상]
2016 SBS[하] 이투데이[상]

정답 **25** ① | **26** ③

**27**

아이디어를 빠르게 시제품으로 만들어 시장의 반응을 살펴본 후, 이를 반영해 다음 제품을 만든다. 이런 과정을 반복하면서 성공률을 높이는 기업을 가리키는 말은?

① 린 스타트업(Lean Startup)

② 팝업스토어(Pop-up Store)

③ 스파브랜드(SPA Brand)

④ 콜라보레이션(Collaboration)

---

**핵심풀이** ❓

**27**

**린 스타트업(Lean Startup)**
빠른 속도로 새 제품을 먼저 내놓고 이를 발전시켜나가는 경영 전략이다.

**팝업스토어(Pop-up Store)**
짧은 기간 동안만 오픈했다가 닫아버리는 매장을 뜻한다. 소비자에게 점포가 기간 한정으로 열린다는 사실은 강력한 방문 유도 효과로 이어진다는 점에서 자주 사용되고 있다.

**스파브랜드(SPA Brand)**
기획·생산·유통·판매까지 한 회사가 담당하는 의류브랜드로 생산원가를 절감해 경쟁력을 높인다. 최신 유행에 맞춰 빠른 속도로 상품을 회전시키는 특징이 있다. 영어권에서는 패스트 패션(Fast Fashion) 브랜드라고도 부른다.

**콜라보레이션(Collaboration)**
타 분야 간 혹은 동일 분야 간의 협업을 통해 시너지효과를 내는 것을 말한다.

출제기관
2018 대구TBC[상] 방송통신심의위원회[상]
2017 TV조선[하]

---

**28**

다음 기사와 가장 관련 있는 소비자를 무엇이라 하는가?

> 서울 강남구 역삼동 수리소에서는 한 40대 고객이 직접 차를 개조하고 있다. 이 수리소는 해외 인증 튜닝 부품을 수입해 판매하는 곳이다. 고객은 "23인치 모노블록 휠은 오직 단조 휠(직접 장인이 만드는 것)만 생산된다"며 자신의 차를 더욱 좋은 성능으로 튜닝하고 있었다.

① 메타슈머

② 모디슈머

③ 트윈슈머

④ 프로슈머

---

**28**

**메타슈머**
구입한 제품을 튜닝하는 등 변화시켜 새로운 가치를 만들어내는 소비자이다.

**모디슈머**
제조사에서 제시한 방법을 따르지 않고 창의적인 자신만의 방법으로 재화를 소비하는 소비자를 가리킨다.

**트윈슈머**
해당 제품의 사용후기를 참고해 물건을 구매하는 소비자이다.

**프로슈머**
생산자(Producer)와 소비자(Consumer)의 합성어로, 제품의 생산에 참여하는 소비자를 뜻한다. 소비자의 욕구를 정확하게 파악하고 만족시키자는 인식에서 기업들이 신제품 개발에 소비자를 참여시키는 전략을 취하며 활성화되었다.

출제기관
2018 원주MBC[상]
2017 한국언론진흥재단[하]
2016 울산MBC[상]

정답    **27** ① | **28** ①

# 사회·법률

## 시험에 나오는 것부터 공부하자!

# 출제 유력 20제

---

**핵심풀이**

**01**

☑오답체크
1회차　2회차

**다음 중 법정 공휴일이 <u>아닌</u> 것은?**

① 제헌절
② 개천절
③ 한글날
④ 현충일

☑정답체크

| 1회 | 2회 |
|---|---|
| ① ③ | ① ③ |
| ② ④ | ② ④ |

**01**

주5일 근무제로 인해 늘어난 휴일이 많아, 2008년 공휴일에서 제외된 제헌절은 3·1절과 광복절, 개천절, 한글날 등 5대 국경일 중 유일한 무휴 공휴일이다.

**5대 국경일**
제헌절, 3·1절, 광복절, 개천절, 한글날

**출제기관**
2019 조선일보[하]
2018 SBS[하]
2017 MBN[하]

---

**02**

☑오답체크
1회차　2회차

**다음 용어의 설명 중 옳지 <u>않은</u> 것은?**

① 슬로시티 : 고속 발전보다는 전통과 자연 등의 가치를 유지하면서 '느리지만 멋진 삶'을 추구하는 도시
② 메타시티 : 1,000만명 이상이 거주하는 대도시들이 긴밀히 연결돼 형성된 단일 생활공간
③ 스마트시티 : 정보통신 기술을 통해 도시의 주요 기능을 지능형으로 네트워크화한 도시
④ 콤팩트시티 : 주택 환경이 악화돼 도심 지역에 야간 인구가 급감하고, 근린관계 등이 붕괴돼 행정구가 존립하기 어려운 도시

☑정답체크

| 1회 | 2회 |
|---|---|
| ① ③ | ① ③ |
| ② ④ | ② ④ |

**02**

④는 이너시티(Inner City)에 대한 설명이다. 콤팩트시티(압축도시)는 도시 내부를 고밀도로 개발해 여러 가지 도시 문제들을 해결하고 자연보전과 경제적 효율성 등도 추구하는 도시개발 형태를 뜻한다.

**출제기관**
2018 전주MBC[하] SBS[하]
2016 한국언론진흥재단[하]

**정답** 01 ① | 02 ④

**03**

1회차   2회차

오존주의보 발령의 기준이 되는 시간당 피피엠(ppm)은 얼마인가?

① 0.12ppm

② 0.25ppm

③ 0.3ppm

④ 0.5ppm

☑정답체크

| 1회 | 2회 |
|---|---|
| ① ③ | ① ③ |
| ② ④ | ② ④ |

---

**핵심풀이** ❗

**03**

대기환경보전법에 따라 시·도지사는 오존의 농도가 1시간 평균 0.12ppm 이상이면 오존주의보, 0.3ppm 이상이면 오존경보, 0.5ppm 이상이면 오존중대경보를 발령해야 한다.

출제기관
2019 충북MBC[상]
2018 MBC-C&I[하]
2016 울산MBC[상]

---

**04**

1회차   2회차

검찰에 대한 설명으로 옳은 것은?

① 검찰은 정부 행정자치부 소속이다.

② 인천시에는 고등검찰청이 설치되어 있다.

③ 기소권은 검찰이 독점하고 있으나, 영장청구권은 경찰과 공유하고 있다.

④ 대검찰청 중앙수사부는 현재 폐지되었다.

☑정답체크

| 1회 | 2회 |
|---|---|
| ① ③ | ① ③ |
| ② ④ | ② ④ |

---

**04**

**대검찰청 중앙수사부**
검찰총장 직속의 수사기관으로 국가 중대 범죄사안에 대한 수사와 기소를 맡아왔으나, 2013년 폐지되었다.

**검찰**
사법 절차에서 기소권과 영장청구권을 독점하는 정부 법무부 소속의 행정기관이다.

**고등검찰청**
서울·대전·대구·부산·광주·수원에 설치되어 있어 각급 지방검찰을 관할한다.

출제기관
2020 TV조선[하] 한국일보[상]
2018 경인일보[하]
2017 불교방송[상] 경향신문[상]
2016 국민일보[하] TV조선[상]

정 답   03 ① | 04 ④

## 05

**검사가 고소나 고발된 어떤 사건을 불기소하는 경우 이 것에 이의를 제기하여 법원에 판단을 맡기는 것은?**

① 재정신청

② 집행유예

③ 미란다원칙

④ 일사부재리

## 06

**다음 중 노동3권에 포함되지 않는 것은?**

① 단결권

② 단체결의권

③ 단체교섭권

④ 단체행동권

---

**핵심풀이** ❗

**05**

**재정신청**
검사가 불기소 처분을 할 경우 고소를 한 당사자는 검사가 소속된 지방검찰청 소재지를 관할하는 고등법원에 검사의 판단이 타당한지를 묻는 재정신청을 할 수 있다.

**미란다 원칙**
경찰이나 검찰이 피의자의 권리를 피의자에게 통지하지 않을 경우 당시 경찰이나 검찰이 피의자로부터 수집한 증거는 무효가 되는 것이다. 이에 따라 피의자의 권리 자체를 미란다 원칙이라고도 부르는데 묵비권 행사, 변호사 선임 가능, 국선변호인 선임 가능 등이 있다.

**일사부재리**
한 사건에 대해서 동급 법원에서 두 번의 재판을 하지 않는 것이다.

**출제기관**
2018 **문화일보[하]**
2017 **경향신문[상]**

**06**

**노동3권**
헌법에서 보장하는 노동자의 권리이다. 단결권, 단체교섭권, 단체행동권이 있다.

**출제기관**
2018 **MBC[상]**
2017 **한겨레[상]**

**정답**  05 ① | 06 ②

## 07

**피의자의 구속 기소에 대한 법원의 재고를 요청하는 구속적부심사 제도에 대한 설명으로 옳지 않은 것은?**

① 심사의 청구권자는 구속된 피의자와, 변호인, 친족, 동거인, 고용주 등이 있다.

② 구속적부심사가 기각될 경우 구속된 피의자는 항고할 수 있다.

③ 법원은 구속된 피의자에 대하여 출석을 보증할 만한 보증금 납입을 조건으로 석방을 명할 수 있다.

④ 검사 또는 경찰관은 체포 또는 구속된 피의자에게 체포·구속적부심사를 청구할 수 있음을 알려야 한다.

## 08

**다음 중 국가공무원법상의 징계의 종류가 아닌 것은?**

① 감봉

② 견책

③ 좌천

④ 정직

---

**핵심풀이** ❗

### 07
한 번 기각된 구속적부심사는 재청구할 수 있으나, 상급심에 항고하지는 못한다.

**구속적부심사**
피의자가 구속 기소를 당했을 경우, 피의자와 관련된 인원은 피의자의 구속 결정에 이의를 제기하여 법원에 재고를 요청할 수 있다. 별개 심판으로 다뤄지며, 이것이 기각될 경우 재청구할 수는 있으나, 법원은 재청구부터 심리 없이 단순 결정으로 기각할 수 있다.

**출제기관**
2018 광주MBC[상]
2017 SBS[하] KBS[하]

### 08
국가공무원법은 감봉, 견책(경고), 정직, 해임 등의 징계 방법을 제시하고 있다. 좌천은 징계로 규정되지 않는다.

**출제기관**
2018 YTN[하]
2016 울산MBC[상]

정답   07 ② | 08 ③

핵심풀이 ❗

**09**

☑오답체크

| 1회차 | 2회차 |

**구성원들이 조직 내부의 경쟁으로 인해 이기적인 선택을 반복하고 이로 인해 전체 조직이 손해를 보게 되는 상황은 무엇인가?**

① 사일로효과

② 링겔만효과

③ 메디치효과

④ 헤일로효과

☑정답체크

| 1회 | 2회 |
|---|---|
| ① ③ | ① ③ |
| ② ④ | ② ④ |

**09**

**사일로효과(Silo Effect)**
각 부서들이 다른 부서와 벽을 쌓고, 자기 부서만의 이익을 추구하는 부서 이기주의 현상이다.

**링겔만효과(Ringelmann Effect)**
집단 속에 참여하는 개인의 수가 늘어날수록 전체 성과에 대한 각 개인의 공헌도가 떨어지는 현상이다.

**메디치효과(Medici Effect)**
이질적인 분야를 접목하여 창조적·혁신적 아이디어를 창출해내는 혁신 현상이다.

**헤일로효과(Halo Effect)**
어떤 사람에 대한 호의적 또는 비호의적 인상이나 특정 요소로부터 받은 인상이 다른 모든 요소를 평가하는 데 중요한 영향을 미치는 것이다.

**출제기관**
2021 충북MBC[상] MBN[상]
2018 YTN[하] 제주MBC[하] 포항MBC[하] 목포MBC[상]
     춘천MBC[상]
2017 매일신문[상] 경향신문[상]
2016 EBS[하] SBS[하] 경향신문[상]

**10**

☑오답체크

| 1회차 | 2회차 |

**다음 중 1980년대 뉴욕시의 범죄율과 관련 있는 사회 현상은 무엇인가?**

① 마태효과

② 깨진 유리창 이론

③ 기대이론

④ 양떼효과

☑정답체크

| 1회 | 2회 |
|---|---|
| ① ③ | ① ③ |
| ② ④ | ② ④ |

**10**

**깨진 유리창 이론**
거리에 깨진 유리창 하나가 방치되면 그것을 바탕으로 여러 범죄가 일어나기 시작한다는 뜻으로, 사소한 무질서가 가져오는 공공의 도덕적 악화 현상을 가리키는 말이다. 미국의 범죄학자 제임스 윌슨과 조지 켈링이 발표했다.

**마태효과**
신약 성경 마태복음에 나오는 '가진 자는 더 많이 갖게 되고 덜 가진 사람은 점점 더 적게 가지게 된다'는 구절에서 착안한 부익부빈익빈 현상을 일컫는 단어이다.

**기대이론**
조직에서 구성원은 자신의 행위에 기대되는 결과에 따라 행위를 할 것인지를 선택한다는 사회 이론이다.

**양떼효과**
양들이 무리 지어 있을 경우 너도나도 그저 무리가 가는대로 이동해 다함께 절벽으로 떨어지기도 한다. 아무런 분별 없이 다른 이들의 행동을 따라하는 것을 말한다.

**출제기관**
2019 안동MBC[상] 이투데이[상]
2018 YTN[하] 제주MBC[하] MBN[하] 이데일리[상]
     언론중재위원회[상]
2016 국제신문복원[하]

정 답  09 ① | 10 ②

## 11

연예인 또는 선망하던 인물이 자살할 경우 그를 모방하여 자살을 시도하는 현상을 무엇이라 하는가?

① 베르테르효과

② 트리클다운효과

③ 파파게노효과

④ 플라시보효과

## 12

집행유예가 가능한 징역 형량은 최대 몇 년까지인가?

① 1년

② 2년

③ 3년

④ 4년

---

**핵심풀이** 💡

## 11

**베르테르효과**
괴테의 서간체 소설의 주인공 베르테르(변호사)가 권총으로 자살한 것을 모방해 자살이 확산하는 풍조가 있었는데, 이처럼 유명인의 자살이 연쇄 자살을 부르는 것을 가리킨다.

**트리클다운효과**
'낙수효과'라고도 한다. 고소득층의 소득 증대가 소비 및 투자 확대를 가져와 저소득층의 소득도 증가하게 되는 것이다. 그 반대는 분수효과이다.

**파파게노효과**
'파파게노'는 모차르트의 오페라 〈마술 피리〉에 등장하는 인물로, 파파게노는 연인 파파게나와의 이루지 못한 사랑을 비관해 자살하려 하지만, 요정들이 나타나 희망의 노래를 불러주자 자살의 유혹을 극복한다. 자살에 대한 보도를 금지하면 자살률이 낮아진다는 주장이다.

**플라시보효과**
플라시보는 가짜약이라는 뜻이다. 환자들이 가짜약을 먹고 병세가 호전되는 증세를 보이곤 하는데, 이처럼 자기암시효과가 실제 결과로 이어지는 경우를 가리킨다.

**출제기관**
2019 충북MBC[상] 연합뉴스TV[상]
2018 경남MBC[하]
2017 KBS[하] KNN[하] 조선일보[상] 이투데이[상] G1강원민방[상]

## 12

**집행유예**
형법 제62조는 3년 이하의 징역이나 금고 또는 500만원 이하의 벌금형을 선고할 경우에 1년 이상 5년 이하 형의 집행유예를 판결할 수 있다고 명시하고 있다. 선고는 1년 단위로 가능하며, 형량의 두 배 기간을 선고하는 것이 일반적이다.

**출제기관**
2018 MBC[상]
2016 연합뉴스[상]

정답  **11 ①** | **12 ③**

**13** ☑오답체크

1회차　2회차

**고령화 – 고령 – 초고령사회를 구분하는 65세 이상 노인의 비율은?(UN 기준)**

① 7% – 10% – 14%

② 7% – 14% – 20%

③ 7% – 10% – 16%

④ 7% – 14% – 21%

☑정답체크

| 1회 | 2회 |
|---|---|
| ① ③ | ① ③ |
| ② ④ | ② ④ |

**13**

**고령사회**

UN의 기준에 따르면 65세 이상 노인이 전체 인구의 7% 이상을 차지하면 고령화사회(Aging Society), 14% 이상을 차지하면 고령사회(Aged Society), 20% 이상을 차지하면 초고령사회(Super-aged Socity)로 구분한다. 대한민국은 2018년 노인 비율이 14%를 넘어 고령사회에 접어들었다.

**출제기관**

2019 UBC[상]

2018 제주MBC[하] 뉴스1[하] 헤럴드경제[상]

2017 CBS[하] JTBC[하] 경향신문[상]

2016 청주MBC[상]

**14** ☑오답체크

1회차　2회차

**다음과 같은 예에 적용할 수 있는 효과는 무엇인가?**

• 칭찬은 고래도 춤추게 한다.
• 관심과 믿음이 필요한 법이다.
• 긍정의 힘이 중요하다.

① 베블렌효과

② 플라시보효과

③ 핀볼효과

④ 메기효과

☑정답체크

| 1회 | 2회 |
|---|---|
| ① ③ | ① ③ |
| ② ④ | ② ④ |

**14**

**플라시보효과**

플라시보는 가짜약이라는 뜻이다. 환자들이 가짜약을 먹고 병세가 호전되는 증세를 보이곤 하는데, 이처럼 자기암시효과가 실제 결과로 이어지는 경우를 가리킨다.

**베블렌효과**

미국의 사회학자 소스타인 베블렌이 자신의 저서 〈유한계급론〉에서 주장한 소비 이론이다. 사치품처럼 가격이 비싼 것 자체가 물품의 가치가 되는 현상을 가리킨다.

**핀볼효과**

1996년 나온 제임스 바크의 동명 저서에서 주장한 사회 이론이다. 그는 '나폴레옹의 이집트 원정'과 '컴퓨터의 개발'과 같이 서로 무관계해보이는 일이 이리저리 튀는 핀볼처럼 결국 연결되어 있다고 주장했다.

**메기효과**

노르웨이의 한 어부가 청어를 싱싱한 상태로 육지로 데리고 오기 위해 수조에 메기를 넣었다는 데서 유래한 용어다. 시장에 강력한 경쟁자가 등장했을 때 기존의 기업들이 경쟁력을 잃지 않기 위해 끊임없이 분투하며 업계 전체가 성장하게 되는 것을 가리킨다.

**출제기관**

2021 CBS[상]

2018 경남MBC[하] 머니투데이[상] 안동MBC[상]

2017 KNN[하] EBS[하] 조선일보[상]

2016 아시아경제[하] YTN[상]

정 답　13 ② | 14 ②

**15** ☑오답체크 1회차 2회차

다음 중 헌법재판소의 관장사항이 <u>아닌</u> 것은?

① 법률 입법안에 대한 심판

② 대통령 탄핵의 심판

③ 정당의 해산심판

④ 헌법소원에 관한 심판

☑정답체크

| 1회 | 2회 |
|---|---|
| ① ③ | ① ③ |
| ② ④ | ② ④ |

---

**16** ☑오답체크 1회차 2회차

다음 중 '현대인의 과도한 노동'과 가장 연관 있는 것은?

① 번아웃 증후군

② 가면 증후군

③ 살리에리 증후군

④ 리셋 증후군

☑정답체크

| 1회 | 2회 |
|---|---|
| ① ③ | ① ③ |
| ② ④ | ② ④ |

---

**15**

헌법재판소법 제2조(관장사항)
- 법원 제청에 의한 법률의 위헌 여부 심판
- 대통령 탄핵의 심판
- 정당의 해산심판
- 국가기관 상호간, 국가기관과 지방자치단체 간 및 지방자치단체 상호간의 권한쟁의에 관한 심판
- 헌법소원에 관한 심판

출제기관

2019 춘천MBC[하] 목포MBC[상]

2018 MBC[상]

2017 CBS[하] G1강원민방[상] 조선일보[상] 경향신문[상]

2016 EBS[하] 한국일보[상]

**16**

**번아웃 증후군**
어떤 일에 불타오르듯 집중하다 갑자기 불이 꺼진 듯 무기력해지면서 업무에 적응하지 못하는 증상이 나타나는 현대인의 정신 질병이다.

**가면 증후군**
높은 성취의 증거에도 불구하고 자신이 무능하다고 믿으며, 자신이 남들을 기만하고 있다고 생각하는 현상이다.

**살리에리 증후군**
1등을 질투하는 2등의 심리를 가리키는 말이다. 모차르트를 항상 시기하던 살리에리에서 따온 말이다.

**리셋 증후군**
리셋 버튼만 누르면 처음부터 다시 시작할 수 있는 것처럼 착각하는 현상을 가리킨다. 이처럼 생각하는 일부 청소년층이 극단적인 범죄를 일으켜 물의를 일으키기도 한다.

출제기관

2019 방송통신심의위원회[상]

2018 전주MBC[하] 경남MBC[하]

2017 조선일보[하]

정답  15 ① | 16 ①

**17** ☑오답체크 1회차 2회차

다음 중 유전자 변형 생물(GMO)에 대한 문제와 거리가 가장 <u>먼</u> 것은?

① 생산 비용이 증가한다.

② 생태계 교란이 우려된다.

③ 안전성이 검증되지 않았다.

④ 생물의 다양성이 감소된다.

☑정답체크
| 1회 | 2회 |
|---|---|
| ① ③ | ① ③ |
| ② ④ | ② ④ |

**핵심풀이** ❗

**17**

유전자 변형 생물(GMO)은 유용한 형질만 선택적으로 사용하므로 농약과 제초제의 사용이 줄어 생산 비용이 감소한다. 식량문제의 해결에는 도움이 되지만 안전성과 생물의 다양성 감소로 문제가 되고 있다.

출제기관

2017 조선일보[하] 농민신문[하]

2016 SBS[하] 시사저널e[하]

---

**18** ☑오답체크 1회차 2회차

다음은 어떤 현상에 대한 설명인가?

> 도시 토박이가 농촌으로 이주하는 현상으로 1980년대 일본 도쿄에 있는 나가노 현에서 샐러리맨들에게 지역 이주를 권유했는데, 도시에서 시골로 이동하는 동선의 모양에 따라 이 현상의 이름이 붙었다.

① J턴 현상

② I턴 현상

③ U턴 현상

④ J커브 효과

☑정답체크
| 1회 | 2회 |
|---|---|
| ① ③ | ① ③ |
| ② ④ | ② ④ |

**18**

**I턴 현상**

도시에서 태어나 살다가 농촌으로 이주하는 현상을 가리킨다.

**J턴 현상**

대도시에 취업한 지방 출신자가 도시생활에 지쳐 탈출을 꾀하거나, 고향까지 돌아가지 않고 도중의 지방도시에 취직하는 것이다.

**U턴 현상**

대도시에 취직한 지방 출신자가 고향으로 되돌아가는 노동력 이동을 말한다.

**J커브 효과**

무역수지가 좋지 않은 경우 환율인상으로 균형을 맞추는데 그 효과는 느리게 나타나는 것을 말한다.

출제기관

2017 농민신문[하] 연합인포맥스[하]

정답 **17 ①** | **18 ②**

## 19

☑오답체크 1회차 2회차

공직자가 자신의 재임 기간 중에 주민들의 민원이 발생할 소지가 있는 혐오시설들을 설치하지 않고 임기를 마치려고 하는 현상은?

① 핌투현상
② 님투현상
③ 님비현상
④ 핌피현상

☑정답체크

| 1회 | 2회 |
|---|---|
| ① ③ | ① ③ |
| ② ④ | ② ④ |

## 20

☑오답체크 1회차 2회차

다음 보기에서 설명하는 협약은 무엇인가?

정식 명칭은 '물새서식지로서 특히 국제적으로 중요한 습지에 관한 협약'으로, 환경올림픽이라고도 불린다. 가맹국은 철새의 번식지가 되는 습지를 보호할 의무가 있으며 국제적으로 중요한 습지를 1개소 이상 보호지로 지정해야 한다.

① 런던 협약
② 몬트리올 의정서
③ 람사르 협약
④ 바젤 협약

☑정답체크

| 1회 | 2회 |
|---|---|
| ① ③ | ① ③ |
| ② ④ | ② ④ |

---

**핵심풀이** ❗

### 19

**님투현상(Not In My Terms Of Office)**
공직자가 자신의 임기 내에 주민들이 반발할 시설을 들여놓지 않으려 하는 것이다.

**핌투현상(Please In My Terms Of Office)**
자치 단체장이 사업을 무리하게 추진하며 자신의 임기 중에 반드시 가시적인 성과를 이뤄내려고 하는 업무 형태로, 님투현상과는 반대 개념이다.

**님비현상(Not In My Back Yard)**
사회적으로 필요한 혐오시설이 자기 집 주변에 설치되는 것을 강력히 반대하고, 멀리 떨어진 지역에 지으려는 주민들의 이기심이 반영된 현상이다.

**핌피현상(Please In My Front Yard)**
지역발전에 도움이 되는 시설이나 기업들을 적극 자기 지역에 유치하려는 현상으로, 님비현상과는 반대 개념이다.

출제기관
2018 포항MBC[하] 춘천MBC[상]

### 20

**람사르 협약**
습지 보호 협약으로 당사국들은 자국 내에서 국제적으로 중요한 습지를 1개소 이상 지정해 보호하기로 협의하였다.

**런던 협약**
선박이나 항공기, 해양시설로부터의 폐기물 해양 투기, 해상소각 등을 규제하는 협약이다.

**몬트리올 의정서**
지구의 오존층을 보호하기 위해 오존층 파괴물질의 사용을 규제하는 국제 협약이다.

**바젤 협약**
유해폐기물의 국가 간 교역을 규제하는 국제 협약이다.

출제기관
2019 **충북MBC[하]**
2018 **경인일보[하] 광주MBC[상]**
2017 **조선일보[상]**
2016 **울산MBC[상]**

정 답 19 ② | 20 ③

# 문화·문학

시험에 나오는 것부터 공부하자!

# 출제 유력 16제

---

☑오답체크

## 01
1회차　　2회차

다음 중 노벨문학상을 받은 작가와 그의 대표작이 <u>잘못</u> 연결된 것은?

① 오르한 파묵 – 〈귀향〉

② 앨리스 먼로 – 〈디어 라이프〉

③ 가즈오 이시구로 – 〈나를 보내지 마〉

④ 주제 사라마구 – 〈눈먼 자들의 도시〉

☑정답체크

| 1회 | 2회 |
|---|---|
| ① ③ | ① ③ |
| ② ④ | ② ④ |

---

☑오답체크

## 02
1회차　　2회차

다음 중 국보 제1호와 무형문화재 제1호를 바르게 나열한 것은?

① 숭례문, 종묘 제례악

② 진흥왕 순수비, 종묘 제례악

③ 숭례문, 양주 별산대놀이

④ 원각사지 10층석탑, 판소리

☑정답체크

| 1회 | 2회 |
|---|---|
| ① ③ | ① ③ |
| ② ④ | ② ④ |

---

## 01

〈귀향〉은 2005년에 노벨문학상을 받은 헤럴드 핀터의 작품이다. 오르한 파묵은 2006년에 노벨문학상을 받았으며, 그의 대표작으로는 〈내 이름은 빨강〉, 〈순수 박물관〉, 〈검은 책〉 등이 있다.

**최근 노벨문학상 수상자 – 대표작 목록**

• 2014 : 파트리크 모디아노 – 〈어두운 상점들의 거리〉
• 2015 : 스베틀라나 알렉시예비치 – 〈체르노빌의 목소리〉
• 2016 : 밥 딜런 – 〈바람에 날려서〉
• 2017 : 가즈오 이시구로 – 〈남아 있는 나날〉
• 2018 : 올가 토카르추크 – 〈방랑자들〉
• 2019 : 페터 한트케 – 〈관객모독〉
• 2020 : 루이즈 글릭 – 〈아베르노〉

**출제기관**

2021 연합뉴스TV[상]

2020 EBS[하] YTN[하] 경향신문[상] 서울경제[하] 한국일보[상]

2018 SBS[하]

2017 조선일보[하] G1강원민방[상]

## 02

**국보 · 무형문화재 목록**

• 국보 제1호 : 서울 숭례문
• 국보 제2호 : 서울 원각사지 10층석탑
• 국보 제3호 : 서울 신라 진흥왕 순수비
• 국보 제4호 : 여주 고달사지 승탑
• 국보 제5호 : 보은 법주사 쌍사자 석등
• 국가무형문화재 제1호 : 종묘 제례악
• 국가무형문화재 제2호 : 양주 별산대놀이
• 국가무형문화재 제3호 : 남사당놀이
• 국가무형문화재 제4호 : 갓일(갓을 만드는 일)
• 국가무형문화재 제5호 : 판소리

**출제기관**

2019 CBS[상]

2018 전기신문[하]

정답　01 ① | 02 ①

**03**

✓ 오답체크
1회차　2회차

다음 중 기업이 문화예술 활동을 지원하는 것을 뜻하는 용어는?

① 반달리즘(Vandalism)

② 메세나(Mecenat)

③ 콘클라베(Conclave)

④ 에스프리 누보(Esprit Nouveau)

✓ 정답체크
| 1회 | 2회 |
|---|---|
| ① ③ | ① ③ |
| ② ④ | ② ④ |

**03**

**메세나(Mecenat)**
기업 혹은 유산층이 문화예술에 금전적 지원을 하여 사회 공헌을 하는 것을 말한다. 고대 로마의 정치가이자 왕성한 문화 후원 활동을 했던 마에케나스의 이름을 따 만들어진 용어이다.

**반달리즘(Vandalism)**
문화나 예술을 파괴하려는 경향이다.

**콘클라베(Conclave)**
교황 선거자인 추기경들이 시스티나 성당에 모여 다음 교황을 선출하는 것이다. 투표자의 2/3의 표를 받은 당선인이 나오기까지 투표를 계속한다.

**에스프리 누보(Esprit Nouveau)**
1차 대전 후 프랑스의 예술계에 일어난 예술 혁신 운동으로, 화려한 양식과 무(無)기능성을 배격했다.

출제기관
2019 연합뉴스[상]
2018 CBS[상]
2017 경향신문[상]

**04**

✓ 오답체크
1회차　2회차

다음 중 〈레 미제라블(Les Miserables)〉의 저자는 누구인가?

① 빅토르 위고(Victor M. Hugo)

② 알퐁스 도데(Alphonse Daudet)

③ 기 드 모파상(Guy de Maupassant)

④ 알렉상드르 뒤마(Alexandre Dumas)

✓ 정답체크
| 1회 | 2회 |
|---|---|
| ① ③ | ① ③ |
| ② ④ | ② ④ |

**04**

〈레 미제라블〉
'불쌍한 사람들'이라는 뜻으로 프랑스의 작가 빅토르 위고가 1862년에 발표한 장편소설이다. 사회에서 범죄자로 몰려 인생을 저주하며 불우하게 살아가던 주인공 장 발장의 영혼이 깨끗한 사랑으로 구제되는 과정을 그렸다.

출제기관
2019 TV조선[하]
2018 MBC-C&I[하] YTN[하]

정답　03 ② | 04 ①

핵심풀이 **9**

**05**

☑ 오답체크

**05**
1회차    2회차

다음은 시인 이육사의 대표작 〈광야〉이다. 빈칸에 알맞은 말은?

> 까마득한 날에
> 하늘이 처음 열리고
> 어데 닭 우는 소리 들렸으랴
>
> 모든 산맥들이
> 바다를 연모해 휘달릴 때도
> 차마 이곳을 범하던 못하였으리라
>
> 끊임없는 광음을
> 부지런한 계절이 피어선 지고
> 큰 강물이 비로소 길을 열었다
>
> 지금 눈 나리고
> 매화 향기 홀로 아득하니
> 내 여기 가난한 노래의 씨를 뿌려라
>
> 다시 천고의 뒤에
> 백마 타고 오는 (      )이 있어
> 이 광야에서 목 놓아 부르게 하리라

① 노을                    ② 절정

③ 초인                    ④ 조국

☑ 정답체크

| 1회 | 2회 |
|---|---|
| ① ③ | ① ③ |
| ② ④ | ② ④ |

〈광야〉
독립운동가 시인 이육사의 작품이다. 일제 강점기의 절망적 현실과 고난을 극복하고, 새로운 광명의 세계를 염원하는 의지와 시 정신을 기조로 시적 기교의 극치를 보인 작품으로 평가받고 있다.

출제기관
2020 대전MBC[상]
2019 조선일보[하]
2018 조선일보[하]
2017 SBS[하]

**06**

☑ 오답체크

**06**
1회차    2회차

다음 중 1997년 유네스코 세계문화유산으로 등록된 문화유적은 무엇인가?

① 수원 화성              ② 숭례문

③ 남한산성              ④ 백제역사유적지구

☑ 정답체크

| 1회 | 2회 |
|---|---|
| ① ③ | ① ③ |
| ② ④ | ② ④ |

②는 유네스코 세계문화유산에 등재되지 않았으며, ③은 2014년에, ④는 2015년에 세계문화유산으로 등재됐다.

수원 화성
조선 정조 때에 지금의 경기도 수원시에 쌓은 성이다. 근대적 성곽 구조를 갖추고 거중기 등의 기계 장치를 활용하는 등 한국 성곽 건축 기술사상 중요한 위치를 차지한다.

출제기관
2018 춘천MBC[상]
2017 문화일보[상]
2016 청주MBC[상]

정답    05 ③ | 06 ①

## 07

오답체크
1회차    2회차

5 · 18 민주화운동 당시 광주의 상황을 카메라에 담아 외국에 알린 독일 언론인의 이름은 무엇인가?

① 귄터 발라프

② 토마스 크레취만

③ 위르겐 힌츠페터

④ 카를 폰 오시에츠키

정답체크
| 1회 | 2회 |
|---|---|
| ① ③ | ① ③ |
| ② ④ | ② ④ |

## 08

오답체크
1회차    2회차

다음 중 울산 대곡리 반구대 암각화가 새겨져 있는 댐의 이름은 무엇인가?

① 사연댐

② 선암댐

③ 대곡댐

④ 대암댐

정답체크
| 1회 | 2회 |
|---|---|
| ① ③ | ① ③ |
| ② ④ | ② ④ |

---

**핵심풀이** ❗

### 07

귄터 발라프는 변장 및 잠입 취재로 사회의 다양한 부조리를 폭로하는 독일 기자로 〈언더커버 리포트〉의 저자다. 토마스 크레취만은 영화 〈택시 운전사〉에서 힌츠페터 역할을 맡은 배우 이름이다. 카를 폰 오시에츠키는 독일의 작가이자 언론인으로서 1935년 노벨 평화상을 수상했다.

**위르겐 힌츠페터**
독일(당시 서독) 제1공영방송 기자로서, 그가 촬영한 5 · 18 당시의 영상은 독일에서 보도됐다.

출제기관
2017 SBS[하] MBN[하]

### 08

①~④는 모두 한국의 수자원을 관리하는 'K-water'의 울산권지사가 관리하는 낙동강 인근의 용수댐이다. 울산 사연댐은 울주 대곡리 반구대 암각화가 발견된 것으로 유명하다.

**반구대 암각화**
1971년 발견된 한반도 신석기 시대에서 청동기 시대의 암각화이다. 다양한 해양동물과 육지동물, 그것들의 수렵 방법을 대략적으로 설명해놓은 그림들이 바위에 그려져 있다. 1965년 지어진 사연댐 안에 자리 잡고 있어 발견되기 전까지 훼손이 진행되었고 이후 사연댐의 처리에 대한 논란이 계속되었다.

출제기관
2018 울산방송[상]
2017 KNN[하]

정답  07 ③ | 08 ①

**09** ☑ 오답체크 1회차 2회차

다음 글은 리영희 논설고문이 쓴 칼럼이다. ㉠, ㉡에 들어갈 표현으로 맞는 것은 무엇인가?

> 자기와 생각이 다르면 백주 노상에서 남의 허벅다리를 찌르지 않나, 무슨 책을 냈다고 지금도 잡아가질 않나, 누군가의 사상에 관해서 이야기한다고 어린 학생들의 주리를 틀지 않나! 그 모든 짓이 ( ㉠ )과/와 ( ㉡ )(이)라는 것의 이름으로 정당화되고 있으니 딱한 일이다. 어찌 이리도 유치할까? ( ㉠ )이/가 뭐고 ( ㉡ )이/가 뭐고? ( ㉠ )은/는 절대 나쁘고 ( ㉡ )은/는 절대로 옳다는 전도된 사고방식은 그런 위험하고 유치한 이분법의 대표적 신봉자인 레이건이라는 사람조차 이제는 부정하게 되었는데도 말이다.

|   | ㉠ | ㉡ |
|---|---|---|
| ① | 좌 | 우 |
| ② | 남 | 여 |
| ③ | 여 | 야 |
| ④ | 빈 | 부 |

☑ 정답체크
| 1회 | 2회 |
|---|---|
| ① ③ | ① ③ |
| ② ④ | ② ④ |

**10** ☑ 오답체크 1회차 2회차

2018년 10월 26일 타계한 문학 비평가로 〈한국문학사〉, 〈한국근대문예비평사연구〉를 저술한 사람은 누구인가?

① 김윤식
② 백낙청
③ 김현
④ 유종호

☑ 정답체크
| 1회 | 2회 |
|---|---|
| ① ③ | ① ③ |
| ② ④ | ② ④ |

**09**

리영희 전 한겨레 논설고문의 저서 〈새는 좌우의 날개로 난다〉를 발췌한 것이다. 한겨레 신문사 입사 시험에는 리영희 논설고문에 대한 문제가 지속적으로 출제되고 있다.

**리영희**
대한민국의 언론인이다. 보수와 진보의 균형을 강조하며 정치인들의 이분법적인 세계관을 비판했다.

**출제기관**
2018 **한겨레[하]**
2017 **한겨레[하]**

**10**

**김윤식**
2018년 10월 26일 타계한 서울대 명예교수이다. 생전 〈한국근대문예비평사연구〉, 〈한국문학사〉, 〈한국현대문학비평론〉 등의 저술을 남겼다. 1930년대 카프의 활동에 대한 연구는 문단에서 극찬을 받기도 한다.

**출제기관**
2018 **경향신문[하]**
2016 **KBS[상]**

정답 09 ① | 10 ①

**11**

☑ 오답체크
**11** 1회차　2회차

다음 중 '빙산이론'과 가장 관련 있는 작가는 누구인가?

① 조지 오웰

② 도스토예프스키

③ 빅토르 위고

④ 어니스트 헤밍웨이

☑ 정답체크

| 1회 | 2회 |
|---|---|
| ① ③ | ① ③ |
| ② ④ | ② ④ |

**빙산이론**

어니스트 헤밍웨이가 제시한 문학 이론으로, 전달하고 싶은 주제와 자신의 경험이 10이라면 그것의 1만 문학 작품으로 담아내야 독자들을 매료시킬 수 있다는 것이다. 반대로 말하면 1만큼의 소설을 쓰기 위해선 10만큼의 경험과 사색이 필요하다는 의미가 되기도 한다.

**출제기관**

2018 TV조선[하] SBS[하]

**12**

☑ 오답체크
**12** 1회차　2회차

다음과 같은 구절이 등장하는 소설과 그 작가에 대한 설명으로 옳지 <u>않은</u> 것은?

> "…그들은 무관심할 뿐입니다. 그들은 굿만 보고 있습니다. 그들은 끌려 다닙니다. 그들은 앵무새처럼 구호를 외칠 뿐입니다. 그렇습니다. 인민이란 그들에겐 양떼들입니다. 그들은 인민의 그러한 부분만을 써먹습니다. 인민을 타락시킨 것은 그들입니다. 양들과 개들을 데리고 위대한 김일성 동무는 인민공화국의 수상이라? 하하하……"

① 소설 첫 문장은 '새침하게 흐린 품이 눈이 올 듯하더니 눈은 아니 오고 얼다가 만 비가 추적추적 내리는 날이었다'로 시작한다.

② 소설 대부분의 전개는 주인공의 회상인 액자식 구성으로 이뤄져 있다.

③ 작가의 작품으로는 〈그레이 구락부 전말기〉, 〈구운몽〉, 〈바다의 편지〉 등이 있다.

④ 작가는 2011년 제1회 박경리문학상을 받았다.

☑ 정답체크

| 1회 | 2회 |
|---|---|
| ① ③ | ① ③ |
| ② ④ | ② ④ |

제시된 내용은 소설 〈광장〉의 일부분이다. ①은 현진건의 소설 〈운수 좋은 날〉의 도입부이다. 〈광장〉의 도입부는 '바다는 크레파스보다 진한 푸르고 육중한 비늘을 무겁게 뒤채면서, 숨을 쉰다'로 시작한다.

**〈광장〉**

최인훈이 1960년 발표한, 6 · 25 전쟁과 좌우대립 과정에서 파괴되는 인간성을 그린 소설이다.

**출제기관**

2018 경남MBC[하] SBS[하] 제주MBC[하]

2016 헤럴드경제[하]

정답　11 ④ | 12 ①

**13** ☑오답체크  1회차  2회차

## 다음 대한민국 임시정부 수립 날짜 중 정부에서 지정한 공식 기념일은 언제인가?

① 3월 17일

② 4월 11일

③ 4월 13일

④ 9월 11일

☑정답체크

| 1회 | 2회 |
|---|---|
| ① ③ | ① ③ |
| ② ④ | ② ④ |

**14** ☑오답체크  1회차  2회차

## 다음 중 종교에 대한 설명이 틀린 것은?

① 기독교 : 여호화를 유일신으로 믿으며 예수를 구세주로 믿는 종교이다.

② 힌두교 : 불을 섬기며 창조신 아후라 마즈다를 믿는다.

③ 이슬람교 : 유일신 알라를 믿으며, 무함마드를 예언자로 믿는 종교이다.

④ 불교 : 인도의 고다마 싯다르타의 가르침을 받아 깨달음을 얻고 부처가 되길 기원하는 종교이다.

☑정답체크

| 1회 | 2회 |
|---|---|
| ① ③ | ① ③ |
| ② ④ | ② ④ |

---

**핵심풀이** ❗

**13**

2018년 정부는 국무회의를 열어 기존 4월 13일로 해오던 임시정부 수립 기념일을 2019년부터 4월 11일로 바꾸겠다고 발표했다. 4월 13일을 기념했던 이유는 과거 일제의 독립운동 기록에 따른 것이었으나 최근 들어 4월 11일에 실제 임시정부 수립식을 했던 것이 밝혀져 바꾸게 되었다.

**임시정부 수립일 정리**
- 연해주 임시정부 수립 : 1919년 3월 17일
- 상해 임시정부 수립 : 1919년 4월 11일
- 상해 임시정부 수립 : 1919년 4월 13일(오판)
- 한성 임시정부 수립 : 1919년 4월 23일
- 통합 임시정부 수립 : 1919년 9월 11일

**출제기관**
2019 매일신문[하]
2018 조선일보[하] 뉴스1[하] 헤럴드경제[상]

**14**

②는 조로아스터교에 대한 설명이다.

**힌두교**
기독교와 이슬람교 다음으로 세계에서 3번째로 신자가 많은 종교이다. 고대 인도의 사상인 베다에서 비롯되었으며 다양한 신을 모시고 있다.

**출제기관**
2019 MBC[하] 한국일보[상]
2018 MBC[상]
2016 EBS[하] 언론진흥재단[상]

정답  13 ② | 14 ②

**15**

☑오답체크
**15** 1회차 2회차

**김동인의 소설 〈배따라기〉에 나오는 소설의 배경이 되는 섬은 어디인가?**

① 남해도

② 강화도

③ 안면도

④ 완도

☑정답체크

| 1회 | 2회 |
|---|---|
| ① ③ | ① ③ |
| ② ④ | ② ④ |

**15**

〈배따라기〉는 김동인이 1921년 발표한 단편소설로 강화도에 사는 형제의 결혼과 갈등의 이야기를 담고 있다.

출제기관
2016 SBS[하] YTN[상]

☑오답체크
**16** 1회차 2회차

**다음 소설 중 '르포르타주(Reportage)'와 가장 거리가 먼 작품은 무엇인가?**

① 〈카탈로니아 찬가〉 – 조지 오웰

② 〈서부전선 이상 없다〉 – 에리히 레마르크

③ 〈세계를 뒤흔든 열흘〉 – 존 리드

④ 〈카라마조프가(家)의 형제〉 – 도스토예프스키

☑정답체크

| 1회 | 2회 |
|---|---|
| ① ③ | ① ③ |
| ② ④ | ② ④ |

**16**

르포르타주(Reportage)
1차 세계대전 이후 발달한 매스컴의 영향으로 생겨난 장르이다. 실제 사회 사건의 현장 묘사의 성격이 짙은 사회고발 형식의 문학으로 〈카라마조프가(家)의 형제〉는 르포 문학과는 거리가 멀다.

출제기관
2018 MBN[하]
2017 JTV[상]
2016 영남일보[상]

정답 15 ② | 16 ④

# 예술·스포츠

시험에 나오는 것부터 공부하자!

# 출제 유력 32제

---

☑오답체크

## 01
1회차　2회차

다음 중 쇼팽이 작곡하지 <u>않은</u> 곡은 무엇인가?

① 〈즉흥 환상곡〉

② 〈헝가리 랩소디〉

③ 〈영웅 폴로네즈〉

④ 〈빗방울 전주곡〉

☑정답체크

| 1회 | 2회 |
|---|---|
| ① ③ | ① ③ |
| ② ④ | ② ④ |

---

☑오답체크

## 02
1회차　2회차

올림픽 개최지에서 함께 개최되며, 신체장애가 있는 선수들이 참가하는 국제 스포츠 대회의 이름은?

① 유니버시아드

② 패럴림픽

③ 장애인선수권대회

④ 짐네시아드

☑정답체크

| 1회 | 2회 |
|---|---|
| ① ③ | ① ③ |
| ② ④ | ② ④ |

---

핵심풀이 ❗

### 01

〈헝가리 랩소디〉는 프란츠 리스트의 작품이다.

**프레데리크 쇼팽**
폴란드의 음악가로 섬세하고 화려한 피아노곡을 지어 '피아노의 시인'으로 평가받는다. 21개의 녹턴 곡과 〈즉흥 환상곡〉, 〈영웅 폴로네즈〉, 〈빗방울 전주곡〉 등으로 유명하다.

**프란츠 리스트**
19세기 낭만파 시대의 헝가리 출신 음악가로 뛰어난 피아노 연주자이기도 했다. 〈헝가리 랩소디(광시곡)〉, 〈사랑의 꿈〉과 각종 기교 연습곡을 남겼다.

**출제기관**
2018 경남MBC[하]
2016 이투데이[상]

### 02

**패럴림픽(Paralympic)**
1948년 영국의 2차 세계대전 퇴역 군인들이 처음 개최했으며, 1988년 서울 하계 올림픽 이후로 국제 패럴림픽 위원회의 주관으로 올림픽 경기 후에 개최된다. 종목별로 참가할 수 있는 장애와 없는 장애가 있는데, 청각장애인과 발달장애인은 패럴림픽에 참가할 수 있는 종목이 없다.

**출제기관**
2017 불교방송[하] EBS[하] KBS[하]
2016 SBS[하]

정답　01 ② | 02 ②

## 핵심풀이 ❗

☑오답체크

**03** 1회차 2회차

**다음 중 야구 용어에 대한 설명이 올바르지 <u>않은</u> 것은?**

① 낫아웃(Not out) : 스트라이크 판정을 받았으나 포수가 공을 놓친 경우

② 트리플크라운(Triple Crown) : 그해 타율, 홈런, 타점에서 1위를 기록하는 타자

③ 픽오프플레이(Pick-off Play) : 투수가 공을 던지기 전부터 주자가 다음 루를 향해 달려가는 플레이

④ 더블스틸(Double Steal) : 주자들이 동시에 도루하는 것

☑정답체크

| 1회 | 2회 |
|---|---|
| ① ③ | ① ③ |
| ② ④ | ② ④ |

**03**

**픽오프플레이(Pickoff Play)**
투수가 견제구를 던져 주자를 아웃시키는 것을 말한다.

**낫아웃(Not Out)**
타자가 삼진된 상태이나, 포수 또한 공을 제대로 받지 못하면서 타자도 출루할 수 있는 상황이다.

**트리플크라운(Triple Crown)**
타자의 트리플 크라운 칭호 획득 조건은 그해 타율, 홈런, 타점에서 1위를 기록하는 것이다. 투수의 경우는 방어율, 다승, 탈삼진 기록에서 1위를 하는 것이다.

**더블스틸(Double Steal)**
두 명의 주자가 동시에 도루를 시도하는 것을 말한다.

출제기관
2020 경향신문[상] 뉴스1[상]
2018 SBS[하]
2017 경향신문[상]

☑오답체크

**04** 1회차 2회차

**한 경기 내내 선발투수가 교체되지 않고 상대팀 타자들을 1루에 내보내지 않은 야구 경기를 뜻하는 말은?**

① 퍼펙트 게임(Perfect Game)

② 치킨 게임(Chicken Game)

③ 퀄리티 스타트(Quality Start)

④ 노히트노런 게임(No-hit No-run Game)

☑정답체크

| 1회 | 2회 |
|---|---|
| ① ③ | ① ③ |
| ② ④ | ② ④ |

**04**

**퍼펙트 게임(Perfect Game)**
경기 내내 한 명의 투수가, 한 명의 타자도 1루로 나가지 못하게 하는 것이다. KBO에는 퍼펙트 게임을 기록한 투수가 없다.

**치킨 게임(Chicken Game)**
서로 양보하지 않으면 공멸하는 상황에서 경쟁자들이 끝까지 경쟁을 벌이는 게임이다. 공멸을 우려하여 먼저 양보하게 되면 겁쟁이(Chicken)로 불려 이런 이름이 붙었다.

**퀄리티 스타트(Quality Start)**
선발 투수가 6이닝 이상 마운드를 지키면서 3점 이하의 자책점을 허용하는 경우를 말한다.

**노히트노런 게임(No-hit No-run Game)**
9회 동안 한 번의 안타도 허용하지 않고 완료한 게임을 말한다. 안타 외의 규정으로 출루된 플레이는 가능하다.

출제기관
2020 경향신문[상] 뉴스1[상]
2018 포항MBC[하] 조선일보[하] 안동MBC[상]
2017 한겨레[상]

정답 **03** ③ | **04** ①

**05**

오답체크 | 1회차 | 2회차

1937년 스페인 내전 당시 나치군이 공습했던 곳으로 파블로 피카소가 이후 소재로 삼아 그림을 그려 참상을 전한 지역은 어디인가?

① 마드리드

② 게르니카

③ 아비뇽

④ 그라나다

정답체크 | 1회 | 2회
① ③ ① ③
② ④ ② ④

**06**

오답체크 | 1회차 | 2회차

대상을 유사하게 모방하여 비트는 것은 무엇인가?

① 클리셰(Cliche)

② 패러디(Parody)

③ 도슨트(Docent)

④ 오마주(Hommage)

정답체크 | 1회 | 2회
① ③ ① ③
② ④ ② ④

**05**

**스페인 내전**

마누엘 아사냐의 좌파 인민전선 정부와 프란시스코 프랑코의 우파 반란군 사이에 있었던 전쟁이다. 1936년 시작되었고 1939년 프랑코의 승리로 끝났다. 아사냐 측은 소비에트가 지원했으며 프랑코 측은 무솔리니와 히틀러가 지원했다.

**〈게르니카〉**

1937년 있었던 스페인 내전에서의 나치 공습으로 폐허가 된 게르니카의 참상을 피카소가 그린 것이다.

**피카소**

에스파냐의 화가로 브라크와 함께 입체주의를 창시하고 현대 미술의 영역과 양식을 개척했다. 대표작으로는 〈아비뇽의 처녀들〉, 〈게르니카〉 등이 있다.

출제기관

2019 영남일보[하]

2018 전주MBC[하] KBS[하] 국제신문[상]

2017 SBS[하]

**06**

**패러디(Parody)**

원전(原典) 혹은 실제 사건을 익살스럽게 조롱하여 표현하는 것을 말한다.

**클리셰(Cliche)**

효과적이지만 너무 흔해져서 관객들에게 식상할 수 있는 연출, 캐릭터, 스토리 등을 말한다.

**도슨트(Docent)**

전시회, 박물관 등에서 일정 수준의 지식을 갖춘 안내인을 말한다.

**오마주(Hommage)**

존경하는 예술가의 작품을 모방하여 기리는 것을 뜻한다.

출제기관

2020 대전MBC[상]

2019 SBS[하] 충북MBC[하] 연합뉴스[상]

2018 원주MBC[상] 경남MBC[하]

2017 CBS[하]

2016 SBS[하]

정답 | 05 ② | 06 ②

## 07

서사 매체에서 '관객의 몰입과 이야기의 전개를 위해 등장하지만 후반에는 아무것도 아닌 게 되는 요소'를 가리키는 말은?

① 리덕스 필름

② 메이킹 필름

③ 맥거핀

④ 스핀오프

## 08

수비수이면서도 공격을 담당하는 스포츠 선수를 가리키는 용어 '리베로'와 관련 <u>없는</u> 스포츠는 무엇인가?

① 배구

② 미식축구

③ 야구

④ 축구

---

**핵심풀이** ❗

### 07

**맥거핀**
알프레드 히치콕 감독이 자주 사용한 연출이다. 극이 전개될 때 강한 동기와 관객의 궁금증을 유발하지만 실상은 아무것도 아닌 요소들이다.

**리덕스 필름**
'리덕스'는 라틴어로 '복귀하다, 복구하다' 등의 의미를 지닌 단어로, 감독이 배급 사정을 고려해 편집하여 개봉했던 영화를 자신의 입맛에 맞춰 재편집해 개봉한 것을 가리킨다.

**메이킹 필름**
메이킹 필름은 촬영장에서의 스태프, 배우를 그대로 담은 필름이다. 대부분 마케팅을 목적으로 촬영한다.

**스핀오프**
본편에서 벗어나 이야기에서 파생될 수 있는 부가적인 이야기를 가리키는 말이다.

출제기관
2019 **연합뉴스**[하] **매일경제**[하]
2018 KBS[하]
2017 KBS[하]

### 08

**리베로(Libero)**
이탈리아어로 '자유인'이라는 뜻이다. 자신의 포지션인 중앙 수비수의 역할을 넘어서 공격 전개 시 공격에 도움을 주는 선수들을 가리킬 때 쓰는 말이다. 스위퍼(Sweeper)라고도 한다. 배구와 축구, 미식축구 등에서 쓰이나 야구 경기에서는 사용되지 않는 용어이다.

출제기관
2019 KBS[상]
2018 **국제신문**[상]
2017 **경향신문**[상]

정 답　07 ③ | 08 ③

☑오답체크

**09** 1회차 　2회차

조선 시대의 3대 화가로 평가받는 단원 김홍도, 혜원 신윤복, 오원 장승업을 통틀어 삼원이라 부른다. 여기서 '원'의 의미는 무엇인가?

① 구슬

② 동산

③ 으뜸

④ 원앙

☑정답체크

| 1회 | 2회 |
|---|---|
| ① ③ | ① ③ |
| ② ④ | ② ④ |

**10** 1회차 　2회차

다음 스포츠 기구의 명칭 중 배구 종목의 협회는 무엇인가?

① FIVB

② WBSC

③ FIFA

④ FIBA

☑정답체크

| 1회 | 2회 |
|---|---|
| ① ③ | ① ③ |
| ② ④ | ② ④ |

---

핵심풀이

**09**

단원(檀園) 김홍도, 혜원(蕙園) 신윤복, 오원(吾園) 장승업 등의 호에 들어가는 '원(園)'은 '동산'이라는 뜻이다.

출제기관

2018 대구TBC[상]

2017 SBS[하]

2016 청주MBC[상]

**10**

FIVB(Fédération Internationale de Volleyball)는 국제배구연맹, WBSC(World Baseball Softball Confederation)는 국제야구소프트볼연맹, FIFA(Fédération Internationale de Football Association)는 국제축구연맹, FIBA(Fédération Internationale de BAsketball)는 국제농구연맹을 가리킨다.

출제기관

2021 연합뉴스TV[상]

2020 경향신문[상] 연합뉴스[하]

2018 한겨레[하]

2016 CBS[상]

정답 09 ② | 10 ①

## 11

**다음 스포츠와 기원 국가 연결이 올바르지 <u>않은</u> 것은?**

① 배구 – 미국

② 리듬체조 – 그리스

③ 탁구 – 중국

④ 카누폴로 – 영국

---

## 11

탁구는 기원이 명확하지 않으나, 중세의 이탈리아 혹은 프랑스 등의 유럽에서 발생한 것으로 확인된다.

**출제기관**

2018 한겨레[하]

2017 G1강원민방[상]

---

## 12

**다음 영상 기법과 가장 관련 있는 인지효과를 고르시오.**

> 몽타주 기법 : 무관계해 보이는 여러 컷들을 연결함으로써 수용자에게 본래 사물들의 의미와는 다른 별개의 감정을 자아내게 된 것을 가리킨다.

① 쿨레쇼프효과

② 스파게티볼효과

③ 세뇨리지효과

④ 링겔만효과

---

## 12

**쿨레쇼프효과**

소련의 영화감독 레프 쿨레쇼프가 만들어낸 영상 제작 기법이다. 각 컷들이 연결될 때 관객에게 원래 컷의 의미와 다른 효과를 내는 것을 가리키는데 몽타주 기법의 원리라고도 한다.

**출제기관**

2019 KBS[상]

2018 KBS[하]

2016 CBS[상]

정 답  11 ③ | 12 ①

## 13

☑오답체크
1회차    2회차

**다음 스포츠 용어 중 테니스와 가장 관련 있는 것은 무엇인가?**

① 머슬메모리

② 타이브레이크

③ 파이어크로스볼

④ 페이드어웨이

☑정답체크

| 1회 | 2회 |
|---|---|
| ① ③ | ① ③ |
| ② ④ | ② ④ |

## 14

☑오답체크
1회차    2회차

**다음 도시들과 가장 연관 있는 예술용어는 무엇인가?**

> • 베니스          • 광주
> • 타이페이        • 테헤란
> • 파리            • 아이오와
> • 상파울루        • 이스탄불

① 루브르

② 넥스트웨이브

③ 비엔날레

④ 도큐멘타

☑정답체크

| 1회 | 2회 |
|---|---|
| ① ③ | ① ③ |
| ② ④ | ② ④ |

### 13

**타이브레이크(Tie Break)**
테니스 US 오픈에서 1970년에 도입한 규정으로 양 선수가 6게임을 가져간 상황에서 듀스 상태가 이어지는 걸 막기 위해 13번째 게임은 7포인트를 선취하는 쪽이 바로 세트를 가져가는 규정이다. US 오픈 외 나머지 대회는 마지막 세트에서는 타이브레이크를 규정하지 않는다.

**머슬메모리(Muscle Memory)**
복싱 선수들은 복싱 기술을 머리로 생각해 구사하는 것이 아니라 각 상황에 맞게 자동적으로 몸이 반응하게 해야 할 정도로 체득화시킨다. 머리가 아닌 몸이 기억한다 하여 이를 '머슬메모리(Muscle Memory)'라고 한다.

출제기관
2020 연합뉴스[하] 한국일보[상]
2019 경인일보[하]
2018 SBS[하] 한국일보[상]

### 14

모두 비엔날레가 열리는 도시들이다.

**비엔날레**
비엔날레는 '2년마다'라는 뜻의 이탈리아어로, 2년마다 열리는 미술 혹은 기타 예술의 전시회를 가리킨다. 1895년 이탈리아 베니스에서 처음 열렸으며, 국제 미술 전시회의 대명사가 되었다. 그밖에도 상파울루 비엔날레, 이스탄불 비엔날레, 하바나 비엔날레, 요하네스버그 비엔날레, 우리나라의 광주 비엔날레 등이 있다.

**루브르 박물관**
세계 3대 박물관 중 하나로 〈모나리자〉 등이 전시되어 있다. 1200년 루브르 성이 축조되었으며 18세기 말 미술관으로 사용되기 시작했다.

**넥스트웨이브 페스티벌**
1983년부터 미국 브루클린 아카데미에서 개최되는 연극 · 무용 · 퍼포먼스 등의 공연 축제이다.

**도큐멘타 전시회**
독일 카셀에서 5년마다 열리는 미술 전시회이다. 1955년 설립됐다.

출제기관
2019 한국일보[상]
2018 YTN[하]

정답   13 ② | 14 ③

## 15

☑오답체크
1회차　　2회차

**다음 중 르네상스 3대 화가가 <u>아닌</u> 사람은?**

① 레오나르도 다 빈치

② 미켈란젤로

③ 도나텔로

④ 라파엘로

☑정답체크

| 1회 | 2회 |
|---|---|
| ① ③ | ① ③ |
| ② ④ | ② ④ |

## 16

☑오답체크
1회차　　2회차

**다음 작품을 그린 한국의 화가는 누구인가?**

① 천경자　　　② 김환기

③ 이중섭　　　④ 이수근

☑정답체크

| 1회 | 2회 |
|---|---|
| ① ③ | ① ③ |
| ② ④ | ② ④ |

---

**핵심풀이** ❗

### 15

**도나텔로**
르네상스 시대 조각가로 〈다비드상〉, 〈가타멜라타 장군 기마상〉 등을 남겼다.

**레오나르도 다 빈치**
르네상스 시대 화가로 〈최후의 만찬〉, 〈모나리자〉 등을 남겼다.

**미켈란젤로**
르네상스 시대 화가로 〈다비드상〉과 〈천지창조〉 등을 남겼다.

**라파엘로 산치오**
르네상스 시대 화가로 〈아테네 학당〉, 〈성모 마리아와 아기 예수〉 등을 남겼다.

출제기관
2019 조선일보[하]
2018 YTN[하] 국제신문[상] 원주MBC[상]
2017 SBS[하]

### 16

김환기의 1972년작 〈3-Ⅱ-72 #220〉이다.

**김환기**
한국의 추상화가로 단순해보이지만 기하학적이고 동양적인 느낌을 주는 화풍을 보인다. 서울대학교와 홍익대 교수를 역임하다 1974년 사망했다. 그의 작품은 경매에서 높은 가격으로 매매되는 것으로 유명하다.

출제기관
2020 경향신문[상] 한국일보[상]
2019 서울경제[하]
2018 KBS[하] TV조선[하]
2017 문화일보[상] 한국일보[상]

정답　15 ③ | 16 ②

☑오답체크

**17** 1회차　2회차

## 다음 중 판소리 5마당이 <u>아닌</u> 것은?

① 춘향가

② 수궁가

③ 흥보가

④ 배비장전

☑정답체크

| 1회 | 2회 |
|---|---|
| ① ③ | ① ③ |
| ② ④ | ② ④ |

**17**

판소리 5마당
춘향가, 심청가, 흥보가, 적벽가, 수궁가

출제기관
2019 경인일보[하]
2018 국제신문[상] 안동MBC[상]
2016 청주MBC[상]

☑오답체크

**18** 1회차　2회차

## 다음 중 목관악기로 분류되지 <u>않는</u> 서양악기는?

① 플루트

② 유포니엄

③ 오보에

④ 클라리넷

☑정답체크

| 1회 | 2회 |
|---|---|
| ① ③ | ① ③ |
| ② ④ | ② ④ |

**18**

금관악기
피스톤이나 로터리 혹은 슬라이드 구조를 이루며 음을 조절하는 악기를 금관악기로 분류한다. 트럼펫, 호른, 튜바, 유포니엄 등이 있다.

목관악기
각각의 키에 음이 정해져 있는 방식의 악기이다. 플루트, 색소폰, 오보에, 클라리넷, 리코더, 바순 등이 있다. 과거에는 주로 목재로 만들었으나 현대에 와서 다른 재질로 만드는 경우가 많다.

출제기관
2019 광주MBC[상]
2017 평화방송[하]

정 답　**17 ④ | 18 ②**

**19**

바로크 시대에 가장 성행했던 종교적 색채를 띠는 성악곡은?

① 랩소디

② 레가토

③ 칸타타

④ 레퀴엠

**20**

다음 중 사물놀이에 해당하지 <u>않는</u> 것은?

① 꽹과리

② 장구

③ 소고

④ 북

**핵심 풀이** 

**19**

**칸타타**
바로크 시대 유행한 종교적 색채를 띠는 성악곡

**랩소디**
형식 · 내용면에서 비교적 자유로운 환상곡풍의 기악곡

**레가토**
음과 음 사이를 끊어지지 않게 부드럽게 연주라는 뜻으로 현악기 연주에서 주로 사용한다.

**레퀴엠**
'죽은 이를 위한 노래'라는 뜻의 대규모 관현악 음악 장르이다.

**출제기관**
2019 매일경제[하] KBS[상]
2018 경남MBC[상]
2016 전주MBC[상]

**20**

**사물놀이**
꽹과리, 징, 장구, 북을 연주하는 음악 또는 놀이

**출제기관**
2019 광주MBC
2018 안동MBC[상]
2017 조선일보[상] 한국언론진흥재단[상]

정 답   19 ③ | 20 ③

**21**

☑ 오답체크
1회차  2회차

다음 중 세계 3대 교향곡에 속하지 <u>않는</u> 것은 무엇인가?

① 〈운명〉

② 〈백조의 호수〉

③ 〈비창〉

④ 〈미완성 교향곡〉

☑ 정답체크

| 1회 | 2회 |
|---|---|
| ① ③ | ① ③ |
| ② ④ | ② ④ |

**21**

**세계 3대 교향곡**
베토벤의 〈운명〉, 슈베르트의 〈미완성 교향곡〉, 차이콥스키의 〈비창〉이 있다.

**러시아 3대 발레곡**
차이콥스키가 작곡한 〈호두까기 인형〉, 〈백조의 호수〉, 〈잠자는 숲속의 미녀〉이다.

출제기관
2018 **목포MBC[상]**
2016 **국민일보**

**22**

☑ 오답체크
1회차  2회차

스포츠 리그에서 드래프트 제도에 대한 설명으로 **틀린** 것은?

① 하위팀에 유리한 제도이다.

② 선수는 지명을 거부하고 다시 드래프트를 받을 권리가 없다.

③ FA자격을 얻은 선수에게 구단이 제의하는 것이다.

④ 북미와 아시아권 스포츠리그에서 많이 실시한다.

☑ 정답체크

| 1회 | 2회 |
|---|---|
| ① ③ | ① ③ |
| ② ④ | ② ④ |

**22**
③은 퀄리파잉 오퍼에 대한 설명이다.

**드래프트(Draft)**
신인 혹은 팀 해체 등의 사유로 자유계약 상태인 선수들을 모아 리그 소속 팀이 돌아가면서(라운드) 선수들을 지명하여 공평하게 나눠갖는 것이다.

**퀄리파잉 오퍼(Qualifying Offer)**
선수들은 구단에 소속되어 있으나 리그별로 정해진 일정 요건을 채울 경우 FA자격을 얻게 된다. 이때 구단은 선수가 팀에 잔류하길 원할 경우 선수에게 리그 평균 몸값만큼의 금액을 줄 테니 잔류할 것을 제안할 수 있다. 선수가 거절하게 될 경우 구단은 신인 드래프트 때 1라운드와 2라운드 사이에 '샌드위치 픽'을 얻을 수 있다.

출제기관
2019 **연합뉴스[상]**
2018 **전주MBC[하]**

**정답** 21 ② | 22 ③

**23** ☑오답체크  1회차  2회차

## 다음 중 세계 5대 모터쇼로 포함되지 <u>않는</u> 모터쇼는?

① 싱가포르 모터쇼

② 도쿄 모터쇼

③ 제네바 모터쇼

④ 디트로이트 모터쇼

☑정답체크

| 1회 | 2회 |
|---|---|
| ① ③ | ① ③ |
| ② ④ | ② ④ |

**24** ☑오답체크  1회차  2회차

## 다음 중 근대 5종 경기가 <u>아닌</u> 것은?

① 크로스컨트리

② 사격

③ 복싱

④ 승마

☑정답체크

| 1회 | 2회 |
|---|---|
| ① ③ | ① ③ |
| ② ④ | ② ④ |

---

**핵심풀이** ❗

### 23

**세계 5대 모터쇼**
프랑스 모터쇼, 프랑크푸르트 모터쇼, 제네바 모터쇼, 북미 국제 모터쇼(디트로이트 모터쇼), 도쿄 모터쇼

**출제기관**
2017 조선일보[상]
2016 SBS[하]

### 24

**근대 5종**
고대 5종 경기를 현대에 맞게 발전시킨 것으로 근대올림픽을 창설한 쿠베르탱의 실시로 시작하게 되었다. 권총 사격, 에페 펜싱, 200m 자유수영, 장애물 승마, 크로스컨트리가 있다.

**고대 5종**
고대 올림픽에서 실시한 5개 스포츠 종목이다. 달리기, 레슬링, 멀리뛰기, 창던지기, 원반던지기가 있다.

**출제기관**
2018 경인일보[하] 춘천MBC[상]

정 답  23 ① | 24 ③

**25** ☑ 오답체크 1회차 2회차

## 월드컵에 대한 설명 중 **틀린** 것은?

① 월드컵 본선은 총 64번의 경기로 이뤄져 있다.

② 러시아 월드컵을 포함해 우리나라가 월드컵에 진출한 횟수는 총 9회이다.

③ 'W세대'란 2002년 월드컵 당시 응원을 주도한 세대를 가리키는 말이다.

④ 2018년 러시아 월드컵의 우승국은 프랑스이다.

☑ 정답체크

| 1회 | 2회 |
|---|---|
| ① ③ | ① ③ |
| ② ④ | ② ④ |

**26** ☑ 오답체크 1회차 2회차

## 다음 중 용어와 특징의 연결이 옳지 **않은** 것은?

① 샤잠 : 영상을 편집하는 프로그램

② 누아르 : 범죄자 세계를 소재로 하는 영화

③ 디졸브 : 서서히 이전 화면이 흐려지고 다음 화면이 나타나는 편집 기법

④ 마살라 : 인도의 영화에서의 장르 혼합

☑ 정답체크

| 1회 | 2회 |
|---|---|
| ① ③ | ① ③ |
| ② ④ | ② ④ |

---

### 핵심 풀이 ❗

**25**

우리나라는 1954년 스위스 월드컵에 처음 진출했으며 이후 1986년부터 2018년까지 연속 9회 진출하여 총 10회 진출하였다.

**월드컵 본선**

월드컵은 32개국이 본선에 진출하며 4개국씩 8조로 조별리그를 한다. 4개국이 각각 조 내의 모든 국가와 경기를 한다면 6경기가 나와 16강에서는 총 48번의 경기가 나오고, 8강에서 8번, 4강에서 4번, 준결승에서 2번의 경기를 치룬다. 결승전과 3 · 4위전을 합치면 총 64번의 경기를 한다.

**출제기관**

2019 **조선일보**[하]

2018 **경향신문**[하]

2017 **뉴스1**[하]

2016 **국민일보**[하]

**26**

샤잠(Shazam)은 음악을 검색하고 듣는 프로그램이다. 영상 편집 프로그램으로는 iMovie, Filmmaker pro, Go Pro Quik, Adobe Premiere 등이 있다.

**누아르(Noir)**

'검은 영화'라는 뜻으로 어둡고 냉소적인 분위기를 배경으로 범죄자들의 세계를 묘사하거나 스릴러물 등을 다룬다.

**디졸브(Desolve)**

편집 기법의 하나이다. 이전 화면이 점차 흐릿해지면서 그 다음 화면이 동시에 점차 짙어진다.

**마살라(Massala)**

인도 영화 제작계인 발리우드에서 자주 사용하는 장르 혼합이다. 주로 등장인물들이 단체 안무를 하고 노래를 부른다. '다양한 향신료'를 뜻하는 말로 극을 다채롭게 꾸민다는 의미에서 붙여진 용어이다.

**출제기관**

2020 **경향신문**[상]

2018 **코리아헤럴드**[하] **YTN**[하]

2017 **SBS**[하]

2016 **EBS**[하]

정답 25 ② | 26 ①

**27**

☑오답체크

| 1회차 | 2회차 |

다음 중 세계 3대 국제 영화제가 <u>아닌</u> 것은?

① 베니스 영화제

② 베를린 영화제

③ 아카데미 영화제

④ 칸 영화제

☑정답체크

| 1회 | 2회 |
|---|---|
| ① ③ | ① ③ |
| ② ④ | ② ④ |

---

**핵심풀이**

**27**

아카데미(오스카) 시상식은 미국 할리우드의 영화 제작진과 배우들을 대상으로 열린다.

**세계 3대 국제영화제**
베니스 영화제, 베를린 영화제, 칸 영화제

**세계 3대 단편영화제**
핀란드의 템페레 영화제, 독일의 오버하우젠 영화제, 프랑스의 클레르몽 페랑 영화제

**출제기관**
2018 대구TBC[상]
2017 서울경제신문[하]
2016 매일경제[상]

---

**28**

☑오답체크

| 1회차 | 2회차 |

다음 중 영국 웨스트엔드와 미국 브로드웨이의 '세계 4대 뮤지컬'에 속하지 <u>않는</u> 것은?

① 〈캣츠〉

② 〈레미제라블〉

③ 〈카르멘〉

④ 〈오페라의 유령〉

☑정답체크

| 1회 | 2회 |
|---|---|
| ① ③ | ① ③ |
| ② ④ | ② ④ |

---

**28**

**세계 4대 뮤지컬**
〈캣츠〉, 〈레미제라블〉, 〈오페라의 유령〉, 〈미스 사이공〉

**세계 4대 오페라**
〈마술피리〉, 〈토스카〉, 〈라 트라비아타〉, 〈카르멘〉

**셰익스피어의 4대 비극**
〈햄릿〉, 〈오셀로〉, 〈리어왕〉, 〈맥베스〉

**셰익스피어 5대 희극**
〈말괄량이 길들이기〉, 〈십이야〉, 〈베니스의 상인〉, 〈뜻대로 하세요〉, 〈한여름밤의 꿈〉

**출제기관**
2019 조선일보[하]
2018 전주MBC[하] MBC-C&I[하]
2017 아이뉴스24[상]

---

정 답　27 ③ | 28 ③

☑오답체크

## 29

1회차    2회차

**영상 편집 과정에서 가장 광범위한 의미의 장면 구성을 무엇이라 하는가?**

① 신(Scene)

② 숏(Shot)

③ 시퀀스(Sequence)

④ 컷(Cut)

☑정답체크

| 1회 | 2회 |
|---|---|
| ① ③ | ① ③ |
| ② ④ | ② ④ |

### 29

영화를 촬영할 때 카메라 노출을 한 번 시켜 담은 만큼의 장면을 숏(Shot)이라 한다. 극의 구성상 '하나의 전개'를 나타내는 정도의 분량으로 나눈 것을 신(Scene), 극의 전개를 이야기 구조로 분석할 때 하나의 의미 있는 구성이 되는 정도의 분량을 모은 것을 시퀀스(Sequence)라고 한다.

출제기관

**2019 EBS[하] 방송통신심의위원회[상]**

**2016 EBS[하]**

☑오답체크

## 30

1회차    2회차

**화면 속에 나오는 모든 요소들이 이루고 있는 미학적 결과와 이것을 배치하는 일을 가리키는 것은?**

① 콘티

② 텐트폴

③ 에퀴티 펀딩

④ 미장센

☑정답체크

| 1회 | 2회 |
|---|---|
| ① ③ | ① ③ |
| ② ④ | ② ④ |

### 30

**미장센**
영화의 한 화면 속에 소품 등 모든 영화적 요소를 동원해 주제를 드러내는 방법이다. 컷 안에 장면을 담아내는 미학적 연출 자체를 가리키는 말로도 쓰인다.

**콘티(Continuity)**
영화, 드라마, 애니메이션, 만화 등 많은 서사장르의 제작에 앞서 제작자들이 실제 제작 작업에 필요한 것을 담기 위해 제작한다. 스토리보드라는 이름으로도 불린다.

**텐트폴(Tent-pole)**
영화사가 그 이전에 흥행 실패를 겪어도 수익을 만회할 수 있는 수익 가능성이 높은 대작 영화를 텐트폴이라 한다.

**에퀴티 펀딩(Equity Funding)**
부동산 혹은 각종 문화산업에서 건축자 · 제작자가 지분을 일정량 구매해야 하는 것을 말한다. 제작자의 자기자본이 들어가면 동기가 유발되고 위험을 분담하기에 보증의 측면이 있다.

출제기관

**2018 KBS[하] 연합뉴스[상]**

정 답    29 ③ | 30 ④

**31** ☑오답체크 1회차 2회차

편집된 것이 아닌 있는 그대로의 영상 자료를 가리키는
말은?

① 푸티지

② 네오리얼리즘

③ 누보로망

④ 누벨바그

☑정답체크

| 1회 | 2회 |
|---|---|
| ① ③ | ① ③ |
| ② ④ | ② ④ |

**32** ☑오답체크 1회차 2회차

다음 중 영화 용어에 대한 설명으로 옳지 않은 것은?

① 신스틸러 : 전개상 크게 중요하지 않으나 유달리 주목받
　는 조연 배우

② 인터미션 : 악당 역으로 데뷔해 주목을 받는 신인 배우

③ 블랙코미디 : 사회 풍자적 희극

④ 시퀀스 : 극 중 하나의 전개를 담당하는 분량의 영상

☑정답체크

| 1회 | 2회 |
|---|---|
| ① ③ | ① ③ |
| ② ④ | ② ④ |

**핵심풀이** 💬

**31**

**푸티지(Footage)**
영화 제작 시 미편집한 원본 자료들을 가리키는 말이다. 이
러한 속성을 가리켜 파운드 푸티지(Found Footage)라는 장
르도 나왔는데, '누군가가 촬영했고 소실되었다가 이후 발
견되어 그대로 공개된, 편집되지 않은 영상'이라는 설정이
다. 호러 영화에서 자주 접목되고 있다.

**누벨바그**
'새로운 물결'이라는 의미로 1950년대 후반부터 나타난 프
랑스 영화계의 새로운 경향을 말한다. 이들은 강요된 도덕
관념을 거부했고 영화적 형식의 자유분방함을 추구했다. 이
러한 누벨바그 운동은 이후 전 세계 영화계에 큰 영향을 끼
쳤다.

**출제기관**
2019 안동MBC[상] 방송통신심의위원회[상]
2018 경향신문[하]
2016 전주MBC[상]

**32**
②는 '뉴헤비(New Heavy)'에 대한 설명이다.

**인터미션**
극 중간의 휴식 시간을 가리킨다.

**신스틸러**
주연은 아니지만 주연보다 더욱 관객의 주목을 받는 조연
을 말한다.

**블랙코미디**
사회 풍자적인 희극이다.

**시퀀스**
하나의 전개 분량의 영상을 가리킨다.

**출제기관**
2019 EBS[하] 방송통신심의위원회[상]
2018 TV조선[하]
2017 SBS[상]

정답　31 ① | 32 ②

# 한국사

시험에 나오는 것부터 공부하자!

# 출제 유력 32제

---

## 01

☑ 오답체크　1회차　2회차

### 다음 중 신석기시대의 특징이 아닌 것은?

① 귀족과 평민 등의 계급이 뚜렷이 분화되었다.

② 빗살무늬 토기를 사용하였다.

③ 농경문화가 나타나기 시작했다.

④ 강가나 평지에 움막을 짓고 모여 살았다.

☑ 정답체크

| 1회 | 2회 |
|---|---|
| ① ③ | ① ③ |
| ② ④ | ② ④ |

---

## 02

☑ 오답체크　1회차　2회차

### 다음 중 최초로 고조선의 건국 연대를 기원전 2333년으로 밝히고 있는 역사서는 무엇인가?

① 〈동국통감〉

② 〈해동역사〉

③ 〈제왕운기〉

④ 〈삼국유사〉

☑ 정답체크

| 1회 | 2회 |
|---|---|
| ① ③ | ① ③ |
| ② ④ | ② ④ |

---

핵심풀이 🔍

### 01

계급사회의 특징이 나타나는 것은 청동기시대부터이다.

**신석기시대**
농경문화가 시작되었으며, 동굴에서 벗어나 움막을 짓고 사는 특징을 보인다. 도구로는 간석기와 빗살무늬 토기를 사용했다.

**출제기관**
2018 MBC[하] 대구TBC[상]

### 02

**〈동국통감〉**
조선 성종 대에 서거정 등이 편찬한 역사서이다. 고조선부터 고려 말까지의 역사를 편년체로 정리하였다. 중국 요나라 임금의 즉위년에 비교하여 고조선의 기원을 2333년으로 밝히고 있다.

**〈해동역사〉**
조선 말기 실학자 한치윤이 편찬한 역사서이다. 고조선부터 고려까지 기전체로 정리하였다.

**〈제왕운기〉**
고려시대 학자 이승휴가 쓴 역사책이다. 한국과 중국의 역사를 운문으로 기술했다. 단군조선과 발해사에 대해 언급되어 있다.

**〈삼국유사〉**
고려의 승려인 일연이 1281년 쓴 역사서이다. 고조선사에 대한 언급이 있다.

**출제기관**
2018 MBC-C&I[하] MBC[상] 원주MBC[상]

정답　01 ① | 02 ①

## 03

### 부여와 옥저에 대한 설명으로 옳지 않은 것은?

① 부여에는 영고라는 제천 행사와 순장, 1책 12법, 우제점
   법, 형사취수제 등이 있었다.

② 부여는 왕권이 미약하여 수해나 한해로 흉년이 들면 왕
   에게 책임을 묻기도 하였다.

③ 옥저는 어물과 소금 등 해산물이 풍부하였고, 토지가 비
   옥하여 농경이 발달하였다.

④ 옥저에는 혼인을 정한 뒤 신부 집의 뒤꼍에 작은 집을 지
   어 사위를 머무르게 하던 데릴사위제가 있었다.

## 04

### 삼국시대의 각 특징으로 옳지 않은 것은?

① 〈삼국사기〉에는 선덕여왕이 마지막 성골 출신의 신라왕
   이었던 것으로 기록되어 있다.

② 고구려는 사자, 조의, 선인 등의 관리직이 있었다.

③ 고구려는 제가회의를 통해 국가의 중대사를 논의하여 결
   정하였다.

④ 백제는 22담로가 있어 지방에 왕족들을 파견하여 통제
   했다.

---

**핵심풀이** 💡

### 03

데릴사위제는 고구려의 풍습이다.

**옥저**

한반도 북부에 있었던 부족국가로 위만 조선과 한사군의 공격을 받아 축소되어 고구려에 편입되었다. 민며느리제, 골장제, 가족 공동무덤 등의 풍속이 있다.

**부여**

부여는 고구려와 백제의 근원이 된 한반도 고대국가이다. 중앙집권화에 이르지 못한 국가연합체로 왕권이 미약하였다. 영고라는 제천 행사와 순장, 1책 12법, 우제점제, 형사취수제 등의 풍습이 있었다.

**고구려**

형사취수제와 서옥제(데릴사위제)라는 결혼 풍습이 있었다. 형사취수제는 형이 죽을 경우 동생이 형수와 결혼하여 사는 풍습이며, 서옥제는 결혼 전 남자가 처가 옆에 작은 집을 마련하여 인근에 기거하다가 결혼하는 풍습이다. 또한 동맹이라 부르는 제사를 지냈다.

**출제기관**

2018 전주MBC[하] 원주MBC[상]

### 04

**골품제**

신라의 신분제도로 골품에 따라 관직 승진에 제한을 두었다. 진골의 아래였던 6두품 세력은 이에 불만을 품고 신라 후기에는 지방의 호족 세력과 연계하여 사회 개혁을 추구하였다. 마지막 성골 출신의 국왕은 진덕여왕이다.

**고구려의 사회**

고구려는 왕 아래 상가, 고추가 등의 대가들이 사자, 조의, 선인 등의 관리를 거느렸고, 제가회의를 통해 국가의 중대사를 논의하여 결정하였다. 고구려에서는 10월에 동맹이라는 제천 행사를 통해 하늘에 제사를 지내는 풍습이 있었으며, 혼인을 하면 신랑이 신부 집 뒤에 서옥이라는 집을 짓고 생활하다가 일정 기간이 지난 후에 신랑 집으로 돌아가는 서옥제라는 풍속이 있었다.

**백제의 사회**

백제 웅진 시기 무령왕은 지방에 22담로를 설치하고 왕족들을 보내 지방 통제를 강화하였다. 뇌물을 받은 관리를 종신형에 처하는 등 처벌이 엄격했다.

**출제기관**

2018 경남MBC[하] 언론중재위원회[상] 원주MBC[상]

정 답    03 ④ | 04 ①

☑오답체크

**05** 1회차    2회차

### 다음에서 설명하는 인물과 가장 관련 <u>없는</u> 것은?

> 젊은 날 불가에 귀의하여, 당나라 유학을 떠났으나 의도치 않게 깨달음을 얻었다. 귀국한 그는 불교의 대중화를 위해 힘썼으며 아미타불을 섬기는 종파를 들여왔다.

① 화쟁 사상을 주장하면서 불교적 논리를 집대성한 〈십문 화쟁론〉을 지었다.

② 〈무애가〉라는 노래를 지었으나 가사는 전해지지 않는다.

③ 6두품 출신의 승려로 많은 백성으로부터 존경을 받아 '신라십성'으로 추대되기도 했다.

④ 신문왕에게 〈화왕계〉를 올려 간언하였다.

☑정답체크

| 1회 | 2회 |
|---|---|
| ① ③ | ① ③ |
| ② ④ | ② ④ |

☑오답체크

**06** 1회차    2회차

### 다음 중 제도의 성격이 나머지와 가장 <u>먼</u> 것 중 하나는 무엇인가?

① 상피제도

② 사심관제도

③ 기인제도

④ 상수리제도

☑정답체크

| 1회 | 2회 |
|---|---|
| ① ③ | ① ③ |
| ② ④ | ② ④ |

---

**핵심풀이** ❗

**05**
원효에 관한 설명으로 당나라 유학 도중 해골물을 마시고 깨달음을 얻은 이야기이다.

**원효**
불교 승려·사상가로 당나라에서 화엄종을 들여와 아미타 불을 숭배하는 아미타 신앙을 퍼뜨리고 화쟁 사상, 일심 사 상을 주장하였으며, 〈대승기신론소〉와 〈십문화쟁론〉을 지어 그의 사상을 저술하였다. 그는 태종 무열왕의 딸 요석공주 와의 사이에서 설총을 낳았다.

**설총**
설총은 한자의 음(音)과 훈(訓)을 빌려 우리말을 표기하는 이두를 정리하였고, 신문왕에게 간언의 뜻을 담은 〈화왕계〉 를 올렸다.

출제기관
2017 **불교방송[하]**
2016 **경향신문[상]**

**06**
상피제도를 제외한 나머지 제도는 지방 호족의 기반 강화 에 대한 견제의 성격을 띠고 있다.

**상피제도**
고려 선종 대에 실시된(1092) 제도로 지방 파견 관리가 자 신의 가족과 친척이 사는 지방에 부임할 수 없도록 하는 것 이다. 최근 정부에서 교사와 자녀가 한 학교에 다니지 못하 게 하는 학교 상피제를 도입하겠다고 밝히기도 했다.

**사심관제도**
고려 태조 대에 실시된 지방 호족의 견제 제도이다. 지방 유력자를 사심관으로 삼아 개경에서 지방을 관리하도록 했 다. 충렬왕 대에 폐지되었다.

**기인제도**
고려 태조가 실시한 왕권 강화책으로 지방 호족의 자제 중 한 명을 개경에 보내어 볼모로 삼는 것이다.

**상수리제도**
기인제도의 모태라고 할 수 있는 신라의 지방 호족 견제책 이다. 자제 중 한 명을 수도로 올려보냈다.

출제기관
2018 **조선일보[하] 원주MBC[하]**

정 답    05 ④ | 06 ①

**07** ☑오답체크 1회차 2회차

## 발해의 특징으로 옳지 <u>않은</u> 것은?

① 지배층은 고구려 유민, 피지배층은 말갈족이었다.

② 대조영이 상경용천부를 수도로 삼아 건국했다.

③ 행정구역은 5경 15부 62주가 있었다.

④ 자신들이 고구려의 후예임을 밝혔다.

☑정답체크

| 1회 | 2회 |
|---|---|
| ① ③ | ① ③ |
| ② ④ | ② ④ |

**08** ☑오답체크 1회차 2회차

## 이규보의 글의 내용과 관련 있는 문화재에 대한 설명으로 옳은 것은?

> 신통한 힘을 빌려주어 완악한 오랑캐가 멀리 도망가서 다시는 우리 국토를 짓밟는 일이 없게 해주십시오. 전쟁이 그치고 전국이 평안하며, 나라의 국운이 만세토록 유지되게 해주소서.

① 자장의 건의로 만들어졌다.

② 경상남도 합천 해인사에 보관되어 있다.

③ 현존하는 최고(最古)의 금속 활자본이다.

④ 배중손 등이 제주도에서 원나라에 항전하던 당시 만들어졌다.

☑정답체크

| 1회 | 2회 |
|---|---|
| ① ③ | ① ③ |
| ② ④ | ② ④ |

---

**핵심풀이** ❗

**07**

대조영은 발해를 동모산에 건국했다.

**발해**

고구려가 멸망한 뒤 만주·한반도 북부(현 연해주 일대)에 698년 세워진 국가이다. 건국 당시 발해의 수도는 동모산 일대였으며, 상경용천부는 발해의 멸망 때까지의 수도이다.

**출제기관**

2018 MBC[상]

2016 청주MBC[상]

**08**

이규보는 〈대장각판군신기고문(大藏刻板君臣祈告文)〉을 지어 대장경판 제작의 이유를 밝혔다.

**팔만대장경**

해인사에 보관되어 있다. 몽골의 침입 당시 강화도로 천도한 고려 정부가 부처의 힘으로 몽골군을 물리치고자 16년에 걸쳐 제작하였다. 세계에서 가장 우수한 대장경으로 꼽히며 2007년에는 유네스코 세계기록유산으로 지정되었다.

**황룡사 구층 목탑**

신라 선덕여왕 대에 승려 자장 대사의 건의로 주변 9개 민족의 침략을 부처의 힘으로 막겠다는 의미가 담긴 황룡사 구층 목탑을 건립하였다.

**직지심체요절**

1377년에 청주 흥덕사에서 간행한 현존하는 세계 최고(最古)의 금속 활자본으로 공인받고 있으며, 현재 프랑스 국립 도서관에 소장되어 있다.

**삼별초**

최우의 친위대 야별초에서 무신들의 무장세력으로 발전한 군사단체이다. 원종의 항복 이전에는 도방의 친위군적 성격을 띠었으며 원종의 원나라 항복 이후에는 제주도로 옮겨가 항거하였다. 자주적 면모를 볼 수도 있으나 무신세력의 잔당으로 볼 수도 있다. 1270년의 일로 1251년 완성된 팔만대장경의 제작과는 약 20년의 차이가 있다.

**출제기관**

2018 MBC[상] 언론중재위원회[상]

정답 **07 ②** | **08 ②**

**09** ☑오답체크 1회차 2회차

## 다음 중 조선시대에 일어난 전투가 <u>아닌</u> 것은?

① 귀주대첩

② 탄금대전투

③ 명량해전

④ 광성보전투

☑정답체크

| 1회 | 2회 |
|---|---|
| ① ③ | ① ③ |
| ② ④ | ② ④ |

**10** ☑오답체크 1회차 2회차

## 다음의 명령을 내린 왕이 실시한 정책으로 옳은 것은?

> • 정초와 변효문에게 새로운 농서 편찬을 지시하였다.
> • 우리 풍토에 맞는 농법을 보급하기 위한 서적이 되어야 할 것을 당부했다.

① 결작을 징수하여 재정 부족 문제에 대처하였다.

② 연분 9등법을 시행하여 수취 체제를 정비하였다.

③ 기유약조를 체결하여 일본과의 무역을 재개하였다.

④ 직전법을 실시하여 현직 관리에게만 수조권을 지급하였다.

☑정답체크

| 1회 | 2회 |
|---|---|
| ① ③ | ① ③ |
| ② ④ | ② ④ |

---

**핵심풀이** ♥

**09**

**귀주대첩(1019)**
고려가 거란에 맞서 귀주에서 승리한 전투이다. 수성전이 아닌 회전(會戰)으로 강감찬 장군이 거란군 20만명을 물리쳤다.

**탄금대전투(1592)**
임진왜란 초기 일본군이 북상하자 신립이 수만의 기병으로 탄금대에서 맞섰으나 패한 전투이다. 당초 문경새재의 고지에서 맞서 싸울 예정이었으나, 신립이 기병의 이점을 살릴 평야를 고집하였다고 한다.

**명량해전(1597)**
이순신 장군이 백의종군에서 복귀한 뒤 벌인 전투로 13척의 배로 수백척의 일본군을 명량에서 물리쳤다.

**신미양요(1871)**
1871년 미국이 제너럴 셔먼호 사건을 빌미로 강화도에 쳐들어오자(신미양요), 어재연 장군을 비롯한 수비대가 맞서 광성보에서 맞서 싸워 전사하였다.

출제기관
2019 G1강원민방[상]
2018 KBS[하] SBS라디오[하] 대구TBC[상]
2016 동아이지에듀[하] 조선일보[하] SBS[하]

---

**10**
세종이 지시한 〈농사직설〉의 편찬에 대한 설명이다.

**조선 세종**
조선의 4대 임금으로 훈민정음을 만들고 명령을 내려 〈삼강행실도〉, 〈효행록〉, 〈농사직설〉을 편찬하였다. 최윤덕과 김종서를 시켜 북방에 4군 6진을 개척하도록 하였으며, 이종무를 시켜 대마도를 정벌하도록 했다. 연분 9등법을 실시하여 수취 체제를 정비했다.

**균역법**
조선 영조는 균역법의 시행으로 부족해진 재정을 보충하기 위해 지주들에게 결작이라 하여 토지 1결당 쌀 2두를 부과했다.

**기유약조**
조선 광해군은 대마도주와 기유약조를 체결하고 국교를 재개하여 부산에 왜관을 설치했다.

**직전법**
과전법으로 지급된 토지가 수신전, 휼양전 등의 명목으로 세습되는 등 과전법이 악용되자 조선 세조 대에 실시한 현직 관리에게만 수조지를 지급하는 제도이다.

출제기관
2019 KBS[상]
2018 KBS[하] 원주MBC[상]
2016 SBS[하]

정 답 **09** ① | **10** ②

## 11

☑오답체크
1회차    2회차

이순신 장군의 마지막 전투로, 퇴각하는 일본군을 추격하여 섬멸하는 가운데 벌어진 전투는 무엇인가?

① 노량해전

② 한산도대첩

③ 명량해전

④ 칠천량해전

☑정답체크

| 1회 | 2회 |
|---|---|
| ① ③ | ① ③ |
| ② ④ | ② ④ |

## 11

**이순신**
임진왜란이 발발할 당시(1592) 전라좌도 수군절도사로 재임하여 거북선을 건조하였다가 일본 수군에 수많은 승리를 거뒀다. 이후 모함을 받아 백의종군하였으나, 칠천량해전에서 원균이 이끄는 수군이 대패하자 다시 복직하여 명량해전, 노량해전 등의 승리를 이끌었다.

**노량해전**
이순신 장군은 도요토미 히데요시의 사망과 함께 패색이 짙어지자 일본으로 도망가려는 일본 함대 100여 척을 추적해 침몰시켰다.

**한산도대첩**
이순신 장군이 1592년 한산도 앞바다에서 와키자카 야스히루가 이끄는 일본 수군 73척을 괴멸시킨 전투이다. 이순신 장군은 이때 처음으로 학익진을 사용하였다.

**명량해전**
이순신 장군이 백의종군에서 복귀한 뒤 벌인 전투로 13척의 배로 수백척의 일본군을 명량에서 물리쳤다(1597).

출제기관
2019 **충북MBC[상]**
2018 **KBS[하] 연합뉴스[상]**

## 12

☑오답체크
1회차    2회차

조선시대에 일어난 4대 사화의 발생 시기가 이른 순서대로 배치한 것을 고르시오.

① 무오사화 – 갑자사화 – 기묘사화 – 을사사화

② 무오사화 – 기묘사화 – 을사사화 – 갑자사화

③ 갑자사화 – 을사사화 – 무오사화 – 기묘사화

④ 갑자사화 – 기묘사화 – 무오사화 – 을사사화

☑정답체크

| 1회 | 2회 |
|---|---|
| ① ③ | ① ③ |
| ② ④ | ② ④ |

## 12

**무오사화**
연산군 대에 김일손이 스승인 김종직의 조의제문을 실록에 기록한 것을 유자광, 이극돈 등의 훈구 세력이 연산군에게 고해 발생하였다(1498).

**갑자사화**
연산군이 생모 폐비 윤씨의 죽음에 대신들이 연관된 것을 알게 되면서 벌어진 사화이다(1504).

**기묘사화**
중종 대에 조광조가 현량과 실시, 소격서 폐지, 위훈 삭제 등의 급진적 개혁을 실시하자, 이에 반발한 훈구파 세력들이 주초위왕 사건을 일으켜 사림이 피해를 입었다(1519).

**을사사화**
명종이 어린 나이로 즉위하자 명종의 어머니 문정왕후가 수렴청정을 하였다. 인종의 외척인 윤임을 중심으로 한 대윤 세력과 명종의 외척인 윤원형을 중심으로 한 소윤 세력의 대립으로 을사사화가 발생하여 윤임을 비롯한 대윤 세력과 사림이 큰 피해를 입었다(1545).

출제기관
2018 **전자신문[하]**
2017 **KBS[하]**
2016 **SBS[하]**

정답   **11 ① | 12 ①**

## 13

☑오답체크 1회차　2회차

**조선 명종 대에 발생한 일에 대한 설명으로 옳은 것은?**

① 수취 제도가 문란해져 임꺽정 등의 도적이 일어났다.

② 훈구파 세력이 주초위왕 사건을 일으켜 조광조를 모함하였다.

③ 전대 왕 인종이 장수하여 명종은 즉위 당시 나이가 매우 많았다.

④ 서원의 탈세 문제가 심각하여 첩설과 사설을 훼철하였다.

☑정답체크

| 1회 | 2회 |
|---|---|
| ① ③ | ① ③ |
| ② ④ | ② ④ |

## 14

☑오답체크 1회차　2회차

**다음 중 〈여유당전서〉가 집필되던 시기와 시간상의 격차가 가장 먼 시기에 대한 설명은?**

① 삼정의 문란이 심화되었다.

② 정조의 계획도시 수원에 화성이 건축되었다.

③ 〈목민심서〉가 집필되었다.

④ 왕명으로 〈고려사〉와 〈고려사절요〉 등을 편찬했다.

☑정답체크

| 1회 | 2회 |
|---|---|
| ① ③ | ① ③ |
| ② ④ | ② ④ |

### 13

**명종**

이복형인 인종이 재위 1년 만에 사망하자 12세의 나이로 왕위에 올랐으나, 어린 나이로 인해 문정 왕후가 수렴청정을 하였다. 당시 명종의 외척인 윤원형을 중심으로 한 소윤과 인종의 외척인 윤임을 중심으로 한 대윤의 갈등으로 인해 을사사화가 발생하였다(1545).

**임꺽정**

조선 명종 대에 황해도와 경기도 지역에서 활동한 도적이다. 백정 출신으로 당시 백성들의 삶이 궁핍해지자 불만을 품고 전국 팔도를 돌아다니며 관아를 습격하였다.

**기묘사화**

중종 대에 조광조가 현량과 실시, 소격서 폐지, 위훈 삭제 등의 급진적 개혁을 실시하였다. 이에 반발한 훈구파 세력들이 주초위왕 사건을 일으켜 사림이 피해를 입었다(1519).

**서원철폐**

조선 영조 대에 서원을 대폭 축소시킨 바 있으며, 흥선대원군 때 서원을 철폐하였다.

**출제기관**

2018 YTN[하] MBC[상]

2017 KBS[하]

2016 SBS[하]

### 14

〈여유당전서〉 간행은 1934년, 〈고려사〉, 〈고려사절요〉 편찬은 15세기이다.

**고려사 · 고려사절요**

고려사에 대해 정리한 역사서이다. 조선 전기에 왕명으로 김종서 등이 문종 1~2년(1451~1452)에 편찬했다.

**정약용**

조선 정조 대의 관료로 거중기와 배다리 설계 등 과학 · 기술학 면에서 큰 업적을 남겼다. 기술이 인간 생활을 풍요롭게 한다는 실학자적 면모를 보였으며 〈경세유표〉, 〈목민심서〉, 〈흠흠심서〉 등의 저서를 남겼다. 여전론을 통해 마을 단위로 토지의 공동 소유, 공동경작, 노동력에 따른 수확물의 분배를 주장하였다. 1934년 정인보와 안재홍 등은 정약용의 저술을 모은 〈여유당전서〉를 간행하였다.

**정조**

즉위 이후 규장각, 장용영을 설치하고 초계문신제를 실시하는 등 각종 왕권 강화 정책을 펼쳤다. 서얼들을 대거 등용하는 한편 화성을 세워 정치 · 군사적 기능을 부여하기도 했다. 또한 정약용, 박지원, 박제가 등 실학자들을 등용하였고 신해통공을 실시하여 육의전을 제외한 시전 상인들의 금난전권을 폐지하였다.

**출제기관**

2018 KBS[하] 경인일보[하] 안동MBC[상] 춘천MBC[상]

2016 YTN[상]

정답　13 ① | 14 ④

## 15 ☑오답체크  1회차  2회차

**흥선대원군의 업적으로 올바른 것은?**

① 통리기무아문을 설치하고 개혁정책을 추진하였다.

② 능력 있는 관리들을 규장각에서 재교육시키는 초계문신
제를 수행했다.

③ 2필씩 납부하던 군포를 1필씩 납부하는 균역법을 실시했다.

④ 외세의 침략을 막고 척화비를 세워 통상 거부 의사를 나
타냈다.

☑정답체크

| 1회 | 2회 |
|---|---|
| ① ③ | ① ③ |
| ② ④ | ② ④ |

## 16 ☑오답체크  1회차  2회차

**다음 내용의 소설을 쓴 인물의 행적이 <u>아닌</u> 것은?**

> 양반이 반드시 지켜야 할 것이 있으니, 양반은 절대로 천한
> 일을 해서는 안 된다. 새벽 네 시면 일어나서 잠자리를 잘
> 정리한 다음 등불을 밝히고 꿇어앉아 수양을 한다. 앉을 때
> 는 정신을 맑게 가다듬어 눈으로 코끝을 가만히 내려다보
> 고, 두 발꿈치는 가지런히 한데 모아 엉덩이를 괴어야 하며,
> 그 자세로 꼿꼿이 앉아 『동래박의』를 얼음 위에 박 밀듯이
> 술술술 외워야 하느니라.

① 청나라에 유학을 다녀와 그것을 일기로 남겼다.

② 18세기 후반 정조 대에 서울의 노론 세력의 일원이었다.

③ 화폐 유통과 상공업의 발전을 주장하였다.

④ 천문학을 연구해 혼천의를 만들고 '지전설, 무한우주론'
등을 주장하였다.

☑정답체크

| 1회 | 2회 |
|---|---|
| ① ③ | ① ③ |
| ② ④ | ② ④ |

---

핵심풀이 💬

### 15

흥선대원군은 병인양요와 신미양요 이후 척화비를 세워 통
상 거부 의사를 나타냈다.

**흥선대원군**

세도 정치로 인해 혼란에 빠진 국가 체제를 복구하고 왕권
을 회복하고자 하였다. 국가의 재정을 확보하기 위해 양반
에게도 군포를 부과하는 호포제를 시행하였으며, 사창제를
시행하여 환곡의 폐단을 해결하고자 하였다. 또한 임진왜란
때 불에 타서 방치된 경복궁을 중건하였고, 비변사를 폐지
한 후 의정부와 삼군부를 부활시켜 왕권을 강화하였다. 대
외적으로는 전국에 척화비를 세우고, 외세 열강과의 통상
수교 거부 정책을 확고히 하였다.

**통리기무아문**

조선 고종이 설치한 군국 기무 총괄 관리기구이다.

**초계문신제**

조선 정조 대에 실시한 초급 관리의 재교육 제도다. 규장각
에서 왕이 직접 참여하여 교육하는 경우가 많았고, 이는 왕
권 강화에 이바지하였다.

**균역법**

영조 대에 실시한 정책으로 2필씩 납부하던 군포를 1필씩
납부하고 다른 세금을 더 거둬들였다. 농민층의 세금 부담
을 경감하고자 하였다.

출제기관

2019 G1강원민방[상]

2018 KBS[하]

2017 KNN[하]

### 16

박지원의 소설 〈양반전〉의 내용이다.

**박지원**

조선 후기 중상주의 실학자로 청에 유학을 다녀온 뒤 화폐
유통과 상공업 발전을 주장하였다. 또한 〈열하일기〉, 〈양반
전〉, 〈허생전〉, 〈연암집〉 등을 써서 조선 후기 양반 사회의
무능과 허례를 풍자하고 비판하였다.

**홍대용**

'지전설, 무한우주론' 등을 주장한 조선 후기 실학자이자 과
학자이다. 또한 〈의산문답〉을 저술하여 중국 중심의 성리학
적 세계관을 비판하였다.

출제기관

2019 충북MBC[상]

2018 MBC[상]

2017 한국언론진흥재단[하]

정답  **15 ④ | 16 ④**

## 17

☑ 오답체크
1회차    2회차

**다음 보기에서 설명하는 지역과 관련된 설명으로 틀린 것은?**

> 제너럴 셔먼호 사건으로 인해 미국은 보상과 통상을 요구하며 이곳으로 침략했다.

① 조선 후기 정제두는 양명학자들을 모아 이곳을 중심으로 양명학파를 만들었다.

② 몽골군이 쳐들어오자 고려 무신정권은 이곳으로 피신하여 항전하였다.

③ 백제는 이곳에 혈구진을 세워 요새화하였다.

④ 조선은 임진왜란으로 인해 소실된 조선왕조실록을 묘향산, 태백산과 함께 이곳에 보관했다.

☑ 정답체크

| 1회 | 2회 |
|---|---|
| ① ③ | ① ③ |
| ② ④ | ② ④ |

## 18

☑ 오답체크
1회차    2회차

**다음 중 조선 후기 위정척사파에 관련한 설명으로 옳은 것은?**

① 최익현은 주전론(主戰論)을 건의하였고 자신의 위정척사 주장을 담은 〈화서집(華西集)〉을 저술했다.

② 병인양요 이후 형성되기 시작했다.

③ 을사늑약 이후에는 일본과 협력하여 친일 행보를 보인다.

④ 흥선대원군이 세운 세력이다.

☑ 정답체크

| 1회 | 2회 |
|---|---|
| ① ③ | ① ③ |
| ② ④ | ② ④ |

---

### 핵심풀이 ❗

#### 17

강화도에 대한 역사적 내용들이다.

**혈구진**
신라 하대 문성왕 대에 강화도에 세워진 군사 요새이다.

**양명학**
중국 명나라 철학자 양명 왕수인이 창시한 학파로 유교의 실천적 가르침인 심즉리(心卽理)·치양지(致良知)·지행합일(知行合一)을 강조했다. 조선 초에는 탄압을 받았으나 조선 말 이를 위시한 정제두가 강화도를 중심으로 강화학파를 이루기도 했다.

**조선왕조실록**
조선 태조 대부터 철종 대까지 기록된 왕조의 실록이다. 광해군과 연산군의 실록은 일기로 표현하여 총 25대 왕의 기록이 담겨 있다. 국보 151호이자 유네스코 세계기록유산으로 등재되어 있다. 조선 전기에는 한양 외 충주·성주·전주에 보관하였으나 임진왜란 이후에는 마니산(강화도)·오대산·태백산·묘향산 등에 보관되었다.

**출제기관**
2018 대구TBC[상]
2016 SBS[하]

#### 18

흥선대원군은 내부적으로는 개혁적 성격을 띠었기에 수구적인 대부분의 위정척사파 인물들과 사이가 좋지 않았다.

**위정척사파**
구한말 성리학적 질서에 따른 사회를 지키기 위해 결성된 단체이다. 천주교 박해인 병인박해와 병인양요를 겪으면서 결성되었다. 이후 천주교·동학교·실학에 대한 박해를 주도했으며, 을사늑약 이후에는 항일의병운동을 전개했다.

**이항로**
조선 후기 문신으로 위정척사파의 일원이기도 했다. 호는 화서(華西)로 위정척사의 성리학적 사상을 담은 시문집인 화서집(華西集)을 저술한 것으로 유명하다.

**흥선대원군**
흥선대원군은 세도 정치로 인해 혼란에 빠진 국가 체제를 복구하고 왕권을 회복하고자 하였다. 국가의 재정을 확보하기 위해 양반에게도 군포를 부과하는 호포제를 시행하였으며, 사창제를 시행하여 환곡의 폐단을 해결하고자 하였다. 또한 임진왜란 때 불에 타서 방치된 경복궁을 중건하였고, 비변사를 폐지한 후 의정부와 삼군부를 부활시켜 왕권을 강화하였다. 대외적으로는 전국에 척화비를 세우고, 외세 열강과의 통상 수교 거부 정책을 확고히 하였다.

**출제기관**
2018 제주MBC[하] MBC[상]
2016 동아이지에듀[하] YTN[상]

정답   17 ③ | 18 ②

☑ 오답체크

**19** 1회차　2회차

## 다음과 같은 내용이 담긴 조약이 맺어진 뒤의 일에 대한 설명으로 틀린 것은?

- 청의 상무위원이 조선 내의 청나라인에 대한 재판권을 가진다.
- 서울의 양화진과 베이징에서 개잔(開棧)무역을 허락한다.
- 조선 상인이 청에 홍삼을 수출하는 것을 허가한다.
- 청 선박의 항로 개설권 및 정박권을 허가한다.

① 청나라의 주도로 조선은 독일 · 영국 · 미국 등과 통상조약을 맺었다.

② 청나라와 일본이 조선을 두고 전쟁을 벌였다.

③ 군국기무처가 설립되고 흥선대원군이 추대됐다.

④ 임오군란이 발발하여 조선이 청나라에 파병을 요구했다.

☑ 정답체크

| 1회 | 2회 |
|---|---|
| ① ③ | ① ③ |
| ② ④ | ② ④ |

☑ 오답체크

**20** 1회차　2회차

## 다음 글에 나온 왕후 시해 사건 이후 벌어진 일은?

고등 재판소에서 심리한 피고 이희화를 교형에 처하도록 한 안건을 법부 대신이 상주하여 폐하께서 재가하셨다. 피고는 사변 때 대궐을 침범한 일본인들과 함께 아무런 직책도 없이 입궐하여 왕후 폐하가 시해당하시던 곤녕합에 들어갔다. 그리고 왕후 폐하가 시해당하신 뒤 얼마 안 되어 대군주 폐하 어전에 제멋대로들어가서 대군주 폐하께서 결정하시지 않은 조칙문을 베껴 썼다.

− 〈고종실록〉 −

① 박문국을 설치하여 한성순보를 발간하였다.

② 신식 군대인 별기군을 창설하였다.

③ 미국에 보빙사를 파견하였다.

④ 태양력을 채택하고 건양이라는 연호를 제정하였다.

☑ 정답체크

| 1회 | 2회 |
|---|---|
| ① ③ | ① ③ |
| ② ④ | ② ④ |

◀ 핵심풀이 ❗

**19**

조청상민수륙무역장정의 일부이다.

**조청상민수륙무역장정**

청나라가 임오군란과 갑신정변을 진압한 뒤 조선을 경제적으로 장악하기 위해 맺은 내륙통상권 개방에 대한 조약이다(1882). 청나라가 조선의 종주국임을 명확히 하였다.

**청일전쟁**

청나라와 일본이 조선의 주도권을 놓고 벌인 전쟁이다. 동학농민운동의 진압을 명목으로 청나라가 조선에 파병했지만 일본에 패퇴하며 끝났다. 시모노세키조약을 맺어 조선이 청의 종속국이 아님을 밝혔다. 일본은 조선의 내각을 장악하되 흥선대원군을 명목상으로만 추대하여 민심을 잡으려 했으며 군국기무처를 설립하여 갑오개혁을 실시했다(1894).

**임오군란**

훈련도감이 해체되면서 구식 군인들이 연체된 봉급을 요구하자 조정이 불량한 쌀을 지급한 것에 구식 군인들의 불만이 터져 난을 일으킨 사건이다(1882). 흥선대원군을 추대하여 잠시 집권하였으나 청나라의 개입으로 무산되었다.

출제기관

2019 춘천MBC[하]

2018 경남MBC[하] 원주MBC[상]

**20**

고종의 대한제국 선포와 연호 지정은, 명성황후가 시해당한 사건인 을미사변 뒤의 일이다.

**을미개혁**

을미사변(1895)으로 명성황후가 시해되자 고종은 러시아 공사관으로 피신한 후 복귀하며 대한제국을 선포했다. 1899년에 대한국 국제를 제정하여 대한제국 황제가 군대 통수권, 입법권, 행정권 등의 권한을 장악한 전제 군주임을 선포했다.

**박문국**

개항 이후 박문국에서 최초의 근대 신문인 한성순보를 발간하였다(1883). 한성순보는 순한문을 사용하고 10일마다 발행되었으며, 정부 관보의 성격을 띠고 있었다.

**보빙사**

조선에 미국 공사가 파견되자 조선 정부는 민영익, 홍영식을 중심으로 미국에 보빙사를 파견했다(1883).

**별기군**

고종은 군사체제를 5군영에서 무위영과 장어영의 2군영 체제로 통합 개편하고, 신식 군대인 별기군을 설치했다(1881).

출제기관

2020 춘천MBC[상]

2019 EBS[하]

2018 SBS라디오[하] SBS[하] 언론중재위원회[상]

2017 한국언론진흥재단[하]

정답 **19** ④ | **20** ④

## 21

☑오답체크

| 1회차 | 2회차 |
| --- | --- |

구한말 일어났던 다음 사건들을 시간 순서대로 나열한 것은?

- ㉮ 삼국 간섭
- ㉯ 대한제국 건국
- ㉰ 을미사변
- ㉱ 갑오개혁
- ㉲ 아관파천

① ㉮ - ㉱ - ㉰ - ㉯ - ㉲

② ㉱ - ㉮ - ㉰ - ㉲ - ㉯

③ ㉯ - ㉮ - ㉲ - ㉰ - ㉱

④ ㉰ - ㉲ - ㉯ - ㉮ - ㉱

☑정답체크

| 1회 | | 2회 | |
| --- | --- | --- | --- |
| ① | ③ | ① | ③ |
| ② | ④ | ② | ④ |

## 22

☑오답체크

| 1회차 | 2회차 |
| --- | --- |

다음과 같은 업적을 남긴 인물의 행적으로 올바른 것은?

- 을사늑약 이후 평안남도 진안포로 가 삼흥학교를 세웠다.
- 〈동양평화론〉에서 대동아공영권의 한계를 비판하였다.

① 을사늑약을 주도한 통감 이토 히로부미를 사살하였다.

② 대한독립군을 이끌고 김좌진이 이끄는 북로군정서군과 함께 청산리 전투에서 일본에 승리하였다.

③ 의병활동으로 쓰시마 섬에 유배되어 순국하였다.

④ 남만주 지역에서 독립활동을 하여 조선혁명군을 이끌었다.

☑정답체크

| 1회 | | 2회 | |
| --- | --- | --- | --- |
| ① | ③ | ① | ③ |
| ② | ④ | ② | ④ |

### 21

**갑오개혁(1894년 7월)**
1894년부터 실시된 3차례의 하향식 사회 개혁이다. 갑신정변의 실패로 일본에 망명했던 인사들이 일제의 위세에 힘입어 정권을 잡고 진행했다. 신분제 폐지, 은본위제 실시, 인신 매매 금지, 연좌제 폐지 등의 내용을 담고 있다.

**삼국 간섭(1895년 4월)**
청일 전쟁에서 승리한 일본이 시모노세키 조약을 체결하여 요동반도와 타이완을 장악하고 조선의 실권을 잡았으나, 러시아, 독일, 프랑스의 간섭으로 무산되는 일련의 사건이다.

**을미사변(1895년 10월)**
명성황후가 러시아를 통해 친러 내각을 수립하자 일본이 일으킨 황후 살해 사건이다. 이후 을미개혁(3차 갑오개혁)이 추진되어 건양 연호와 태양력이 사용되었고, 단발령이 시행되었다.

**아관파천(1896년 2월~1897년 2월)**
을미사변으로 인해 위기감을 느낀 고종이 러시아 대사관으로 피신한 사건이다.

**대한제국 건국(1897년 10월)**
고종이 자주권 확보를 위해 설립한 제국으로, 광무 · 융희 등의 연호를 사용하였다. 광무개혁 등을 실시했으나, 1904년 한일의정서, 1905년 을사늑약 등으로 주권을 일제에 빼앗겼다.

출제기관
2017 국민일보[하]
2016 동아이지에듀[하]

### 22

**안중근**
안중근은 1909년 10월 26일 하얼빈에서, 을사늑약을 주도하고 통감부의 초대 통감으로 있던 이토 히로부미를 사살하였다.

**홍범도**
대한독립군을 이끌고 김좌진이 이끄는 북로군정서 군과 함께 청산리 전투에서 일본군에 대승을 거두었다.

**최익현**
독립운동가로 을사늑약 이후 의병 활동을 전개하다 쓰시마 섬에 유배되어 그곳에서 순국하였다. 서양과 일본 모두에게 문호를 개방해서는 안 된다는 '왜양일체론'을 주장하였다.

**양세봉**
독립운동가로 1930년대 남만주 지역에서 조선혁명군을 이끌고 중국 의용군과 연합하여 흥경성, 영릉가 전투에서 승리하였다.

출제기관
2019 한겨레[상] 충북MBC[상]
2018 한겨레[하] MBC[상]
2016 동아이지에듀[하] YTN[상]

정답 21 ② | 22 ①

**23** ☑오답체크 1회차 2회차

1907년 대구에서 시작된 민족 운동으로 제국신문, 황성신문, 만세보 등 언론 기관들의 지원을 받은 것은?

① 국채보상운동

② 물산장려운동

③ 애국계몽운동

④ 민립대학설립운동

☑정답체크
| 1회 | 2회 |
|---|---|
| ① ③ | ① ③ |
| ② ④ | ② ④ |

**24** ☑오답체크 1회차 2회차

다음은 1923년에 작성된 〈조선혁명선언〉이다. 이것을 작성한 이에 대한 설명으로 틀린 것은?

> 강도 일본이 우리의 국호를 없이 하며, 우리의 정권을 빼앗으며, 우리 생존적 필요조건을 다 박탈하였다. …… 혁명의 길은 파괴부터 개척할지니라. 그러나 파괴만 하려고 파괴하는 것이 아니라 건설하려고 파괴하는 것이니, 만일 건설할 줄을 모르면 파괴할 줄도 모를 지며, 파괴할 줄을 모르면 건설할 줄도 모를지니라.

① 독립운동가 김원봉과 의기투합하여 만주 지역에서 독립운동단체를 결성하였다.

② 한인애국단을 조직하여 무장투쟁을 전개하였다.

③ 상해에서 〈대동단결선언문〉을 발표하는 데에 참여하였다.

④ 〈조선사연구초〉, 〈조선상고사〉 등을 저술하여 민족주의 사학의 기반을 닦았다.

☑정답체크
| 1회 | 2회 |
|---|---|
| ① ③ | ① ③ |
| ② ④ | ② ④ |

**핵심풀이** ❓

**23**

**국채보상운동**
국민이 차관 1,300만원을 갚아 국가의 주권을 회복하고자 김광제, 서상돈 등의 제안으로 대구에서 시작됐다. 대한매일신보, 황성신문, 제국신문 등의 지원을 받아 전국적으로 확산되었다. 2017년에는 그 기록물이 유네스코에 등재되기도 했다.

**물산장려운동**
1920년대 조만식 등을 중심으로 평양에서 민족 자본 육성을 통한 경제 자립을 위해 자급자족, 국산품 애용, 소비 절약 등을 내세운 물산장려운동이 전개되었다.

**애국계몽운동**
을사늑약 체결 이후 전개된 다양한 세력의 실력양성운동이다. 1904년 보안회와 1905년 헌정연구회, 1906년 대한자강회, 1907년 대한협회와 1907년 만들어진 비밀협회 신민회의 등의 활동에 의해 이루어졌다. 신민회는 대성학교와 오산학교를 세우고 대한매일신보를 발행하기도 했다.

**민립대학설립운동**
1920년대 고등교육기관 설립을 목표로 한 운동이다. '한민족 1천만이 한 사람이 1원씩'라는 구호를 내세웠다.

출제기관
2019 **충북MBC**[하] **매일신문**[하]
2018 **언론중재위원회**[상]
2017 **한국언론진흥재단**[하]

**24**

**신채호**
한국의 역사학자이자 독립운동가이다. 독립운동가의 단결을 촉구하고 황제의 주권이 국민에게 이양됐음을 선언하는 〈대동단결선언〉 발표에 참여하였고(1917), 항일 투쟁적 노선을 지지하여 김원봉이 무정부주의 결사단체 의열단을 창립할 때 〈조선혁명선언〉을 작성해 기여하기도 했다(1923).

**김구**
한인애국단을 조직하여 무장투쟁을 전개하였다(1931). 이봉창 의사의 일왕 폭탄 투척(1932)과 윤봉길 의사의 홍커우 공원 폭탄 투척(1932)을 기획하였다. 해방 이후에는 김규식 등과 남한만의 총선거에 반대하여 북한에서 김일성을 만나 회담을 개최하기도 했으나 성과는 거두지 못하고 암살되었다(1949).

출제기관
2019 **매일신문**[하]
2018 **한겨레**[하] **SBS**[하] **YTN**[하] **대구TBC**[상]
2016 **SBS**[하] **전주MBC**[상]

정답 23 ① | 24 ②

핵심풀이 ❓

**25**

☑오답체크
1회차    2회차

다음 중 일제강점기 임시정부가 들어서지 <u>않았던</u> 곳은 어디인가?

① 상해

② 한성

③ 연해주

④ 만주

☑정답체크
1회  2회
① ③ ① ③
② ④ ② ④

**25**

**대한국민회의**
한일병합(1910)으로 대한제국을 이탈한 주민들은 러시아 연해주로 많이 피신하여 1919년쯤엔 약 10만의 조선인 주민이 거주하고 있었다. 문창범 등은 1919년 연해주 지역에 대한국민회의라는 조선인 자치정부를 설립했다. 이들은 러시아 정부로부터 승인을 받기도 했다.

**대한민국 임시정부**
대한국민회의가 연해주에서 설립되자 상해(4월 11일)와 한성에도 임시정부가 설립되었다. 이들은 전부 1919년에 설립되었으며 1919년 9월 11일 이들 모두를 합쳐 상해에 대한민국 임시정부를 세웠다.

출제기관
2019 매일신문[하]
2018 한겨레[하] 조선일보[하] 코리아헤럴드[상]

**26**

☑오답체크
1회차    2회차

다음 상황들 중 일제강점기 '민족말살통치기'에 일어난 것으로 볼 수 있는 장면은 무엇인가?

① 신사참배를 거부하는 청년

② 형틀에 묶여 태를 맞는 조선인

③ 상여(喪輿)를 따라가다 갑자기 일제히 만세를 하는 군중

④ 경무대로 달려드는 인파를 향해 총을 쏘는 경찰들

☑정답체크
1회  2회
① ③ ① ③
② ④ ② ④

**26**

**일제강점기**
일제시대는 무단통치기(1910~1919), 문화통치기(1920~1931), 민족말살통치기(1932~1945)로 나뉜다.

**민족말살통치기(1932~1945)**
중일전쟁·태평양전쟁의 발발로 국가 총력 체제에 돌입한 일제가 유화책을 버리고 조선인의 민족정신을 말살하기 위한 정책을 편 시기이다. 신사참배·창씨개명·황국신민서사 암송 강요, 조선어·조선역사 과목 폐지, 강제 징용 등의 만행을 저질렀다.

**6·10만세운동**
순종의 인산일인 1926년 6월 10일에 일어난 만세운동이다. 순종의 상여를 따라가던 군중은 일제히 만세를 부르면서 시위를 시작하였다.

**4·19혁명**
자유당의 부정선거로 1960년 4월 19일 일반인들과 대학생까지 나서 시위하여 이승만 대통령의 하야까지 이어진 사건이다. 대통령이 있는 경무대 앞까지 시위대들이 밀려와 유혈사태가 벌어지기도 했다.

출제기관
2018 국제신문[상] 언론중재위원회[상]

정답  25 ④ | 26 ①

☑오답체크
## 27
| 1회차 | 2회차 |

**다음 항일 무장 투쟁에 대한 설명 중 가장 나중에 일어난 것은?**

① 대한독립군단은 공산당과의 갈등으로 인해 자유시 참변을 겪으면서 세력이 약화되었다.

② 한국광복군은 조선의용대가 합류하여 군사력이 강화되었고 일본에 선전포고를 하여 태평양전쟁에 참여하였다.

③ 조선혁명군을 이끈 양세봉은 중국 의용군과 연합하여 흥경성·영릉가 전투를 승리로 이끌었다.

④ 중국 국민당의 지원 하에 중국 관내에서 조선의용대가 창설되었다.

☑정답체크
| 1회 | 2회 |
| ① ③ ① ③ | |
| ② ④ ② ④ | |

☑오답체크
## 28
| 1회차 | 2회차 |

**해방 전후 시기의 설명으로 틀린 것은?**

① 모스크바 3국 외상 회의를 통해 미소공동위원회 설치와 최대 5년간의 신탁통치 협정이 결정되었다.

② 신탁통치 계획이 알려지자 김구 등은 반탁을, 이승만·박헌영 등은 찬탁을 주장했다.

③ 광복이 된 후 대한민국 임시정부 요인들은 개인 자격으로 한반도에 입국했다.

④ 임시정부 산하의 한국광복군은 본토에 상륙할 계획을 세우고 있었다.

☑정답체크
| 1회 | 2회 |
| ① ③ ① ③ | |
| ② ④ ② ④ | |

---

**핵심풀이** ❗

### 27

**한국광복군**
1940년 9월에 충칭에서 대한민국 임시정부의 직할 부대로 창설된 한국광복군은 조선의용대가 합류하여 군사력이 강화되었고 일본에 선전포고를 하여 태평양전쟁에 참여하였다.

**자유시 참변**
간도 사변으로 인해 연해주의 자유시로 근거지를 옮긴 대한독립군단은 이르쿠츠크파 고려공산당과 상해파 고려공산당의 갈등으로 인해 자유시 참변을 겪으면서 세력이 약화되었다(1921).

**조선혁명군**
1930년대 초 남만주 지역에서 조선혁명군을 이끈 양세봉은 중국 의용군과 연합하여 흥경성·영릉가 전투를 승리로 이끌었다. 일제의 토벌 강화로 1938년 해체되었다.

**조선의용대**
중국 국민당의 지원 하에 중국 관내에서 조선의용대가 창설되었다(1938).

**출제기관**
2018 한겨레[하] MBC-C&I[하] 대구TBC[상]

### 28

**신탁통치 반대 운동**
모스크바 3상회의를 통해 대한민국을 전후 5년까지 신탁통치 한다는 계획이 세워지고, 이 사실이 알려지면서 거센 반탁운동이 일었다. 박헌영 등은 찬탁을 주장하였고 김구·이승만 등은 반탁을 주장하였다.

**모스크바 3상회의**
1945년 12월 27일 일본의 패망이 가까워지자 전후 처리를 위해 미국·소련·영국의 외무장관들이 모여 대한민국의 독립 문제 등을 논의하였다.

**한국광복군**
한국광복군은 민족주의 계열 독립군의 합병으로 이뤄진 임시정부 산하 광복군이었다. 김구를 통수권자로, 지청천을 총사령관으로 두었으며, 일본의 패망이 임박하자 국내정진군을 구성해 서울 진공작전을 구상하기도 했다.

**출제기관**
2018 MBC-C&I[하] MBC[상] 언론중재위원회[상]

정답 | 27 ② | 28 ② |

☑오답체크

**29** 1회차　2회차

**해방 이후의 국내외 역사와 관련한 다음 설명 중 옳지 않은 것은?**

① 50개국 대표가 참석한 샌프란시스코 회의에서 국제연합 헌장을 채택했다.

② 미국 국무부 장관 조지 마셜은 서유럽에 대해 대규모 경제 원조를 하겠다는 '마셜 플랜'을 발표했다.

③ 장제스가 이끄는 국민당군을 물리치고 승리한 마오쩌둥 등의 중국 공산당은 중화인민공화국의 수립을 공식 선포했다.

④ 대한민국 임시정부 요인들은 미군정의 요구에 따라 개인 자격으로 귀국했지만 국내의 민중은 대대적인 환영식을 열었다.

☑정답체크

| 1회 | 2회 |
|---|---|
| ① ③ | ① ③ |
| ② ④ | ② ④ |

**29**

국제연합(UN) 헌장이 채택된 날짜는 1945년 6월 26일이며, 이 사이 8월에 일본이 무조건 항복을 선언했고 이 헌장에 따라 1945년 10월 24일 국제연합이 발족되었다.

**마셜 플랜**
1947년 미국 국무부 장관 조지 마셜이 커져가는 공산권에 맞서 서유럽의 경제력을 키우기 위해 발표한 원조 계획이다.

**중화인민공화국**
1949년 10월 1일 공식적으로 국민당군에 승리한 마오쩌둥의 중국 공산당이 중화인민공화국 수립을 선포했다.

출제기관
2019 **춘천MBC**[하]
2018 **조선일보**[하] **연합뉴스**[상] **헤럴드경제**[상]

---

☑오답체크

**30** 1회차　2회차

**광복 이후의 역사와 관련한 다음 설명 중 옳지 않은 것은?**

① 이북은 1945년 9월 건국준비위원회를 해체한 후 인민위원회를 조직했다.

② 1946년 7월 미군정의 지원 아래 우익의 김규식과 좌익의 여운형을 중심으로 좌우합작위원회가 개최됐다.

③ 북한은 1948년 2월 조선인민군을 창설하고, 8월 총선거로 구성된 최고인민회의에서 헌법을 채택했다.

④ 남한은 김구와 이승만이 참여한 가운데 1948년 5월 한반도 역사상 최초로 총선거를 치렀다.

☑정답체크

| 1회 | 2회 |
|---|---|
| ① ③ | ① ③ |
| ② ④ | ② ④ |

**30**

**제1대 총선거**
UN 총회에서 결의된 남북한 총선거가 소련의 거부와 북한의 독자정부 수립으로 불가능해지자, 1948년 2월 유엔 소총회에서 남한만의 선거를 결의한 후 제1대 총선거를 치렀다. 이 총선거에는 이승만 등이 참가했고 김구와 김규식 등의 남북 협상파와 좌익 세력은 불참했다.

**건국준비위원회**
일제의 패색이 짙어지자 여운형은 일본인의 안전 귀국을 담보로 일본으로부터 행정권과 치안권을 넘겨받았다. 건국준비위원회가 전국적으로 결성되어 일제가 물러난 뒤 소요 상태가 생기지 않도록 안정화하였다. 하지만 남북에 소련과 미국이 들어오면서 영향력을 상실했다.

**좌우합작위원회**
해방 이후 좌우 대립이 격화되면서 분단의 위기감을 느낀 중도파 세력들은 여운형, 김규식을 중심으로 좌우합작위원회를 수립하였다(1946). 좌우합작위원회는 좌우합작 7원칙을 합의하여 제정하였다.

출제기관
2018 **매일경제**[하] **언론중재위원회**[상] **MBC**[상]

**정답** 29 ① | 30 ④

## 31

### 다음 중 시기상 가장 나중에 일어난 것은?

① 반민족행위처벌법 폐지

② 서울아시안게임 개최

③ 5 · 18민주화운동

④ 1 · 21 김신조 무장공비사건

## 32

### 다음 6월 항쟁과 관련된 일련의 사건들을 순서대로 배열한 것은?

> ㉠ 호헌 조치
> ㉡ 직선제 수용 선언
> ㉢ 국민평화대행진

① ㉠ - ㉡ - ㉢

② ㉡ - ㉢ - ㉠

③ ㉠ - ㉢ - ㉡

④ ㉢ - ㉡ - ㉠

---

**핵심풀이** 💬

### 31

**서울아시안게임**
1986년 서울에서 열린 아시안 게임이다. 이전 1970년에도 서울은 아시안게임 개최지로 선정되었으나, 1968년 김신조 무장공비 사건 등으로 치안이 위험해져 무산되었다.

**반민족행위처벌법**
제헌 국회에서 1948년 제정한 친일 행위자에 대한 처벌 및 재산 환수를 위한 특별법이다. 1949년 실질적인 활동이 끝났으며 1951년 폐지되었다.

**5 · 18민주화운동**
1980년 신군부의 집권과 시위 진압에 맞서 광주 지역의 시민들이 시민군을 결성하여 대항한 운동이다.

출제기관
2017 **경향신문[상]**
2016 **TV조선[하]**

### 32

**6월 항쟁**
1987년 시민들의 지속적인 민주화 요구가 직선제 개헌으로 이어진 일련의 사건이다. 6월 10일 민정당 대통령 후보 지명 전당대회 날에 맞춰 전국적인 시위가 일어났다. 6월 9일 이한열 학생이 최루탄을 맞아 숨진 것이 알려지면서 시위의 규모는 더욱 커졌다.

**4 · 13호헌 조치**
1987년 4월 13일 직선제 개헌을 1988년 올림픽 이후로 미루자는 전두환 대통령의 발표이다.

**6 · 29선언**
1987년 6월 항쟁에서 6 · 26평화대행진 등 시위의 규모가 국민적 규모로 커지자 시민들의 요구대로 직선제 개헌을 받아들이겠다는 노태우 민정당(여당) 대표의 선언, 10월 29일 개헌으로 이어졌다.

출제기관
2020 **뉴스1[상]**
2018 **언론중재위원회[상]**
2017 **KBS[하]**
2016 **TV조선[하]**

정답 31 ② | 32 ③

# 인문·세계사

## 시험에 나오는 것부터 공부하자!

## 출제 유력 24제

### 핵심풀이 ❗

**01**

☑ 오답체크
1회차  2회차

**다음 중 영국의 여성참정권 운동을 가리키는 용어는?**

① 옥스퍼드 운동

② 러다이트 운동

③ 서프러제트 운동

④ 아츠 앤드 크래프츠 운동

☑ 정답체크

| 1회 | 2회 |
|---|---|
| ① ③ ① ③ | |
| ② ④ ② ④ | |

**01**

**서프러제트 운동(Suffragette)**
20세기 초 영국에서 일어난 전투적 여성참정권 운동을 가리킨다. 서프러제트는 이를 이끈 여성들을 지칭한다. 에멀린 팽크허스트가 여성참정권 운동에 뛰어들어 1903년에 결성한 '여성사회정치연합'을 일간 데일리 메일이 경멸조로 지칭한 용어였다가 이후 영국 사회에서 통용됐다.

**옥스퍼드 운동(Oxford)**
19세기 중반 일어난 영국 국교회의 교회 권위 복고 운동이다.

**러다이트 운동(Luddite)**
1811년에 있었던 노동자들의 계급 투쟁운동으로 정부가 자본가와 결탁하여 '단결금지법'을 제정하자 기계를 파괴하며 항거했다.

**아츠 앤드 크래프츠 운동(Arts & Crafts)**
19세기 후반 영국 예술계에서 일어난 예술에서 수공(手工)을 중시하는 운동이다.

**출제기관**
2018 경남MBC[하]
2016 청주MBC[상]

**02**

☑ 오답체크
1회차  2회차

**다음 중 유교에서 말하는 오경(五經)이 아닌 것은?**

① 시경(詩經)

② 서경(書經)

③ 주역(周易)

④ 중용(中庸)

☑ 정답체크

| 1회 | 2회 |
|---|---|
| ① ③ ① ③ | |
| ② ④ ② ④ | |

**02**

**사서(四書)**
중용(中庸), 논어(論語), 맹자(孟子), 대학(大學)을 통틀어 사서(四書)라 부른다.

**오경(五經)**
시경(詩經), 서경(書經), 주역(周易) 등의 삼경(三經)에 춘추(春秋)와 예기(禮記)를 합해 오경이라 부른다.

**출제기관**
2018 YTN[하]
2016 EBS[하] SBS[하]

**정 답**  01 ③ | 02 ④

## 03

☑오답체크
1회차  2회차

### 역대 미국의 대통령 중 정당이 <u>다른</u> 한 사람은?

① 프랭클린 루스벨트

② 에이브러햄 링컨

③ 로널드 레이건

④ 리처드 닉슨

☑정답체크

| 1회 | 2회 |
|---|---|
| ① ③ | ① ③ |
| ② ④ | ② ④ |

## 04

☑오답체크
1회차  2회차

### 다음 유대인과 관련된 단어에 대한 설명으로 옳지 <u>않은</u> 것은?

① 텔아비브 : 이스라엘의 영토분쟁지역

② 디아스포라 : 유대민족이 국가를 잃었으나 민족성을 유지하는 것

③ 밸푸어 선언 : 1차 세계대전 과정에서 선진국이 유대 자본에게 유대인 국가 건설을 약속한 것

④ 시오니즘 : 나라를 갖고자 하는 유대인의 열망

☑정답체크

| 1회 | 2회 |
|---|---|
| ① ③ | ① ③ |
| ② ④ | ② ④ |

**핵심풀이** 

### 03

프랭클린 루스벨트는 민주당 소속 대통령이며, 에이브러햄 링컨, 리처드 닉슨, 로널드 레이건은 공화당 소속의 대통령이다.

**출제기관**

2018 한겨레[하]

2017 JTBC[하] 이투데이[상]

### 04

**텔아비브**

이스라엘 내에서 예루살렘은 수도로 여겨지나 팔레스타인과의 분쟁지역이기에 국제적 수도로 인정받기 어렵다. 따라서 이스라엘의 국제적·실질적·행정적 수도는 분쟁지역이 아닌 텔아비브이다.

**디아스포라**

성경의 신명기에 나오는 '그대가 이 땅의 모든 왕국에 흩어지고'라는 표현의 그리스어이다. 유대인은 전 세계로 흩어졌으나 그들의 민족성을 유지했다. 이처럼 한 민족이 다른 곳에서 민족성을 유지하는 것을 가리킨다.

**밸푸어 선언**

1차 세계대전을 겪으면서 선진국이 자금을 지원하는 유대인들에게 팔레스타인에 유대인 국가를 세워주겠다고 약속한 것이다. 영국 외상 아서 밸푸어가 유대 자본가 로스차일드에게 보낸 서한이다.

**시오니즘**

다윗왕이 이스라엘의 수도로 삼았다는 곳으로 유대민족은 나라를 잃은 뒤 줄곧 고향을 그리워했다. 언젠가 나라를 세우겠다는 유대인의 열망을 나타낸다.

**출제기관**

2018 한겨레[하] UBC[상]

정답  03 ① | 04 ①

## 05

다음 중 조선의 임금 인조가 '삼배구고두(三拜九叩頭)'를 한 청나라의 황제는 누구인가?

① 숭덕제
② 천명제
③ 순치제
④ 강희제

## 06

다음에 해당하는 저서의 저자는 누구인가?

> • 16세기에 출간된 정치철학서이다.
> • 정치와 종교 · 도덕을 분리시켜 접근해야 한다고 주장한다.

① 카를 폰 클라우제비츠
② 니콜로 마키아벨리
③ 프리드리히 니체
④ 아담 스미스

---

### 핵심풀이

**05**

**숭덕제(홍타이지)**
태조인 아버지 천명제(누르하치)의 뒤를 이어 청나라의 2대 황제로 등극해 내치와 후방의 안정을 도모했다. 이 과정에서, 인조의 등극 후 청나라에 적대적이던 조선을 침략해 항복시키고 1637년 삼전도에서 인조에게 삼배구고두를 하게 하였다.

출제기관
2017 KBS[하] JTBC[하]

**06**

박스에서 설명하는 것은 니콜로 마키아벨리의 저서 〈군주론〉이다.

**〈군주론〉**
16세기 이탈리아 피렌체의 니콜로 마키아벨리가 쓴 군주의 현실주의적인 통치를 주장하는 정치철학서이다. 정치적 목적을 위해서는 반도덕적인 수단도 정당화된다는 논리를 담고 있다.

**프리드리히 니체**
19세기 독일의 철학자이다. 도덕과 이성의 기원을 밝히기 위해 노력했으며 인간의 대부분이 비이성과 광기로 이뤄졌다고 주장했다.

출제기관
2019 방송통신심의위원회[상]
2018 헤럴드경제[상] MBC[상] 원주MBC[상]

정답 05 ① | 06 ②

## 07

| 1회차 | 2회차 |

**경험에 앞서는 선천적 본질에 대한 탐구를 뜻하는 라틴어는 무엇인가?**

① 아포리아(Aporia)

② 아프리오리(A Priori)

③ 아모르파티(Amor Fati)

④ 아포스테리오리(A Posteriori)

☑정답체크

| 1회 | | 2회 | |
|---|---|---|---|
| ① | ③ | ① | ③ |
| ② | ④ | ② | ④ |

---

**핵심풀이** ❗

## 07

**아프리오리(A Priori)**
모든 경험 이전에 본질적으로 탐구 가능한 영역 혹은 그것을 탐구하는 원리를 가리킨다. 대표적으로 시간과 공간의 존재는 경험 이전에 취득할 수 있는 선험적 본질이다.

**아포리아(Aporia)**
'해결할 방법이 없는 난제'를 가리키는 그리스어이다.

**아모르파티(Amor Fati)**
철학자 니체가 말한 자신의 운명에 대한 사랑을 가리킨다.

**아포스테리오리(A posteriori)**
아프리오리의 반대말이다. 경험으로부터 나오는 인식이나 개념을 말한다.

출제기관
2020 TV조선[하]
2019 CBS[상]
2018 원주MBC[상]
2016 MBN[하]

---

## 08

☑오답체크

| 1회차 | 2회차 |

**다음에서 설명하는 정치철학의 학자는 누구인가?**

- 중국 춘추전국시대에 발흥하였다.
- 신불해, 상앙 등의 사상가가 있다.

① 한비자

② 노자

③ 맹자

④ 장자

☑정답체크

| 1회 | | 2회 | |
|---|---|---|---|
| ① | ③ | ① | ③ |
| ② | ④ | ② | ④ |

---

## 08

법가(法家)에 대한 설명이다.

**한비자**
중국 춘추전국시대의 정치철학자이다. 도가, 유가, 묵가 등 여러 학문을 수학하여 강력한 법에 의한 통치를 뜻하는 형명학(刑名學)을 제창했다. 신불해, 상앙 등과 함께 법가 사상가로 구분된다. "군자(君子)와 성인(聖人)은 수백년에 한 번 나올까 말까 하지만 제도는 항상 있을 수 있으니 성인에 의한 통치보다는 제도 구축에 힘써야 한다"고 역설했다.

**맹자**
중국 전국시대에 유가(儒家) 사상을 이끈 정치철학자이다. 성선설을 주장하였으며, 인간 마음에 깃들어 있는 인의예지(仁義禮智)와 사단(四端)을 규명하였다.

출제기관
2019 YTN[하]
2018 대구MBC[하] MBC[상] 원주MBC[상]
2016 건설경제신문[상]

정답 **07** ② | **08** ①

☑오답체크

**09** 1회차　2회차

맹자의 가르침인 '사단(四端)' 중 부끄러워 할 줄 아는 마음을 무엇이라 하는가?

① 측은지심(惻隱之心)

② 수오지심(羞惡之心)

③ 사양지심(辭讓之心)

④ 시비지심(是非之心)

☑정답체크

| 1회 | 2회 |
|---|---|
| ① ③ | ① ③ |
| ② ④ | ② ④ |

**09**

〈맹자〉의 '공손추' 편에는 "부끄러운 마음이 없으면 사람이 아니며, 사양하는 마음이 없으면 사람이 아니며, 옳고 그름을 아는 마음이 없으면 사람이 아니다"라고 나와 부끄러움을 아는 마음은 옳음의 극치라고 평가하고 있다. 이는 사단 중 의(義)와 수오지심(羞惡之心)에 대한 설명이다.

**사단(四端)**
인(仁) – 측은지심(惻隱之心)
의(義) – 수오지심(羞惡之心)
예(禮) – 사양지심(辭讓之心)
지(智) – 시비지심(是非之心)

출제기관
2018 한겨레[하] 대구MBC[하] 원주MBC[상]
2016 건설경제신문[상]

☑오답체크

**10** 1회차　2회차

다음 역사적 사건 중 가장 나중에 일어난 것은 무엇인가?

① 미국 독립전쟁

② 프랑스 혁명

③ 중국 1차 아편전쟁

④ 일본 메이지 유신

☑정답체크

| 1회 | 2회 |
|---|---|
| ① ③ | ① ③ |
| ② ④ | ② ④ |

**10**

미국 독립전쟁은 보스턴 주둔 영국군에 맞서 렉싱턴에서 민병대가 소집된 1775년 4월 18일에 시작됐다. 프랑스 혁명은 바스티유 감옥을 습격한 1789년 7월 14일에 시작됐으며, 아편전쟁은 1840년 7월 14일 영국의 청나라 공격으로 발발했다. 메이지 유신은 1867년 대정봉환을 한 뒤 메이지 연호를 쓰기 시작한 1868년에 시작됐다.

출제기관
2019 목포MBC[상]
2018 뉴스핌[하]
2016 YTN[상]

정 답　09 ② | 10 ④

## 11
☑ 오답체크
1회차    2회차

프랑스의 황제였던 나폴레옹에 대한 설명 중 옳지 <u>않은</u> 것은?

① 노르망디 등 프랑스 내의 영국령을 몰아내었다.

② 트라팔가르 해전에서 영국 해군에 패했다.

③ 그의 정복을 통해 유럽에 자유와 평등에 대한 정신이 퍼졌다.

④ 대서양의 세인트헬레나 섬에 유배되어 생을 마감했다.

☑ 정답체크

| 1회 | 2회 |
|---|---|
| ① ③ | ① ③ |
| ② ④ | ② ④ |

## 12
☑ 오답체크
1회차    2회차

사회학자 막스 베버의 주장과 관련 <u>없는</u> 것은 무엇인가?

① 개신교의 정신이 자본주의의 성립과 관련이 있다고 주장했다.

② 정치인의 덕목으로 열정, 균형, 책임감을 꼽았다.

③ 개인이 자살하는 모든 원인은 사회와 관련 있다고 주장했다.

④ 권력의 유형 중 하나로 카리스마적 권위를 제시하고 이것은 영속되지 못하는 권위 유형이라고 주장했다.

☑ 정답체크

| 1회 | 2회 |
|---|---|
| ① ③ | ① ③ |
| ② ④ | ② ④ |

---

## 11
①은 백년전쟁에 대한 내용이다.

**나폴레옹 보나파르트**
19세기 초 뛰어난 전략전술을 자랑한 프랑스의 황제이다. 그의 정복욕으로 인해 수많은 유럽 국가들이 피해를 입었으나, 그가 정복 과정에서 벌인 프로파간다로 인해 유럽인들 사이에는 법치주의와 시민평등사상의 개념이 뿌리내렸다. 프랑스 통령 재임 도중 만든 '프랑스 민법전'은 근대국가의 개념을 제시한 법전으로 유명하다.

**백년전쟁**
1337년에서 1453까지 있었던 프랑스와 영국 간의 전쟁이다. 프랑스의 왕위계승권 문제를 놓고 발생했으며, 프랑스의 승리로 끝나 영국은 유럽 본토 내에서 축출된다.

**출제기관**
2019 충북MBC[하] 목포MBC[상]
2018 경남MBC[하] YTN[하]

## 12
③은 에밀 뒤르켐의 주장이다.

**막스 베버**
독일의 사회학자이다. 〈프로테스탄트의 윤리와 자본주의 정신〉에서 개신교로부터 태동한 자본주의의 정신을 정리하였다. 막스 베버는 칼 마르크스와 에밀 뒤르켐과 함께 세계 3대 사회학자로 평가된다.

**막스 베버의 정치인의 덕목 세 가지**
열정, 균형, 책임감

**막스 베버의 권력 유형 세 가지**
• 전통적 권위 : 군주제, 가부장제 등 오랜 관습에 의한 것
• 합리적 권위 : 관료제, 법 등 합리성과 객관성에 의한 것
• 카리스마적 권위 : 경외심이 일게 하는 신성성, 영웅성에 의한 것

**출제기관**
2019 목포MBC[상]
2018 춘천MBC[상]
2016 국민일보[하] 건설경제신문[상]

정답 ▶ 11 ① | 12 ③

## 13

**분서갱유(焚書坑儒)에 대한 설명으로 옳지 않은 것은?**

① 진나라 시황제 때의 일이다.

② 당시 서적은 대나무를 쪼개서 만든 죽간으로 만들어졌다.

③ 승상 이사가 주장한 탄압책이다.

④ 법가를 제외한 수많은 사상서적과 실용서적이 폐기되었다.

## 14

**'밀라노 칙령'과 가장 관련 있는 로마 황제의 이름은 무엇인가?**

① 콘스탄티누스

② 트리야누스

③ 아우구스투스

④ 하드리아누스

---

**핵심풀이**

### 13
**분서갱유**

진시황 시대에 승상 이사의 제안으로 시작된 사상 탄압 정책이다. 진나라 정권을 비판한 유학자들을 생매장시키고 법가 외의 다른 모든 사상 서적을 불태웠다. 의학·농서 등의 실용서적은 탄압 대상에서 제외되었다.

출제기관
2018 TV조선[하] MBC[상]

### 14
**밀라노 칙령**

로마 콘스탄티누스 1세는 313년 밀라노 칙령을 내려 제국이 종교에 대해 중립적 입장을 고수한다고 포고하였다.

출제기관
2018 YTN[하] SBS[하]

정답    13 ④ | 14 ①

**15**

## 다음과 같은 구절의 저서를 지은 철학자는 누구인가?

> 신이란 절대 무한한 존재자이다. 즉 그 하나하나가 영원하고 무한한 본질을 표현하는 무한히 많은 속성으로 이루어진 실체이다.

① 헤겔

② 베이컨

③ 스피노자

④ 비트겐슈타인

**16**

## 다음 중 정신분석학 용어의 설명이 틀린 것은?

① 엘렉트라 콤플렉스 : 딸이 아버지에 대해 갖는 성적 욕망

② 리비도 : 프로이트가 제시한 보편적 성욕

③ 슈퍼에고 : 억제되지 않는 욕망

④ 오이디푸스 콤플렉스 : 아들이 어머니에 대해 갖는 성적 욕망

---

핵심풀이 ❗

**15**

〈에티카〉

신과 정신, 감정에 대한 정의(精義)를 내리고 이를 바탕으로 공리와 정의(正義)를 탐구하는 스피노자의 저서이다.

출제기관

2018 광주MBC[상]

2016 YTN[상]

**16**

이드 · 에고 · 슈퍼에고

프로이트는 인간의 심리가 무분별한 욕망을 갖는 이드와 이것을 통제하는 에고, 양심과 자아이상에 의해 형성되는 슈퍼에고로 구성된다고 주장했다.

오이디푸스 콤플렉스

프로이트가 제시한 유아 발달 단계에서 아들이 어머니에게 갖는 성적 집착이다.

엘렉트라 콤플렉스

프로이트가 제시한 유아 발달 단계에서 딸이 아버지에게 갖는 성적 집착이다.

리비도

프로이트의 연구에서 등장한 성충동이자 인간 활동의 에너지 정신을 가리킨다. 인류의 천재들은 이 리비도를 자신의 분야로 발현시켰다고 한다.

출제기관

2017 KNN[하]

2016 TV조선[상]

정 답　　15 ③ | 16 ③

**17** ☑오답체크

| 1회차 | 2회차 |

**다음 중 매슬로우의 욕구단계 이론에 대한 설명으로 옳지 않은 것을 고르시오.**

① 생리적 욕구는 1단계 욕구이다.

② 마지막 단계의 욕구는 자아존중의 욕구이다.

③ 생리적 욕구, 안전 욕구, 애정의 욕구, 존중의 욕구는 결핍의 욕구로 구분한다.

④ 매슬로우의 욕구단계 이론을 변형하여 ERG이론이 나왔다.

☑정답체크

| 1회 | 2회 |
| ① ③ | ① ③ |
| ② ④ | ② ④ |

**18** ☑오답체크

| 1회차 | 2회차 |

**다음 중 대승불교와 소승불교에 대한 설명으로 옳지 않은 것은?**

① 대승불교는 다수의 민간을 구제하는 것을 목표로 삼는다.

② 신라의 승려 원효는 대승불교의 사상을 전파하였다.

③ 동북아시아지역에서는 소승불교가 지배적이다.

④ 소승불교의 원래 명칭은 상좌부 불교라 한다.

☑정답체크

| 1회 | 2회 |
| ① ③ | ① ③ |
| ② ④ | ② ④ |

---

**핵심풀이** ❗

**17**

**매슬로우의 욕구단계 이론**
매슬로우는 인간의 욕구를 1단계 생리적 욕구, 2단계 안전 욕구, 3단계 애정의 욕구, 4단계 존중의 욕구, 5단계 자아실현의 욕구로 구분했다. 이 중 1~4단계 욕구를 결핍의 욕구로, 5단계 욕구를 성장의 욕구로 구분한다.

**ERG이론**
5단계 욕구이론을 수정해서 개인의 욕구단계를 3단계로 단순화시킨 알더퍼(Clayton P. Alderfer)의 동기이론을 말한다. 알더퍼는 인간의 핵심 욕구를 존재욕구, 관계욕구, 성장욕구의 세 가지로 보았다.

출제기관
2018 안동MBC[상]
2016 YTN[상]

**18**

**대승불교 · 소승불교**
불교의 생성 초기에 갈라진 교파들이다. 대승불교는 기존 소승불교가 중생의 구제라는 불교의 사명을 망각했다고 주장하며 떨어져 나오게 되었다. 실제 교리 상으로도 대승불교는 소승 불교에 비해 중생의 구제를 강조하고 해탈의 요건을 폭넓게 인정한다. 소승불교는 대승불교에서 붙인 이름으로 원래는 '상좌부 불교'라고 하는 것이 맞다.

출제기관
2018 대구MBC[하]
2017 불교방송[하]

정 답 | 17 ② | 18 ③

**19**

오답체크
1회차    2회차

## 다음 중 스토아 학파와 관련 없는 내용은?

① 금욕과 평정(Apatheia)을 강조하였다.

② 토마스 아퀴나스가 집대성하였다.

③ 로마의 만민법 성립에 영향을 주었다.

④ 범신론적 윤리사상과 세계시민주의에 영향을 주었다.

정답체크

| 1회 | 2회 |
|---|---|
| ① ③ | ① ③ |
| ② ④ | ② ④ |

**20**

오답체크
1회차    2회차

## 다음 중 칸트의 3대 비판 서적으로 불리지 않는 것은 무엇인가?

① 〈순수이성비판〉

② 〈실천이성비판〉

③ 〈판단력비판〉

④ 〈정치경제학비판 요강〉

정답체크

| 1회 | 2회 |
|---|---|
| ① ③ | ① ③ |
| ② ④ | ② ④ |

**19**

토마스 아퀴나스는 스콜라 철학을 완성시킨 학자이다. 스토아 학파의 철학자로는 고대의 에픽테토스가 있고, 근대의 스피노자, 칸트 등에게 영향을 주었다.

출제기관
2018 MBC[상] 광주MBC[상]

**20**

칸트의 3대 비판 서적으로는 〈순수이성비판〉, 〈실천이성비판〉, 〈판단력비판〉이 있다. 〈정치경제학비판 요강〉은 칼 마르크스의 저서이다.

출제기관
2019 MBC[하] 충북MBC[하] 한국일보[상]
2018 MBC[상]
2017 조선일보[하]
2016 건설경제신문[상]

정답   19 ② | 20 ④

**21** ☑오답체크  1회차  2회차

이성을 모든 것의 근원으로 보고 경험을 불필요하게 본 철학사조는 무엇인가?

① 계몽주의

② 실증주의

③ 합리주의

④ 관념주의

☑정답체크

| 1회 | 2회 |
|---|---|
| ① ③ | ① ③ |
| ② ④ | ② ④ |

**22** ☑오답체크  1회차  2회차

다음 중 포스트모더니즘을 비판한 철학자는?

① 리오타르

② 자크 데리다

③ 장 보드리야르

④ 위르겐 하버마스

☑정답체크

| 1회 | 2회 |
|---|---|
| ① ③ | ① ③ |
| ② ④ | ② ④ |

---

**핵심풀이** ❗

**21**

**합리주의**
모든 판단을 논리적으로 규명하려는 사조이다. 대표적인 철학가로는 데카르트, 스피노자 등이 있다.

출제기관
2018 MBC[상] 광주MBC[상]

**22**

위르겐 하버마스는 포스트모더니즘을 비판한 철학자이다. 그 외 인물은 대표적인 포스트모더니즘 학자이다.

출제기관
2018 원주MBC[상] 안동MBC[상]

정답  21 ③ | 22 ④

**23**

**보기에서 설명하는 회의(회담)는?**

> 1943년 미국 대통령 루스벨트, 영국 총리 처칠, 중국 총통 장제스가 참석하여 대(對) 일본전쟁에 서로 협력할 것을 협의하고 일본이 패전했을 경우를 가정하여 일본의 영토 처리에 대한 연합국의 기본방침을 논의하였다.

① 얄타회담

② 포츠담회담

③ 모스크바 3상회의

④ 카이로회담

**24**

**헬레니즘 문화에 대한 설명으로 틀린 것은?**

① 인도의 간다라 문화에 영향을 주었다.

② 알렉산드리아(이집트) 지방에서 가장 크게 융성하였다.

③ 개인을 격하하고 공동체를 중요시하는 현상이 나타났다.

④ 국가 차원에서 기술과 자연과학 발전을 크게 주도하였다.

---

**핵심풀이** 💡

**23**

**카이로회담**

1943년 미국, 영국, 중국의 정상이 모여 일본 패전 시 일본의 영토 처리에 대해 방침을 합의한 회담이다.

**얄타회담**

1945년 2월 제2차 세계대전 종반에 소련 흑해 연안의 얄타에서 미국 · 영국 · 소련의 정상들이 모여 독일의 패전과 그 관리에 대하여 의견을 나눈 회담이다.

**포츠담회담**

1945년 7월 미국 · 영국 · 중국의 정상이 독일의 포츠담에서 모인 정상 회담으로 일본의 항복 권고와 제2차 세계대전 이후의 일본에 대한 처리 문제를 논의했다.

**모스크바 3상회의**

1945년 12월 미국 · 영국 · 소련 3국의 대표들이 모여 한반도 신탁통치안을 결정한 회의이다.

출제기관

2018 언론중재위원회[상] MBC[상]

2016 청주MBC[상] YTN[상]

**24**

헬레니즘은 인간 중심의 인문주의와 이성에 근거한 과학적 논증을 중시하였다. 또한 공동체보다 개인의 행복을 중요시 여겼다.

출제기관

2018 부산MBC[하] MBC[상]

정답  23 ④ | 24 ③

# 과학·IT

시험에 나오는 것부터 공부하자!

# 출제 유력 28제

---

## ☑ 오답체크

**01**

| 1회차 | 2회차 |
|---|---|

원자번호 86이며, 폐로 흡입하면 폐의 건강을 치명적으로 위협하며 암을 일으키는 방사성 물질은?

① 라돈
② 토륨
③ 악티늄
④ 프로메튬

☑ 정답체크

| 1회 | 2회 |
|---|---|
| ① ③ | ① ③ |
| ② ④ | ② ④ |

---

## ☑ 오답체크

**02**

| 1회차 | 2회차 |
|---|---|

남극의 킹조지섬에 건설한 우리나라 최초의 남극 과학기지는 무엇인가?

① 장보고과학기지
② 세종과학기지
③ 다산과학기지
④ 미르니과학기지

☑ 정답체크

| 1회 | 2회 |
|---|---|
| ① ③ | ① ③ |
| ② ④ | ② ④ |

---

### 핵심풀이 ❗

**01**

보기 모두 방사성 물질이나 여기서 말하는 것은 라돈이다.

**라돈(Rn)**
라돈은 원소번호 제86번 원소로 라듐이 알파 붕괴할 때 생기는 기체 상태의 방사성 비활성 원소이다. 퀴리 부부가 우라늄 광석에서 발견했으며, 공업용으로 많이 쓰인다.

**출제기관**
2020 대전MBC[상]
2018 한겨레[하] SBS[하] YTN[하] 대전MBC[상]
2016 건설경제신문[상]

**02**

**세종과학기지**
1988년 2월 남극 킹조지섬에 세운 우리나라 최초의 남극 과학기지로, 극지환경과 기후변화 등을 연구하고 있다.

**장보고과학기지**
남극에 위치한 대한민국의 2번째 과학기지로 2014년 2월 완공되었으며 세종과학기지와 달리 남극권의 섬이 아닌 남극 대륙, 북빅토리아랜드 테라노바만 연안에 있다.

**다산과학기지**
2002년 북극 노르웨이령 스발바르 제도 스피츠베르겐 섬에 세운 대한민국의 과학기지로 북극의 기후와 생물종, 자원에 대한 연구를 하고 있다.

**출제기관**
2018 경인일보[하] 국제신문[상]

정답  01 ① | 02 ②

☑ 오답체크

**03** 1회차　2회차

### 과학의 측정 단위에 붙는 다음 접두어 중에 가장 작고 세밀한 수치의 것은?

① 나노(Nano)

② 피코(Pico)

③ 밀리(Milli)

④ 마이크로(Micro)

☑ 정답체크

| 1회 | | 2회 | |
|---|---|---|---|
| ① ③ | | ① ③ | |
| ② ④ | | ② ④ | |

**03**
밀리 : 10의 3제곱분의 1
마이크로 : 10의 6제곱분의 1
나노 :　10의 9제곱분의 1
피코 : 10의 12제곱분의 1

출제기관
2018 **국제신문**[상]
2017 **한겨레**[상]
2016 **동아이지에듀**[하]

☑ 오답체크

**04** 1회차　2회차

### 영국의 과학자 스티븐 호킹의 저서 중 부제가 '빅뱅부터 블랙홀까지'인 것은?

① 〈위대한 설계〉

② 〈시간의 역사〉

③ 〈호두껍질 속의 우주〉

④ 〈나, 스티븐 호킹의 역사〉

☑ 정답체크

| 1회 | | 2회 | |
|---|---|---|---|
| ① ③ | | ① ③ | |
| ② ④ | | ② ④ | |

**04**
스티븐 호킹은 물리학과 지구과학의 대중화를 강조하여 어려운 물리학 내용을 쉽게 풀어 쓴 〈시간의 역사〉를 1988년 펴냈다. 〈시간의 역사〉는 전 세계 30개국에 수백만부가 팔린 베스트셀러이다.

**스티븐 호킹**
루게릭병으로 인해 거동조차 하지 못함에도 불구하고 우주 및 블랙홀에 관한 연구에 큰 업적을 남겼다. 2018년 별세했다.

출제기관
2018 **SBS**[하] **한겨레**[하]

정 답　03 ② | 04 ②

**05**

☑오답체크
1회차　2회차

16진법으로 10진법 숫자 '30'을 나타낼 경우 어떻게 표현하는가?

① 1E

② 1A

③ A

④ EA

☑정답체크

| 1회 | 2회 |
|---|---|
| ① ③ | ① ③ |
| ② ④ | ② ④ |

**05**

**16진법**
10진법에서의 9 다음에 A, B, C, D, E, F까지 샌 뒤 다음 자리로 넘어가는 진법이다. 따라서 10진법에서의 16은 '10'으로 표현되며, 25는 '19', 26은 '1A', 30은 '1E'로 표현된다.

**출제기관**
2019 CBS[상]
2018 MBC[상]

**06**

☑오답체크
1회차　2회차

언제 어디서나 컴퓨터 네트워크에 접속할 수 있는 사회 환경을 가리키는 용어는 무엇인가?

① 유토피아(Utopia)

② 클라우드컴퓨팅(Cloud Computing)

③ 유비쿼터스(Ubiquitous)

④ 파노라마(Panorama)

☑정답체크

| 1회 | 2회 |
|---|---|
| ① ③ | ① ③ |
| ② ④ | ② ④ |

**06**

**유비쿼터스(Ubiquitous)**
라틴어로 '언제, 어디에나 있는'을 의미한다. 따라서 사용자가 시공간의 제약 없이 자유롭게 네트워크에 접속할 수 있는 환경을 말한다.

**클라우드컴퓨팅(Cloud Computing)**
네트워크 상에 연결된 다른 컴퓨터들을 활용하여 데이터 저장 및 계산을 하는 것을 말한다. 리소스의 효율성을 극대화할 수 있다는 장점이 있다.

**출제기관**
2019 매일경제[하] 충북MBC[하]
2018 SBS[하] 여수MBC[하] 제주MBC[하] MBC-C&I[하]
2017 이투데이[상] 경향신문[상]
2016 경기일보[상]

정답　05 ① | 06 ③

## 07

☑오답체크
1회차  2회차

넷플릭스가 등장한 것처럼 같은 업계에 강자가 나타나 산업의 판도가 바뀌게 되는 것을 무엇이라 하는가?

① Netflixiate

② Netflixed

③ Netflixism

④ Netflix Moment

☑정답체크

| 1회 | 2회 |
|---|---|
| ① ③ | ① ③ |
| ② ④ | ② ④ |

### 07

**Netflixed**
직역하면 '넷플릭스 당했다'라는 의미로 넷플릭스의 등장으로 인해 기존 케이블티비와 IPTV 업계의 판도가 바뀐 것처럼 뛰어난 경쟁자의 등장으로 여타 판매자들이 무너지고 시장 자체의 모습이 바뀌는 현상을 가리킨다.

**우버모멘트(Uber Moment)**
일반인 기사를 매칭시켜주는 서비스 우버의 등장으로 인해 기존 택시산업이 큰 피해를 입었으나 새로운 산업이 생겨난 것처럼, 새로운 서비스의 등장으로 기존 산업이 변혁을 맞는 상황을 가리킨다.

출제기관
2018 광주MBC[상]
2017 SBS[하] EBS[하]

## 08

☑오답체크
1회차  2회차

'미세먼지주의보'의 발령 기준이 되는 대기 중 미세먼지 양은 1m³당 얼마인가?

① 300㎍

② 150㎍

③ 100㎍

④ 75㎍

☑정답체크

| 1회 | 2회 |
|---|---|
| ① ③ | ① ③ |
| ② ④ | ② ④ |

### 08

**미세먼지주의 안내 발령 기준**
미세먼지(입자 크기 10㎛ 이하)주의보가 발령되는 기준은 1m³당 150㎍ 이상의 밀도가 두 시간 이상 지속될 경우이고 미세먼지경보 발령은 300㎍ 이상의 밀도가 두 시간 이상 지속될 경우이다. 초미세먼지(크기 2.5㎛ 이하)주의보 발령은 75㎍ 이상의 밀도가 두 시간 이상 지속될 경우이고 초미세먼지경보 발령은 150㎍ 이상의 밀도가 두 시간 이상 지속될 경우이다.

출제기관
2019 YTN[하] UBC[상]
2018 국제신문[상]
2017 경향신문[상] 한국일보[상]
2016 TV조선[상] 연합뉴스TV[상]

정답  07 ② | 08 ②

**09**

〈대기환경보전법〉에 따라 근절해야 하는 목록인 'VOCs'에 속하지 <u>않는</u> 물질은?

① 아세트알데히드(Acetaldehyde)

② 일산화탄소(Carbon Monoxide)

③ 가솔린(Gasoline)

④ 부탄(Butane)

**09**

일산화탄소는 휘발성유기화합물은 아니다.

**VOCs(Volatile Organic Compounds)**
〈대기환경보전법〉 제2조 10호에 따르면 환경부장관은 탄화수소류 중 대기환경 수준을 저해하는 '휘발성유기화합물' 목록을 선정하여 고지하도록 되어 있다. 아세트알데히드, 아세틸렌, 아세틸렌 디클로라이드, 아크롤레인, 아크릴로니트릴, 벤젠, 부탄, 사염화탄소, 클로로포름, 디에틸아민, 에틸렌, 포름알데히드, 메탄올, 프로필렌, 가솔린, 원유, 아세트산, 에틸벤젠, 니트로벤젠 등의 유기화합물이 있다.

출제기관
2018 **경향신문[하]**
2017 **JTBC[하]**

**10**

PC나 휴대폰 등에 남아 있는 디지털 정보를 분석하여 범죄 단서를 찾는 수사기법을 무엇이라 하는가?

① 디지털 포렌식

② 디지털 컨버전스

③ 디지털 디톡스

④ 디지털 디바이드

**10**

**디지털 포렌식(Digital Forensic)**
PC나 휴대폰 등에 남아 있는 디지털 정보를 분석하여 범죄 단서를 찾는 수사기법이다.

**디지털 디톡스(Digital Detox)**
디지털 기기를 멀리하여 '인터넷 중독, 휴대폰 중독, 게임 중독, 유령 전화기 증후군'과 스마트폰 중독으로 인한 '거북목 증후군, 손목터널 증후군, 안구 건조증' 등을 치료하는 것이다.

**디지털 디바이드(Digital Divide)**
디지털 기기의 소유 유무에 따라 정보접근 격차가 커져 경제적 어려움으로 인해 디지털 기기를 소유하지 못한 이들의 사회 전반적인 경쟁력이 떨어지고 사회 분리가 일어나는 현상이다.

출제기관
2020 **한국일보[상]**
2019 **SBS[하] KBS[상]**
2018 **뉴시스[하] 조선일보[하]**

정 답　**09 ② | 10 ①**

**11**

✓오답체크
1회차    2회차

## 다음 중 IT 용어와 그에 대한 설명이 옳지 <u>않은</u> 것은?

① 망중립성 : 인터넷 망의 사용에 차별을 두지 않는 것

② 블록체인 : 제3자의 거래를 승인해주는 보안 방식

③ 스마트팩토리 : 시장의 여건에 따라 생산을 달리하는 공장

④ 쿠키 : 네트워크 전송을 위해 일정 단위로 나눈 데이터

✓정답체크
1회   2회
① ③  ① ③
② ④  ② ④

**12**

✓오답체크
1회차    2회차

## 다음 중 IT용어와 그에 대한 설명이 옳지 <u>않은</u> 것은?

① 5G의 G는 Generation을 의미한다.

② 사물인터넷을 의미하는 IoT는 Internet of Things의 약자이다.

③ 4차산업혁명은 다보스포럼의 회장 클라우스 슈밥이 정의한 용어이다.

④ AR은 Augmented Reality의 약자로 현실과 격리되어 인공적으로 만들어진 공간을 체험할 수 있는 '증강현실'을 의미한다.

✓정답체크
1회   2회
① ③  ① ③
② ④  ② ④

---

**핵심풀이** ❗

**11**

**쿠키**
인터넷 사용자가 접속한 웹사이트 정보를 저장하는 정보 기록 파일이다.

**패킷**
네트워크에 전송하기 쉽게 데이터를 일정하게 나눈 것이다.

**망중립성**
인터넷 설비는 공익 목적으로 사용돼야 한다는 원칙이다.

**블록체인**
거래 참여자가 모든 거래의 기록을 보관하여 서로가 서로를 승인해줌으로써 해킹이 일어나지 않도록 하는 보안 방식이다.

**스마트팩토리**
능동적이고 자동화된 설비를 갖춰 빠르게 시장에 대처하는 공장으로서, 제조 여건 변화에 유연하게 대응하고 공급망 관리가 자동으로 이루어진다.

**출제기관**
2021 충북MBC[상]
2019 충북MBC[하] 서울경제[하] 한겨레[상]
2018 매일경제[하] SBS[하] KBS[하] 전기신문[하] 매일경제[하]
　　　UPI[하] 서울경제신문[하] 언론중재위원회[상] MBC[상]
　　　국제신문[상]
2017 KBS[하] 한국언론진흥재단[하] 서울경제신문[하]
　　　농민신문[하] 조선일보[하] JTBC[하]

**12**

**증강현실(AR)**
현실의 이미지나 배경에 3차원 가상 이미지를 겹쳐서 하나의 영상으로 보여주는 기술을 뜻한다.

**가상현실(VR)**
인공적으로 만들어내었지만 현실과 비슷한, 공간을 체험할 수 있는 IT 기술이다. 실제 현실과는 격리된다.

**5G**
'5th Generation Mobile Communication'의 약자로, 최신 모바일 통신 국제 표준을 말한다. 최대 20Gbps의 데이터 전송속도와 어디서든 최소 100Mbps 이상의 체감 전송속도를 제공한다. 4차산업혁명을 본격화하는 기술이다.

**4차산업혁명**
다보스포럼에서 진단한 다가올 산업 변화의 형태이다. 사물인터넷, 5G, 3D프린팅, 인공지능 등 ICT 기술의 발달로 산업과 노동의 형태가 뒤바뀔 것으로 본다.

**출제기관**
2020 TV조선[하]
2019 매일신문[하] 목포MBC[상]
2018 MBC[상]
2017 여수MBC[상] 아이뉴스[상] 이투데이[상]
2016 동아이지에듀[하] SBS[하] 조선일보[하] 영남일보[상]

정답  11 ④ | 12 ④

## 13

☑오답체크
1회차　2회차

**다음 중 IT 용어의 약자 풀이가 옳지 않은 것은?**

① O2O : Online to Offline

② NFC : Network Field Communication

③ MCN : Multi Channel Network

④ OTT : Over The Top

☑정답체크

| 1회 | 2회 |
|---|---|
| ① ③ | ① ③ |
| ② ④ | ② ④ |

### 13

**NFC(Near Field Communication)**
근접무선통신을 말한다. 보통 10cm 이내에서 접촉식으로 사용한다.

**O2O(Online to Offline)**
온라인과 오프라인을 연결하는 IT마케팅이다. 카카오택시, 사이렌오더(스타벅스), 에어비앤비는 모두 O2O 서비스이다.

**MCN(Multi Channel Network)**
SNS나 스트리밍사이트에서 활동하는 크리에이터들의 기획을 해주는 사업을 가리킨다.

**OTT(Over The Top)**
'Top(셋톱박스 : 단말기)을 통해 제공됨'을 의미한다. 범용 인터넷을 통해 다양한 미디어 콘텐츠를 양방향으로 송수신하는 점이 특징이며, 대표적인 서비스로는 넷플릭스, 푹, 티빙 등의 IPTV 서비스와 유튜브, 아프리카TV 등의 인터넷 스트리밍 서비스가 있다.

출제기관
2021 CBS[상] 세계일보[상]
2020 TV조선[하] 춘천MBC[상] 한국경제TV[상]
2019 충북MBC[하] SBS[하] 조선일보[하] EBS[하] 연합뉴스[하] 서울경제[하] KBS[하] 충북MBC[상]
2018 경남MBC[하] 여수MBC[하] 한겨레[하] 광주MBC[상]

## 14

☑오답체크
1회차　2회차

**다음과 같은 보안 방식을 무엇이라 하는가?**

- 매번 패스워드가 바뀐다.
- 이 때문에 1차적으로 노출되어도 악용될 염려가 덜하다.

① OTP

② 블록체인

③ 방화벽

④ 핵티비즘

☑정답체크

| 1회 | 2회 |
|---|---|
| ① ③ | ① ③ |
| ② ④ | ② ④ |

### 14

**OTP(One Time Password)**
개별 단말기를 통해 인증 시마다 새로운 암호를 전달받아 그 암호를 입력해야만 잠금을 해제할 수 있는 체계의 보안 방식이다.

**블록체인(Blockchain)**
거래 참여자가 모든 거래의 기록을 보관하여 서로가 서로를 승인해줌으로써 해킹이 일어나지 않도록 하는 보안방식이다.

**방화벽(Firewall)**
해킹 공격을 차단하기 위해 네트워크의 트래픽을 감시하고 제어하는 기능을 가진 프로그램이다.

**핵티비즘(Hacktivism)**
해킹을 통해 국가나 기관에 압력을 행사하는 행위이다.

출제기관
2021 충북MBC[상]
2019 안동MBC[상]
2018 여수MBC[하] 아시아경제[하] 목포MBC[상] 국제신문[상] 언론중재위원회[상]
2017 KBS[하] 연합인포맥스[하] 농민신문[하] 경향신문[상]

정답　13 ② | 14 ①

## 15

☑오답체크
1회차   2회차

다음 저장장치들을 읽기 및 쓰기 속도가 빠른 것부터 순서대로 나열한 것은 무엇인가?

> ⊙ CPU 캐시메모리
> ⓒ 자기디스크
> ⓒ RAM

① ⊙ – ⓒ – ⓒ

② ⊙ – ⓒ – ⓒ

③ ⓒ – ⊙ – ⓒ

④ ⓒ – ⊙ – ⓒ

☑정답체크

| 1회 | 2회 |
|---|---|
| ① ③ | ① ③ |
| ② ④ | ② ④ |

## 15

일반적으로 계산장치와 가까운 기억장치일수록 주 기억장치이며 빠른 읽기 · 쓰기 속도를 요구한다. CPU에 들어가는 캐시메모리는 계산장치와 제일 근접한 저장장치이므로 가장 빠른 속도를 요구하며 RAM은 주기억장치로 보조기억장치인 자기디스크보다 계산장치에 가깝기에 읽기 · 쓰기 속도가 빠르다.

출제기관
2018 SBS[하] 서울경제신문[하]

## 16

☑오답체크
1회차   2회차

다음 중 IT 용어에 대한 기술이 옳지 않은 것은?

① 클라우드컴퓨팅 : 여러 곳에서 데이터에 접근

② 제로레이팅 : 요금 걱정 없이 쓰는 애플리케이션

③ U커머스 : 언제 어디서든 가능한 전자상거래

④ 스푸핑 : 이메일 도청 등 사이버 범죄 행위

☑정답체크

| 1회 | 2회 |
|---|---|
| ① ③ | ① ③ |
| ② ④ | ② ④ |

## 16

**스푸핑(Spoofing)**
IP 주소를 속여서 가짜사이트에 접근하게 하여, 계정 정보를 탈취하는 등의 해킹 기법이다.

**클라우드컴퓨팅(Cloud Computing)**
데이터를 인터넷과 연결된 중앙컴퓨터에 저장해서 인터넷에 접속하기만 하면 언제 어디서든 데이터를 이용할 수 있는 것을 뜻한다.

**제로레이팅(Zero Rating)**
통신사가 특정 콘텐츠에 대해 제공 업체와 제휴하여 데이터 사용 요금을 대신 지불하거나 제공 업체에서 부담하도록 하여 서비스 이용자는 무료로 이용할 수 있게 하는 것을 말한다.

**U커머스**
무제한(Unlimited)이고 포괄적(Umbrella)이며, 장소에 구애받지 않는(Ubiquitous) 전자상거래를 말한다. E커머스(전자상거래), M커머스(모바일 전자상거래), T커머스(웹TV 전자상거래), A커머스(자동차에서의 전자상거래)를 포괄한다.

출제기관
2021 안동MBC[상]
2019 매일경제[하] 충북MBC[하]
2018 SBS[하] 제주MBC[하]

정답   15 ② | 16 ④

핵심풀이 ❓

**17** ☑오답체크 1회차 2회차

다음 중 다수의 컴퓨터 기기를 하나의 초고속 네트워크로 연결해 한 가지 일에 집중적으로 사용할 수 있게 하는 기술은?

① 멀티태스킹

② 그리드컴퓨팅

③ 그리드락

④ 빅데이터

☑정답체크

| 1회 | | 2회 | |
|---|---|---|---|
| ① ③ | | ① ③ | |
| ② ④ | | ② ④ | |

**17**

그리드컴퓨팅(Grid Computing)
네트워크를 통해 PC나 서버, PDA 등 모든 컴퓨팅 기기를 연결해 컴퓨터 처리능력을 한 곳으로 집중할 수 있는 기술이다. 클라우드컴퓨팅과 비슷한 개념이나 더욱 강력한 병렬을 실시한다.

빅데이터(Big Data)
인터넷 등의 발달로 방대한 데이터가 쌓이는 것. 그리고 데이터 처리기술의 발달로 방대한 데이터를 분석해 그 의미를 추출하고 경향을 파악하는 기술이다.

출제기관
2018 SBS[하]
2017 이투데이[하]

**18** ☑오답체크 1회차 2회차

다음 중 '그리드 패리티(Grid Parity)를 달성했다'고 여겨지는 발전 방식은 무엇인가?

① 화력발전

② 수력발전

③ 태양력발전

④ 원자력발전

☑정답체크

| 1회 | | 2회 | |
|---|---|---|---|
| ① ③ | | ① ③ | |
| ② ④ | | ② ④ | |

**18**

그리드 패리티(Grid Parity)
그리드 패리티는 대체에너지가 화석연료의 발전과 동일한 수준의 발전 가격 경쟁력을 가지는 시점을 가리킨다. 아직 원자력 외에 그리드 패리티를 달성한 대체에너지는 없다.

출제기관
2018 전자신문[하]
2016 시사저널[하]

정답  17 ② | 18 ④

**19**

**오답체크**
| 1회차 | 2회차 |
|---|---|

다음 중 '블랭킷에어리어'와 가장 관련 있는 장소는 어디인가?

① 군부대

② 경찰서

③ 방송국

④ 학교

**정답체크**
| 1회 | 2회 |
|---|---|
| ① ③ | ① ③ |
| ② ④ | ② ④ |

**19**

**블랭킷에어리어(Blanket Area)**
대형 안테나를 통한 송신소가 근처에 있어 다른 전파가 방해를 받아 휴대폰 등의 수신기가 마비되는 현상을 말한다. 방송국 인근에서는 데이터 송수신과 통화가 잘 안 되는 것 때문에 사회 문제가 되기도 한다.

출제기관

2018 여주MBC[하]

2016 울산MBC[상]

**20**

**오답체크**
| 1회차 | 2회차 |
|---|---|

다음 중 용어의 설명이 잘못된 것은 무엇인가?

① 브이로그 : 비디오 형식의 게시글을 올리는 개인 채널

② 키오스크 : 디지털 안내기기, 무인 판매 단말기

③ 아카이브 : 데이터를 원본 그대로 보존하는 시설

④ 누스페어 : 공동의 지적 자산을 바탕으로 이뤄진 사이버
   공간

**정답체크**
| 1회 | 2회 |
|---|---|
| ① ③ | ① ③ |
| ② ④ | ② ④ |

**20**

**아카이브(Archive)**
데이터의 보존 작업 및 시설을 가리킨다. 백업과 달리 원본 그대로 보관하기보다는 보관의 가치와 목적을 따져 색인하기 쉽도록 변환하여 보관한다.

**브이로그(V-log)**
개인의 인터넷 채널인 Blog와 Video를 합성한 말로 비디오로 이뤄진 게시물을 올리는 개인 인터넷 채널을 가리킨다. 대표적으로 유튜브가 있다.

**키오스크(Kiosk)**
터키어 코슈크에서 유래한 말로 별장으로 쓰이는 개방형 건물을 가리켰다. 이것이 20세기 유럽에서 개방된 형태의 박스형 간이매점을 가리키는 용어로 사용되었으며, 오늘날 한국에서는 디지털 안내기기 혹은 무인 판매 단말기 등을 가리키게 되었다.

**누스페어(Noosphere)**
Noo(정신)와 Sphere(시공간)를 결합시킨 사회철학 용어로 인류가 오랫동안 집적해온 공동의 지적 능력과 자산을 바탕으로 사이버 공간에서 이루어가는 세계를 말한다.

출제기관

2019 SBS[상]

2018 MBN[하] 울산방송[상]

정답  19 ③ | 20 ③

**21**

## 질병에 대한 설명으로 옳지 않은 것은?

① 대상포진 : 수포를 동반한 뾰루지가 나타난다.

② 구제역 : 우제류 동물에게 나타난다.

③ 각기병 : 동아시아 지역의 전염병이다.

④ 노로바이러스 : 흔히 겨울장염이라 불린다.

☑정답체크

| 1회 | 2회 |
|---|---|
| ① ③ | ① ③ |
| ② ④ | ② ④ |

**22**

## 다음에서 설명하는 것은 무엇인가?

- 구리보다 100배 이상 전기가 잘 통한다.
- 2차원 평면상에 6각형으로 이뤄지는 구조를 갖는다.
- 늘리거나 구부려도 전기적 성질을 잃지 않는다.

① 베크렐

② 그래핀

③ 시그마

④ 리튬

☑정답체크

| 1회 | 2회 |
|---|---|
| ① ③ | ① ③ |
| ② ④ | ② ④ |

---

**핵심풀이** ❗

**21**

**각기병**

비타민 $B_1$이 부족해 생기는 결핍증으로 비타민 $B_1$은 감자, 돼지고기, 쌀눈 등에 많이 함유되어 있다. 상대적으로 감자와 돼지고기의 섭취가 부족하던 동아시아 지역에서 도정된 쌀만 먹는 사람에게 많이 발병했다.

**대상포진**

어렸을 때 침투한 수두 바이러스가 몸속에 잠복해 있다가 면역력이 약해지면 수포를 동반한 뾰루지가 통증을 동반하며 나타나는 질병이다.

**구제역**

우제류(짝수 발굽) 동물에게 나타나며, 조류인 닭, 기제류인 말과 코뿔소 등은 걸리지 않는다.

**노로바이러스**

대부분의 식중독은 세균성인 데 반해, 노로바이러스는 바이러스성 식중독균이다. 공기를 통해서도 쉽게 전파되어 겨울철에 전파력이 강해 흔히 '겨울장염'으로 불린다.

출제기관

2018 YTN[하]

2017 조선일보[상]

2016 전주MBC[상]

**22**

**그래핀**

그래핀은 구리보다 100배 이상 전기가 잘 통하고, 실리콘보다 100배 이상 전자이동성이 빠르다. 강도는 강철보다 200배 이상 강하며, 다이아몬드보다 2배 이상 열전도성이 높다. 또한, 빛을 대부분 통과시키기 때문에 투명하며 신축성도 매우 뛰어나다.

**베크렐**

방사능 오염도를 측정하는 수치이다.

**시그마**

지정된 수의 항렬을 모두 곱하라는 의미의 수학 기호로 사용된다. 그리스 문자에서 따왔으며 그리스어로는 200을 뜻한다.

**리튬**

전지 원료로 사용하며 외부 전원을 이용해 충전하여 안정성이 높고 에너지 효율성이 높은 차세대 전지를 만들 수 있다.

출제기관

2018 MBN[하] 울산방송[상]

2016 울산MBC[상]

정답　21 ③ | 22 ②

**23** ☑오답체크 1회차 2회차

디스플레이 화질을 나타내는 용어와 해상도의 연결이 가장 올바르지 <u>않은</u> 것을 고르시오.

① UHD − 4,096 × 2,160

② QHD − 1,920 × 1,080

③ HD − 1,280 × 720

④ SD − 720 × 480

☑정답체크

| 1회 | 2회 |
|---|---|
| ① ③ | ① ③ |
| ② ④ | ② ④ |

**24** ☑오답체크 1회차 2회차

'라니냐(La Niña)' 현상으로 틀린 설명은?

① '여자 아이'를 뜻하는 스페인어에서 유래했다.

② 부분적으로 해수면의 온도가 떨어진다.

③ 무역풍의 강도와 관련이 있다.

④ 엘니뇨와 동일한 현상이며, 발생 시기에 따라 구분된다.

☑정답체크

| 1회 | 2회 |
|---|---|
| ① ③ | ① ③ |
| ② ④ | ② ④ |

---

**핵심풀이 !**

**23**

디스플레이 해상도 종류

• UHD − 4,096 × 2,160(기업별 차이 있음)
• QHD − 3,840 × 2,160(기업별 차이 있음)
• FHD − 1,920 × 1,080
• HD − 1,280 × 720
• SD − 720 × 480

출제기관

**2020** EBS[하]

**2018** 대구TBC[하] MBC[상]

**2017** EBS[하]

**2016** EBS[하]

**24**

라니냐(La Niña)

적도 무역풍이 강해져 지역별로 해수면 온도가 정상 온도보다 높거나 낮아지는 현상이다. 스페인어로 여자아이를 뜻한다.

엘니뇨(El Niño)

남미 해안으로부터 적도 부근 중태평양의 해수면 온도가 정상 온도보다 높아지는 현상이다. 스페인어로 '남자아이'를 가리킨다.

출제기관

**2018** YTN[하]

**2016** 조선일보[하] 경향신문[상] 언론진흥재단[상]

정답 **23** ② | **24** ④

## 25

☑오답체크  1회차  2회차

다음 중 온실효과를 일으키는 물질로만 이뤄진 보기는 무엇인가?

① 이산화탄소($CO_2$), 메탄($CH_4$)

② 질소(N), 이산화탄소($CO_2$)

③ 프레온(CFC), 수소(H)

④ 질소(N), 아산화질소($N_2O$)

☑정답체크

| 1회 | | 2회 | |
|---|---|---|---|
| ① | ③ | ① | ③ |
| ② | ④ | ② | ④ |

## 26

☑오답체크  1회차  2회차

다음 중 생체인식 정보로 활용되지 <u>않는</u> 인체 부위는 어디인가?

① 지문

② 홍채

③ 치아

④ 정맥

☑정답체크

| 1회 | | 2회 | |
|---|---|---|---|
| ① | ③ | ① | ③ |
| ② | ④ | ② | ④ |

---

**핵심풀이** ❗

### 25

**온실가스**

질소(N), 산소($O_2$) 등의 기체는 가시광선이나 적외선을 모두 통과시키기 때문에 온실효과를 일으키지 않는다. 교토의정서에서 정한 대표적 온실가스에는 이산화탄소($CO_2$), 메탄($CH_4$), 아산화질소($N_2O$), 수소불화탄소(HFC), 과불화탄소(PFCs), 육불화유황($SF_6$) 등이 있다.

출제기관
2018 SBS[하]
2016 동아이지에듀[하] 청주MBC[상]

### 26

**생체인식보안**

사람의 고유한 형질 정보로 구축한 보안 시스템을 가리킨다. 영어로는 바이오매트릭스(Biometrics)라 한다. 대표적인 생체인식 정보로는 지문 정보, 홍채 정보, 손바닥의 정맥 정보, 안면인식 정보 등이 있다.

출제기관
2017 MBN[하]
2016 조선일보[하] 시사저널e[하]

정답  25 ① | 26 ③

**27** ☑오답체크  1회차  2회차

다음 중 OLED에 대한 설명으로 옳지 <u>않은</u> 것은?

① 유기물이 빛을 내는 현상을 이용한다.

② 휴대전화, PDA 등 전자제품의 액정 소재로 사용된다.

③ 화질 반응속도가 빠르고 높은 화질을 자랑한다.

④ 에너지 소비량이 크고 가격이 비싸다.

☑정답체크
| 1회 | 2회 |
|---|---|
| ① ③ | ① ③ |
| ② ④ | ② ④ |

---

**28** ☑오답체크  1회차  2회차

아인슈타인이 일반상대성이론에서 가설로만 내세웠으나 라이고(LIGO) 과학협력단이 관측에 성공한 것은?

① 장주기파

② 델타파

③ 중력파

④ 부진동파

☑정답체크
| 1회 | 2회 |
|---|---|
| ① ③ | ① ③ |
| ② ④ | ② ④ |

---

핵심풀이 ❗

**27**

OLED(Organic Light-Emitting Diode)
형광성 유기 화합물에 전류가 흐르면 빛을 내는 발광 현상을 이용하여 만든 자체발광형 유기물질로, LCD를 대체할 꿈의 디스플레이로 각광받는다. 화질 반응속도가 빠르고, 동영상 구현 시 잔상이 거의 나타나지 않으며 에너지 소비량도 적다. 또한 높은 화질과 단순한 제조공정으로 인해 가격경쟁 면에서 유리하다. 휴대전화, 캠코더, PDA 등 각종 전자제품의 액정 소재로 사용된다.

출제기관
2017 MBN[하]
2016 조선일보[하] 시사저널e[하]

**28**

중력파
초신성 폭발 같은 우주현상에서 발생하는 것으로, 시공간의 뒤틀림이 파도처럼 전달되는 것을 말한다.

출제기관
2019 EBS[하]
2016 국민일보[하] 경향신문[상]

정답  27 ④ | 28 ③

# 우리말·한자

**시험에 나오는 것부터 공부하자!**

# 출제 유력 20제

---

## 01 ☑오답체크  1회차  2회차

**다음의 순우리말 중에 뜻풀이가 바르지 <u>않은</u> 것은?**

① 가랑비 : 가늘게 내리는 비로, 이슬비보다 좀 굵은 비

② 달무리 : 달 언저리에 둥그렇게 생기는 구름 같은 허연 테

③ 무더위 : 오랫동안 비가 오지 아니하고 볕만 내리쬐는 심한 더위

④ 햇무리 : 햇빛이 대기 속의 수증기에 비쳐 해의 둘레에 둥글게 나타나는 빛깔이 있는 테두리

☑정답체크

| 1회 | 2회 |
|---|---|
| ① ③ | ① ③ |
| ② ④ | ② ④ |

---

## 02 ☑오답체크  1회차  2회차

**다음 중 국어의 로마자 표기법에 맞지 <u>않는</u> 것은?**

① 별내 – Byeollae

② 왕십리 – Wangsimni

③ 낙동강 – Nakttonggang

④ 대관령 – Daegwallyeong

☑정답체크

| 1회 | 2회 |
|---|---|
| ① ③ | ① ③ |
| ② ④ | ② ④ |

---

### 핵심풀이 💬

**01**

③은 '강더위'에 대한 사전적 정의이다. '무더위'는 습도와 온도가 매우 높아 찌는 듯 견디기 어려운 더위를 뜻한다. '무더위'에서 '무'의 어원은 '물(Water)'이다.

출제기관
2018 SBS[하] 대전MBC[상]

**02**

국어의 표준 발음법에 따라 적는 것을 원칙으로 하지만, 된소리되기는 표기에 반영하지 않기 때문에 '낙동강[낙똥강]'은 'Nakdonggang'이라고 적는다. '별내[별래], 왕십리[왕심니], 대관령[대괄령]' 등은 표준 발음대로 적는다.

출제기관
2021 연합뉴스TV[상]
2020 대전MBC[상]
2019 연합뉴스[상]
2018 뉴시스[하]
2017 연합뉴스TV[상]

정답  01 ③ | 02 ③

**03** ☑오답체크  1회차  2회차

## 다음 중 외래어 표기법에 맞지 <u>않는</u> 것은?

① Union - 유니언

② Chassis - 섀시

③ Accessory - 액세서리

④ Top Class - 탑 클래스

☑정답체크

| 1회 | 2회 |
|---|---|
| ① ③ | ① ③ |
| ② ④ | ② ④ |

**03**

'Top'는 '톱'으로 적으며, 톱 클래스는 '정상급'으로 순화할 수 있다. 외래어는 국어의 현용 24 자모만으로 적는다. 외래어의 1 음운은 원칙적으로 1 기호로 적는다. 받침에는 'ㄱ, ㄴ, ㄹ, ㅁ, ㅂ, ㅅ, ㅇ'만을 쓴다. 파열음 표기에는 된소리를 쓰지 않는 것을 원칙으로 한다.

출제기관

2021 CBS[상] 연합뉴스TV[상]

2020 YTN[하]

2018 YTN[하] 경향신문[하] MBC[상] 대구MBC[상] 대구TBC[상]

2017 CBS[하] 연합뉴스TV[상]

2016 청주MBC[상]

**04** ☑오답체크  1회차  2회차

## 다음의 한자성어 중에서 의미가 가장 <u>다른</u> 하나는?

① 가루견보(架漏牽補)

② 순망치한(脣亡齒寒)

③ 미봉책(彌縫策)

④ 고식지계(姑息之計)

☑정답체크

| 1회 | 2회 |
|---|---|
| ① ③ | ① ③ |
| ② ④ | ② ④ |

**04**

순망치한(脣亡齒寒) : 서로 이해관계가 밀접한 사이에 어느 한쪽이 망하면 다른 한쪽도 그 영향을 받아 온전하기 어렵다.

①, ③, ④는 한때의 안정을 얻기 위하여 임시로 둘러맞추어 처리하거나 이리저리 주선하여 꾸며내는 계책을 뜻한다.

출제기관

2021 CBS[상]

2020 대전MBC[상]

2018 경남MBC[하] MBN[하]

정답 03 ④ | 04 ②

**05**

**밑줄 친 부분의 표기가 올바르지 않은 것은?**

① 집을 나가기 전 현관문을 열쇠로 잠갔다.

② 오늘은 웬지 일이 잘 풀릴 것 같은 느낌이다.

③ 벼락치기로 공부하느라 밤을 새운 상태로 시험을 치렀다.

④ 빈 교실에 들어와 차가운 의자에 앉자 몸이 으스스했다.

**05**

'웬지'는 '왠지'의 잘못된 표현이다. '왠지'는 '왜인지'의 줄임말로, '왜 그런지 모르게. 또는 뚜렷한 이유도 없이'라는 뜻의 부사어이다.

출제기관

2019 연합뉴스[상]

2018 SBS[하] 헤럴드경제[상]

2017 매일신문[상]

2016 SBS[하] EBS[하]

**06**

**다음 중 표준어가 아닌 것은?**

① 아귀찜

② 설렁탕

③ 쭈꾸미

④ 차돌박이

**06**

낙지와 비슷한 문어과의 연체동물을 일컫는 말인 '쭈꾸미'는 표준어가 아니다. '주꾸미'가 표준어이다.

출제기관

2021 CBS[상] 연합뉴스TV[상]

2020 대전MBC[상]

2018 아시아경제[하]

2017 여수MBC[하] 아시아경제[하] 문화일보[상]

정답   05 ② | 06 ③

☑오답체크

**07** 1회차 2회차

**다음 글에서 '㉠ 방송'의 '방'과 같은 한자를 사용한 것은?**

> 시청자 여러분들께 알려드립니다. 금일 ㉠ 방송이 전파 송·수신상의 오류 문제로 제작이 고르지 못 하였습니다. 너그러이 양해해 주시길 부탁드립니다. 앞으로 제작진은 더 좋은 내용과 서비스로 찾아뵐 것을 약속드립니다.

① 防止

② 妨害

③ 來訪

④ 開放

☑정답체크

| 1회 | 2회 |
|---|---|
| ① ③ | ① ③ |
| ② ④ | ② ④ |

**07**

㉠ 放送(방송 : 놓을 방, 보낼 송)

④ 開放(개방 : 열 개, 놓을 방)

① 防止(방지 : 막을 방, 그칠 지)

② 妨害(방해 : 방해할 방, 해칠 해)

③ 來訪(내방 : 올 래, 찾을 방)

출제기관

2021 CBS[상] MBN[상] 연합뉴스TV[상]

2019 CBS[상] MBC[하] 영남일보[하] 조선일보[하] 춘천MBC[하]

2017 조선일보[하] TV조선[하] 머니투데이[하] 뉴스1[하] 문화일보[상]

☑오답체크

**08** 1회차 2회차

**외래어 표기법에 따른 표기로 옳지 <u>않은</u> 것은?**

① 커피숖

② 초콜릿

③ 주스

④ 카페

☑정답체크

| 1회 | 2회 |
|---|---|
| ① ③ | ① ③ |
| ② ④ | ② ④ |

**08**

외래어 표기법 제3항은 받침에는 'ㄱ, ㄴ, ㄹ, ㅁ, ㅂ, ㅅ, ㅇ' 만을 쓴다고 규정되어 있다. 따라서 'p, f, v, b'로 끝나는 영어 단어에서 'ㅂ, ㅍ' 등의 종성 발음이 나는 경우 'ㅂ'으로 통일해서 적는다(커피숍).

출제기관

2021 연합뉴스TV[상] CBS[상]

2020 YTN[하]

2018 YTN[하] 경향신문[하] 대구MBC[하] MBC[상] 대전MBC[상] 대구TBC[상]

2016 청주MBC[상] 문화일보[상]

정답 07 ④ | 08 ①

**09** ☑오답체크

1회차    2회차

다음 사자성어와 가장 비슷한 의미를 지닌 사자성어를 고르시오.

> 客反爲主

① 主客顚倒

② 事必歸正

③ 朝三暮四

④ 刻舟求劍

☑정답체크

| 1회 | 2회 |
|---|---|
| ① ③ | ① ③ |
| ② ④ | ② ④ |

**10** ☑오답체크

1회차    2회차

다음은 직장인의 하루를 표현한 글이다. 괄호 안의 표현으로 옳지 <u>않은</u> 것은?

> 회사에 출근한 경리 B씨는 소모품 재고표를 [갱신]하고 필요 물품에 대한 구매 요청서를 발송한 뒤 상사에게 허가서를 [결재]받으러 갔다. 하지만 상사는 소모품 재고 관리를 앞으로 아웃소싱 업체에 맡기기로 했다는 [게시]가 회사 공지사항란에 올라왔다고 말했고 B씨는 뒤늦게 이를 확인했다. B씨는 이미 구매 요청서를 발송했기에 [곤혹]을 치러야만 했다.

① 갱신                 ② 결재

③ 게시                 ④ 곤혹

☑정답체크

| 1회 | 2회 |
|---|---|
| ① ③ | ① ③ |
| ② ④ | ② ④ |

---

**09**

客反爲主(객반위주)는 '손님이 도리어 주인 노릇을 한다'는 뜻이며 비슷한 사자성어로는 主客顚倒(주객전도)가 있다.

- 사필귀정(事必歸正) : 모든 일은 반드시 바르게 흘러간다.
- 조삼모사(朝三暮四) : 간사한 꾀로 남을 속여 희롱한다.
- 각주구검(刻舟求劍) : 현실에 맞지 않게 낡은 것만 고집한다.

출제기관

2021 MBN[상] 연합뉴스TV[상]

2020 EBS[하] 서울경제[하]

2019 MBC[하] MBN[하] YTN[하] 서울경제[하]

2018 경남MBC[하]

2016 SBS[하]

**10**

곤혹(困惑)과 곤욕(困辱)의 의미는 비슷하나 '곤혹스럽다. 곤욕을 치르다' 등으로 표현을 구분해 사용한다.

출제기관

2021 CBS[상] MBN[상] 연합뉴스TV[상]

2019 CBS[상] MBC[하] 영남일보[하] 조선일보[하] 춘천MBC[하]

2018 매일경제[하] 문화일보[하]

2016 매일경제[상]

정답  09 ① | 10 ④

☑오답체크

## 11
1회차     2회차

다음 단어들의 적용되는 발음 원리가 서로 <u>다른</u> 것은 무엇인가?

① 밟다

② 넓다

③ 얇다

④ 여덟

☑정답체크

| 1회 | | 2회 | |
|---|---|---|---|
| ① | ③ | ① | ③ |
| ② | ④ | ② | ④ |

☑오답체크

## 12
1회차     2회차

겨울에 속하는 절기가 <u>아닌</u> 것은?

① 소설

② 동지

③ 상강

④ 대한

☑정답체크

| 1회 | | 2회 | |
|---|---|---|---|
| ① | ③ | ① | ③ |
| ② | ④ | ② | ④ |

---

### 핵심풀이 ❗

**11**

겹받침 'ㄹㅂ'이 오는 말 '밟다, 넓다, 얇다, 여덟'은 모두 어말 앞에서 ㄹ로 발음하나, 자음 앞에서는 '밟다'만 ㅂ으로 발음한다.

출제기관

2021 CBS[상] MBN[상]

2020 TV조선[하] 대전MBC[상]

2019 연합뉴스[상] 국제신문[상]

2016 MBN[하]

**12**

24절기

태음태양력을 기준으로 계절을 구분하는 동양의 전통적인 방식이다.

- 봄 : 입춘 – 우수 – 경칩 – 춘분 – 청명 – 곡우
- 여름 : 입하 – 소만 – 망종 – 하지 – 소서 – 대서
- 가을 : 입추 – 처서 – 백로 – 추분 – 한로 – 상강
- 겨울 : 입동 – 소설 – 대설 – 동지 – 소한 – 대한

출제기관

2021 충북MBC[상]

2019 충북MBC[하] 조선일보[하]

2018 포항MBC[하] 안동MBC[상]

2017 G1강원민방[상]

2016 SBS[하] 청주MBC[상]

정답   11 ① | 12 ③

**13** ☑오답체크 1회차 2회차

## 60간지에 대한 설명으로 옳지 <u>않은</u> 것은?

① 십간과 십이지를 조합하여 하나의 간지가 된다.

② 갑자년의 다음은 갑축년이다.

③ 60년을 주기로 돌아간다.

④ 십간은 10개의 천간, 십이지는 12개의 지지를 가리킨다.

☑정답체크

| 1회 | 2회 |
|---|---|
| ① ③ | ① ③ |
| ② ④ | ② ④ |

**13**

60간지(干支)

'갑을병정무기경신임계'로 이뤄진 십간(10천간)과 '자축인묘 진사오미신유술해'로 이루어진 십이지(12지지)로 조합되는 연도를 세는 방식이다. 첫해는 갑자년이고 두 번째 해는 십 간과 십이지 모두 다음 해로 넘겨 을축년이 된다. 이런 식 으로 돌아가므로 다음 갑자년은 60년 뒤에 온다.

출제기관
2017 SBS[하]
2016 한국일보[상]

**14** ☑오답체크 1회차 2회차

## 여성이 가족을 부르는 호칭어로 올바르지 <u>않은</u> 것은?

① 남편의 여동생 : 시누이

② 남편의 남동생 : 시숙

③ 언니의 남편 : 형부

④ 여동생의 남편 : 시매부

☑정답체크

| 1회 | 2회 |
|---|---|
| ① ③ | ① ③ |
| ② ④ | ② ④ |

**14**

여동생의 남편은 제부라 부른다. 시매부는 남편의 여동생의 남편을 의미한다.

**남자가 가족을 부를 때**
형의 아내 : 형수, 누나의 남편 : 매형, 남동생의 아내 : 제 수·계수, 여동생의 남편 : 매부, 아내의 오빠·남동생 : 처 남, 아내의 오빠·남동생의 아내 : 처남댁, 아내의 언니 : 처형, 아내의 여동생 : 처제, 아내의 언니·여동생의 남편 : 동서

**여자가 가족을 부를 때**
오빠의 아내 : 올케, 언니의 남편 : 형부, 남동생의 아내 : 올 케, 여동생의 남편 : 제부, 남편의 형·남동생 : 시숙, 남편의 형·남동생의 아내 : 동서, 남편의 누나·여동생 : 시누이, 남편의 누나·여동생의 남편 : 시매부

출제기관
2019 한겨레[상] CBS[상]

정답 13 ② | 14 ④

**15**

✓오답체크
1회차    2회차

나이를 나타내는 한자어의 연결이 올바르지 <u>않은</u> 것은?

① 고희(古稀) : 70세

② 환갑(還甲) : 61세

③ 약관(弱冠) : 20세

④ 이립(而立) : 15세

✓정답체크
| 1회 | 2회 |
| --- | --- |
| ① ③ | ① ③ |
| ② ④ | ② ④ |

**핵심풀이** 💬

**15**

주요 연령 한자어

15세 지학(志學), 20세 약관(弱冠), 30세 이립(而立), 40세 불혹(不惑), 50세 지명(知命), 60세 이순(耳順), 61세 화갑(華甲) · 환갑(還甲) · 회갑(回甲), 70세 고희(古稀), 80세 팔순(八旬), 99세 백수(白壽)

출제기관

2020 대전MBC[상]

2019 MBC[하] 춘천MBC[하] 충북MBC[상]

2018 포항MBC[하] YTN[하] MBC[상]

2016 건설경제신문[상]

**16**

✓오답체크
1회차    2회차

다음 영단어와 외래어 표기법의 연결이 <u>잘못된</u> 것은?

① Concours - 콩쿠르

② Guarantee - 개런티

③ Outlet - 아울렛

④ Hotchkiss - 호치키스

✓정답체크
| 1회 | 2회 |
| --- | --- |
| ① ③ | ① ③ |
| ② ④ | ② ④ |

**16**

자주 나오는 외래어 표기

Mozart : 모차르트, Catholic : 가톨릭, Guarantee : 개런티, Globe : 글로브, Gips : 깁스, Nylon : 나일론, Nonsense : 난센스, Narration : 내레이션, Dynamic : 다이내믹, Documentary : 다큐멘터리, License : 라이선스, Rock'n'roll : 로큰롤, Mystery : 미스터리, Barbecue : 바비큐, Chandelier : 샹들리에, Accent : 악센트, Outlet : 아웃렛, Conte : 콩트, Concours : 콩쿠르, Propose : 프러포즈, Hotchkiss : 호치키스

출제기관

2021 CBS[상] 연합뉴스TV[상]

2020 YTN[하]

2017 CBS[하] EBS[하] 연합뉴스TV[상]

2016 청주MBC[상]

정 답   15 ④ | 16 ③

## 17 ☑오답체크 1회차 2회차

'바늘 한 쌈, 김 한 톳, 종이 한 연, 북어 한 쾌'를 더하면 총 물건은 몇 개 있는가?

① 232

② 224

③ 622

④ 644

☑정답체크

| 1회 | 2회 |
|---|---|
| ① ③ | ① ③ |
| ② ④ | ② ④ |

**17**

**우리말 단위어(수가 정해진 것)**
달포 : 한 달 쯤 / 마지기 : 논 200평(유력) / 뭇 : 생선 10마리, 미역 10장 / 발 : 두 팔을 양옆으로 펴서 벌렸을 때 한쪽 손끝에서 다른 쪽 손끝까지의 길이 / 섬 : 부피의 단위. 곡식, 가루, 액체 따위의 부피를 잴 때 쓴다(한 섬=약 180리터) / 손 : 큰 놈 뱃속에 작은 놈 한 마리를 끼워 넣어 파는 것들. 자반고등어 2마리 / 두름 : 굴비 20마리 / 쌈 : 바늘 24개 / 연 : 종이 500장 / 접 : 사과, 배 등 과일이나 무, 배추 등의 채소 100개 / 제 : 한약의 분량을 나타내는 단위. 스무 첩 / 죽 : 옷, 신, 그릇 따위의 10개 / 축 : 오징어 20마리 / 쾌 : 북어 20마리 / 톳 : 김 100장

**우리말 단위어(수가 안 정해진 것)**
단 : 짚, 땔나무, 채소 따위의 묶음을 세는 단위 / 사리 : 국수, 새끼, 실 따위의 뭉치를 세는 단위 / 첩 : 약봉지에 싼 약의 뭉치를 세는 단위 / 토리 : 실을 감은 뭉치 또는 그 단위 / 필(匹) : 말이나 소를 세는 단위 / 필(疋) : 일정한 길이로 말아 놓은 피륙을 세는 단위

출제기관
2018 YTN[하] CBS[하] MBC[상]
2017 CBS[하]
2016 전주MBC[상] 청주MBC[상]

## 18 ☑오답체크 1회차 2회차

다음 중 밑줄 친 부분을 읽을 때 일어나는 음운현상의 성격이 다른 것 하나는?

① 신라는 한반도 최초의 통일국가를 이뤘다.

② 이제 우리는 끝이다.

③ 국민 앞에서 엄숙히 선서했다.

④ 떡국은 설날 아침에 먹는다.

☑정답체크

| 1회 | 2회 |
|---|---|
| ① ③ | ① ③ |
| ② ④ | ② ④ |

**18**

다른 것들은 자음동화 현상을 내는 반면 ③은 구개음화 현상을 내고 있다.

**자음동화**
두 형태소의 결합 시 자음과 자음이 만나 영향을 받으면서 같은 성질의 음소로 바뀌는 현상이다.

**구개음화**
'ㄷ, ㅌ' 받침 뒤에 종속적 관계를 가진 '-이(-)'나 '-하-'가 올 적에는 'ㅈ, ㅊ'으로 소리 나더라도 'ㄷ, ㅌ'으로 적는다.

출제기관
2018 MBC[상]
2016 SBS[하] 청주MBC[상] MBN[상]

정답 17 ④ | 18 ②

☑오답체크

## 19

| 1회차 | 2회차 |

**다음 중 단어와 로마자 표기가 <u>잘못된</u> 것은 무엇인가?**

① 개천절 – Gaecheonjeol

② 금강산 – Geumgangsan

③ 편집자 – Pyeonjipja

④ 광희문 – Gwanghimun

☑정답체크

| 1회 | 2회 |
| --- | --- |
| ① ③ | ① ③ |
| ② ④ | ② ④ |

☑오답체크

## 20

| 1회차 | 2회차 |

**다음 중 사이시옷 규정상 옳지 <u>않은</u> 것은?**

① 인삿말

② 아랫방

③ 훗일

④ 횟수

☑정답체크

| 1회 | 2회 |
| --- | --- |
| ① ③ | ① ③ |
| ② ④ | ② ④ |

---

**핵심풀이 !**

### 19

광희문과 같이 ㅢ가 ㅣ 발음을 내는 경우에, 발음보다는 표기 형태에 맞춰 'Gwanghuimun'으로 원형을 밝혀 적는다.

**로마자 표기**

우리말 단어의 로마자 표기는 표준 발음법에 따라 적되 로마자 표기 원칙에 맞춰 적는다. 모음 발음의 표기 방법은 다음과 같다.

ㅏ : a / ㅓ : eo / ㅗ : o / ㅜ : u / ㅡ : eu / ㅣ : i / ㅐ : ae / ㅔ : e / ㅚ : oe / ㅟ : wi / ㅑ : ya / ㅕ : yeo / ㅛ : yo / ㅠ : yu / ㅒ : yae / ㅖ : ye / ㅘ : wa / ㅙ : wae / ㅝ : wo / ㅞ : we / ㅢ : ui

자음은 소리 형태에 따라 다음과 같이 적는다.

ㄱ : g, k / ㄲ : kk / ㅋ : k / ㄷ : d, t / ㄸ : tt / ㅌ : t / ㅂ : b, p / ㅃ : pp / ㅍ : p / ㅈ : j / ㅉ : jj / ㅊ : ch / ㅅ : s / ㅆ : ss / ㅎ : h / ㄴ : n / ㅁ : m / ㅇ : ng / ㄹ : r, l

ㄱ, ㄷ, ㅂ가 모음 앞에 오면 g, d, b로 자음 앞이나 어말에서는 k, t, p로 적는다. ㄹ이 모음 앞에 오면 r로, 자음 앞이나 어말에서는 l로 적는다. ㄹㄹ이 올 경우 ll로 적는다.

**출제기관**

2021 **연합뉴스TV**[상]

2020 **대전MBC**[상]

2019 **연합뉴스**[상]

### 20

예사말, 인사말, 겨레말, 겸사말, 나라말, 머리말, 우리말, 임자말, 풀이말 등은 사이시옷 표준 발음상 ㄴ이 덧나지 않는다.

**사이시옷**

• 순우리말로 된 합성어로서 앞말이 모음으로 끝난 경우
  - 뒷말의 첫소리가 된소리로 나는 것(귓밥, 나룻배, 맷돌, 선짓국, 조갯살, 찻집)
  - 뒷말의 첫소리 'ㄴ, ㅁ' 앞에서 'ㄴ' 소리가 덧나는 것(아랫니, 잇몸, 깻묵, 냇물)
  - 뒷말의 첫소리 모음 앞에서 'ㄴㄴ' 소리가 덧나는 것(뒷일, 베갯잇, 깻잎, 나뭇잎)

• 순우리말과 한자어로 된 합성어로서 앞말이 모음으로 끝난 경우(아랫집, 윗집)
  - 뒷말의 첫소리가 된소리로 나는 것(귓병, 아랫방, 자릿세, 찻잔, 탯줄, 핏기, 횟배)
  - 뒷말의 첫소리 'ㄴ, ㅁ' 앞에서 'ㄴ' 소리가 덧나는 것(곗날, 제삿날, 훗날, 툇마루, 양칫물)
  - 뒷말의 첫소리 모음 앞에서 'ㄴㄴ' 소리가 덧나는 것(가욋일, 사삿일, 예삿일, 훗일)
  - 한자어+한자어는 사이시옷 미적용, 다음 두 음절로 된 한자어 예외 : 곳간, 셋방, 숫자, 찻간, 툇간, 횟수

**출제기관**

2020 **아시아경제**[하]

2019 **EBS**[하]

2018 **SBS**[하] **국제신문**[상] **대구TBC**[상]

| 정답 | 19 ④ | 20 ① |

# 04

언론사 합격의 Key
최신시사 · 빈출상식 단기완성
기출이 답이다!

# 실전모의고사

실전 유형 모의평가 5회 + 정답 및 해설

유형별로 풀어보며 실전감각 UpUp!

# 1회차 선다형 · 단답형 · 약술형 20제

※ 문제를 읽고 물음에 맞는 보기를 고르시오.[1~6]

**01** 다음 중 '뉴턴의 3대 운동법칙'에 속하지 <u>않는</u> 것은?

① 만유인력의 법칙

② 관성의 법칙

③ 작용 · 반작용의 법칙

④ 가속도의 법칙

**02** '두 사람이 합심하면 무엇이든 할 수 있다'는 구절과 관련 있는 사자성어는?

① 螳螂拒轍

② 簞食瓢飮

③ 基利斷金

④ 窮餘之策

**03** 다음에서 설명하는 시민운동의 이름은 무엇인가?

> • 1811년에 있었던 노동자 계급의 투쟁 운동이다.
> • 자본가의 자산이자 생산수단이었던 기계를 파괴하며 자신들의 권리를 주장했다.

① 인클로저운동

② 러다이트운동

③ 서프러제트운동

④ 차티스트운동

**04** 다음에서 설명하는 용어는 무엇인가?

> • 노르웨이 범죄학자 토마스 매티슨(Thomas Mathiesen)이 주장한 미래 사회에 대한 분석이다.
> • 기존의 치안유지 형태가 소수의 감시자와 다수의 피감시자로 이뤄졌다면, 정보기술의 발전으로 미래에는 모두
>   가 함께 서로를 감시하는 상황이 조성된다고 봤다.

① 판옵티콘                                    ② 시놉티콘

③ 디스토피아                                  ④ 트릴레마


**05** 다음에서 설명하는 국제 경제 시스템의 이름은 무엇인가?

> • 2차 세계대전 종전 직전 연합국을 위주로 모인 44개국의 국제 금융회의 결과 탄생하였다.
> • 미국 달러화를 기준으로 금환본위 제도를 실시하였다.
> • IMF와 국제부흥개발은행(IBRD) 등을 창설하여 개발도상국을 지원하기로 하였다.

① NAFTA                                       ② 케네디라운드

③ 브레튼우즈                                  ④ 세계은행


**06** 다음 중 ㉠~㉣ 국가와 국가원수 이름의 연결이 **틀린** 것은?

> • ㉠ 프랑스에서는 일부 시민들이 '62세에서 64세로 정년 및 연금수령 나이 기준을 높이려는 행정부 방침'에 반대
>   하여 시위를 벌였다.
> • 1979년 미국과 외교 관계가 끊어졌던 ㉡ 대만은 최근 중국의 자국 봉쇄전략에 대한 타개책으로 미국과의 관계
>   강화를 시도하고 있다.
> • ㉢ 일본은 최근 자국의 방위군 편제에 고도 100km 이상의 '우주 영역'을 방위하는 '우주군' 개념을 추가하려는
>   것으로 알려졌다.
> • ㉣ 파키스탄령 카슈미르주 네룸 계곡에서는 최근 눈사태가 일어나 수십명이 매몰되어 사망하는 사건이 있었다.

① ㉠ : 에마뉘엘 마크롱                        ② ㉡ : 차이잉원

③ ㉢ : 나루히토                               ④ ㉣ : 람 나트 코빈드

※ 문제를 읽고 물음에 답하거나 빈칸을 채우시오.[7~15]

**07** 주기율표 86번으로 알파 붕괴 시 생기는 기체 상태의 방사성 물질이다. 공업용으로 많이 사용되어 일상 소품에 포함되면 인체에 노출되어 사회문제가 되기도 하는 이 물질의 이름은 무엇인가?

**08** 'Accent'를 외래어 표기법에 맞게 표기하시오.

**09** 미디어 (      )은/는 미디어 자료의 수용과 제작에 관련된 의사소통능력을 가리키는 말이다.

**10** 주변의 60개국을 포함한 육상ㆍ해상의 실크로드를 구축해 거대 경제권을 구축하려는 중국의 대외 경제 전략은?

**11** 유흥ㆍ의료용 대마초가 합법화됨으로써 의료와 유흥 산업의 발전이 점쳐져 해당 지역에 많은 자금이 몰리게 되는 현상을 가리키는 말은?

**12** 지도자나 자신이 속한 무리가 하는대로 주관 없이 따라서 하는 군중들의 행동 양상을 (      ) 신드롬이라 한다.

**13** 소설가 (      )은/는 기자 출신의 작가로 비교적 가벼운 문체를 사용하는 것으로도 유명하다. 대표작품으로는 〈댓글부대〉, 〈알바생 자르기〉 등이 있다.

**14** 2019년 칸 영화제에서 황금종려상을 수상한 영화 〈기생충〉의 감독은 누구인가?

**15** [헌법 전문] 유구한 역사와 전통에 빛나는 우리 대한국민은 (      )(으)로 건립된 대한민국 임시정부의 법통과 불의에 항거한 4ㆍ19민주이념을 계승하고…

※ 다음 용어에 대해서 약술하시오.[16~20]

**16** 노멀크러시(Normal Crush)

_____

_____

_____

_____

**17** 갭 투자

_____

_____

_____

_____

**18** 리디노미네이션(Redenomination)

_____

_____

_____

_____

**19** 조남주

_____

_____

_____

_____

**20** OSMU

_____

_____

_____

_____

유형별로 풀어보며 실전감각 UpUp!

# 2회차 선다형 · 단답형 · 약술형 20제

※ 문제를 읽고 물음에 맞는 보기를 고르시오. [1~6]

**01** 국보 1호와 무형문화재 1호를 각각 바르게 연결한 것은?

① 흥인지문 – 종묘제례악

② 흥인지문 – 양주 별산대놀이

③ 숭례문 – 남사당놀이

④ 숭례문 – 종묘제례악

**02** 다음 중 사자성어가 포함되는 범주가 나머지 셋과 <u>다른</u> 하나는?

① 交友以信

② 臨戰無退

③ 君臣有義

④ 殺生有擇

**03** 다음 중 북한의 기념일과 그 날짜의 연결이 <u>잘못된</u> 것은?

① 9월 9일 : 정권창건일

② 4월 15일 : 노동당창건일

③ 8월 15일 : 해방기념일

④ 5월 1일 : 국제노동자절

**04** 다음에서 설명하는 현상과 가장 관련 있는 사회 효과는 무엇인가?

> 1964년 미국 뉴욕의 한 주택가에서 한 여성이 강도에게 살해되는 사건이 일어났다. 강도가 물품을 강탈하고 여성을 살해하는 약 35분의 시간 동안 여성은 소리를 치며 구조를 요청했으나, 이웃 주민 38명은 아무도 신고하지 않았다.

① 언더독효과
② 갈라파고스효과
③ 브래들리효과
④ 제노비스 증후군

**05** 다음에서 설명하는 경제단체의 현직 회장은 누구인가?

> • 1960년대 삼성그룹 이병철 회장이 일본의 경단련을 모델로 하여 대기업 위주의 경제협회를 만들었다.
> • 경제 4단체 중의 하나로 꼽히기도 한다.

① 최태원
② 허창수
③ 구광모
④ 이재용

**06** 다음과 같은 종류의 구역을 나타내는 명칭은 무엇인가?

> • 국가안보를 위해 설정한 영토 인근 육지와 해상 상공의 구역이다.
> • 해당 공역을 통과하는 민간항공기와 군용항공기는 모두 통제를 따라야 하며, 필요 시 격추할 수도 있다고 선포한 구역이다.
> • 국제법상 근거가 있는 구역은 아니기에 국가 간에 구역이 겹치는 일도 일어난다.

① NLL
② Blanket Area
③ EEZ
④ ADIZ

※ 문제를 읽고 물음에 답하거나 빈칸을 채우시오.[7~15]

**07** 고대 그리스의 스파르타와 아테네의 충돌과 같이 강대국과 신흥국의 필연적인 충돌을 가리키는 말로, 〈펠로폰네소스 전쟁사〉의 저자 이름을 붙여 표현한 말은 무엇인가?

**08** 매년 1월 미국 라스베이거스에서 열리는 '소비자 전자제품 박람회'의 영어 명칭은?

**09** (      )은/는 TV에서 자주 접하는 폭력적인 장면으로 인해 사람이 비관적으로 된다는 이론이다.

**10** 대법원의 대법관은 대법원장과 법원행정처장을 포함해 총 몇 명인가?

**11** 〈순수자본이론〉은 자유시장의 중요성을 강조한 20세기 경제학자 (      )의 저서이다.

**12** 대한민국의 고등검찰청이 세워진 5개 도시를 전부 쓰시오.

**13** 1차 세계대전 무렵 프랑스 예술계에 있었던 예술 사조로, 예술의 기능성을 강조한 운동은 무엇인가?

**14** 야구에서 (      )은/는 경기 내내 한 명의 투수가, 한 명의 타자도 1루로 나가지 못하게 하는 것이다.

**15** 고려 때 이승휴가 쓴 역사서로 한국과 중국의 역사를 운문으로 기술한 책은?

※ 다음 용어에 대해서 약술하시오.[16~20]

**16** 콘클라베(Conclave)

_____
_____
_____
_____


**17** 데이터 마이닝(Data Mining)

_____
_____
_____
_____


**18** 臥薪嘗膽

_____
_____
_____
_____


**19** 프레이밍효과(Framing Effect)

_____
_____
_____
_____


**20** 다우닝가

_____
_____
_____
_____

# 3회차

## 유형별로 풀어보며 실전감각 UpUp!

# 선다형 · 단답형 · 약술형 20제

※ 문제를 읽고 물음에 맞는 보기를 고르시오.[1~6]

**01** 대통령 탄핵에 관련된 설명으로 **틀린** 것은?

① 대통령이 그 직무집행에 있어서 헌법이나 법률에 위배한 때에 국회는 탄핵의 소추를 의결할 수 있다.

② 대통령에 대한 탄핵소추는 국회 재적의원 3분의 1 이상의 발의가 있어야 하며 그 의결은 국회재적의원 과반수의 찬성이 있어야 한다.

③ 탄핵소추의 의결을 받은 자는 탄핵심판이 있을 때까지 그 권한행사가 정지된다.

④ 탄핵결정에 의하여 민사상이나 형사상의 책임이 면제되지는 않는다.

**02** 다음 중 복수표준어의 연결이 **아닌** 것은?

① 가락엿 – 가래엿

② 곰곰 – 곰곰히

③ 넝쿨 – 덩굴

④ 벌레 – 버러지

**03** 다음과 같은 경영 형태를 무엇이라 하는가?

> • 기획과 생산, 유통, 소매까지 전부 한 업체에서 진행하는 패션업체를 가리킨다.
> • 대표적으로 유니클로, 지오다노, 스파오 등이 있다.

① 스파브랜드(SPA Brand)

② 콜라보레이션(Collaboration)

③ 린 스타트업(Lean Startup)

④ 팝업스토어(Pop-up Store)

**04** 다음에서 설명하는 사건과 관련된 단어는?

> 최근 ○○은행은 임직원의 기부금을 저소득층 이웃에게 전달하는 행사를 벌이고 있다. 임직원이 자유롭게 기부하고 자동으로 급여공제 및 연말소득공제가 가능하도록 은행 내 자체 시스템을 마련했고 직원들이 기부한 후원금의 총 모금액과 같은 금액을 은행이 함께 기부하여 모금액의 2배에 해당하는 금액이 지원되도록 했다.

① 배리어프리(Barrier Free)

② 위스타트(We Start)

③ 매칭그랜트(Matching Grant)

④ 유리천장(Glass Ceiling)


**05** 다음과 같은 부류를 가리키는 용어는 무엇인가?

> • 육아, 살림, 직장생활, 미모까지 다 출중한 경력 있는 여성을 가리킨다.
> • 국립국어원은 해당 용어를 2012년 신조어로 제시하기도 했다.

① 나오머족

② 좀비족

③ 파이어족

④ 로하스족


**06** 다음과 같은 직책에 대한 설명으로 옳지 <u>않은</u> 것은?

> • 정부 조직의 공직기강과 정책의 정당성 등을 감시하는 기관의 장이다.
> • 주로 고위직 법조인 출신이 임명되며 부총리급의 예우를 받는다.

① 국회의 동의를 얻어 대통령이 임명한다.

② 헌법에 기관의 설립 근거와 기관장의 임명에 대한 내용이 나와 있다.

③ 임기는 4년이며 재임할 수 없다.

④ 현 재직자는 사법연수원장 출신의 최재형이다.

※ 문제를 읽고 물음에 답하거나 빈칸을 채우시오.[7~15]

**07** 사서오경(四書五經)의 사서(四書)는 논어, 대학, 맹자와 (    )(으)로 이루어졌다.

**08** (    )은/는 남극에 세운 두 번째 대한민국의 과학기지이다. 섬이 아닌 남극 대륙으로 직접 들어가 북빅토리아랜드 테라노바만 연안에 위치해 있다.

**09** '서로 밀접한 사이라면 서로를 챙겨줘야 한다'는 교훈을 '입술과 이'에 비유한 사자성어를 한자로 쓰시오.

**10** 가짜뉴스의 범람이 사회문제로 떠오르고 있다. 이러한 현상은 갈수록 사람들이 모든 소식을 자신이 속한 집단을 통해서만 왜곡되게 전달받고 진실에 대한 고민 없이 자기확신만을 반복하게 된다는 (    ) 시대의 도래와 무관하지 않다.

**11** 대한민국의 공직 선출 선거에 후보자로 등록할 경우 내는 선거비용은 총 득표 수의 (    )% 이상 득표한 경우 전액 돌려받을 수 있다.

**12** A 나라의 농산물이 B 나라의 농산물에 비해 경쟁력이 딸리나, B 나라에서는 농산물보다 가전제품 생산이 더 이득이 되어 가전제품 생산에 몰두할 경우 A 나라는 B 나라에 농산물의 (    )을/를 확보할 수 있어 농산물로도 채산성을 얻을 수 있게 된다.

**13** 국가, 민족, 문화 등이 다른 외부인에 대한 공포감·혐오를 가리키는 말은?

**14** 2018년 대한민국의 산사 7곳이 유네스코 세계유산으로 등재되었다. 7개 사원의 이름을 전부 쓰시오.

**15** 2022년 월드컵 개최지는 어디인가?

※ 다음 용어에 대해서 약술하시오.[16~20]

**16** ASEM

_____

_____

_____

_____

**17** 중립금리

_____

_____

_____

_____

**18** 핀볼효과

_____

_____

_____

_____

**19** 빙산이론

_____

_____

_____

_____

**20** 클리셰(Cliche)

_____

_____

_____

_____

# 4회차

유형별로 풀어보며 실전감각 UpUp!

# 선다형 · 단답형 · 약술형 20제

※ 문제를 읽고 물음에 맞는 보기를 고르시오.[1~6]

**01**   다음의 법적 연령을 큰 순서대로 나열하시오.

> ㉠ 대통령 피선거권 보유
> ㉡ 청소년 보호법 보호대상 상한
> ㉢ 부모 동의하에 약혼 · 결혼 가능
> ㉣ 형사처벌 가능

① ㉠ - ㉡ - ㉢ - ㉣          ② ㉢ - ㉠ - ㉡ - ㉣

③ ㉣ - ㉢ - ㉡ - ㉠          ④ ㉡ - ㉠ - ㉢ - ㉣

**02**   다음에서 설명하는 우리말은 무엇인가?

> • 예를 지키지 않고 무례하다.
> • 조심스럽지 않고 행동이 두서없다.

① 맵자하다          ② 무람없다

③ 마뜩하다          ④ 표표하다

**03**   축구와 관련된 용어에 대한 설명으로 옳지 <u>않은</u> 것은?

① 헤트트릭은 한 선수가 한 경기 안에서 3골을 넣은 것을 가리킨다.

② 와일드카드는 특별히 출전을 허용받은 선수, 혹은 선수를 출전시킬 수 있는 팀의 권한을 가리킨다.

③ 가린샤 클럽은 월드컵 본선 연장전에서 골을 넣어 팀을 역전시킨 선수들을 가리킨다.

④ 드래프트는 리그팀들이 신인 선수를 공평하게 나누는 방식이다.

**04** 다음에서 설명하는 것과 관련 있는 제도의 이름을 고르시오.

> • 국회는 규제를 입법화하되 일정 기한만 규제를 존속시키고 싶을 경우 언제까지 법이 적용되는지를 명시하여 입법한다.
> • 해당 기한이 되면 자동적으로 규제가 폐기된다.

① 규제일몰제
② 시한부규제
③ 규제총량제
④ 자동규제

**05** 다음에서 설명하는 재무 수치의 명칭으로 올바른 것은?

> • 상환 능력 계산 시 지출 이자만 계산하는 것이 아닌 모든 대출 원금의 상환액까지 포함하여 계산한다.
> • 정부에서는 2018년 10월부터 본격적으로 주택담보대출 심사에 사용하고 있다.

① DTI
② DSR
③ LTV
④ RTI

**06** 다음과 같은 정치 용어를 무엇이라 하는가?

> • 사상 · 종교를 선전하기 위한 선전물을 가리킨다.
> • 가톨릭 로마 교황청에서 포교활동을 가리키는 말로 사용되던 것이다.

① 미란다(Miranda)
② 마타도어(Matador)
③ 프로파간다(Propaganda)
④ 데마고그(Demagogue)

※ 문제를 읽고 물음에 답하거나 빈칸을 채우시오.[7~15]

**07** 매년 고용노동부 장관은 최저임금위원회를 구성, 다음해의 최저임금을 결정해 (       )까지 고시하고 이의제기를 받아야 한다.

**08** 2017년 노벨경제학 수상자로, 행동경제학이론 '넛지'를 개발한 경제학자는 누구인가?

**09** 김영란법에 따르면 언론인, 교직자를 포함한 공직자는 제3자로부터 (       ) 이상의 접대와 (       ) 이상의 경조사비, (       ) 이상의 선물을 받아서는 안 된다.

**10** 무라카미 하루키의 소설 〈랑겔한스섬의 오후〉에 나오는 표현으로 남들에게는 별 것 아닐 수 있지만 자신에게는 소박한 행복을 선사해줄 수 있는 대상들을 가리키는 말은 무엇인가?

**11** 2017년 (       )의 작품 〈살바도르 문디〉가 약 4억 5,000만달러에 팔려 역대 미술품 중에 경매 최고가를 갱신했다.

**12** 일제강점기의 '6 · 10만세운동'은 (       )의 장례식을 기점으로 촉발된 독립만세운동이다.

**13** 미국의 우주항공기업 스페이스X의 펠컨 헤비 로켓을 사용해 발사된, 민간 최초의 무인 달 탐사선의 이름은 무엇인가?

**14** 웹사이트에서 배너 형식의 광고가 불쾌감만 유발한다는 점에 착안하여, 콘텐츠와 매우 적절하게 융화되어 있어 콘텐츠인지 광고인지 구분이 불가능하게 만든 광고를 무엇이라 하는가?

**15** 국가 간에 외교 사절을 보낼 경우 관례상 사전에 상대국에게 사절에 대한 신상정보를 보내어 수용 의사를 확인하는데 상대국에서 이의를 제기하지 않을 경우 이를 '(       )을/를 부여한다'라고 표현한다.

※ 다음 용어에 대해서 약술하시오.[16~20]

**16**   클라우드컴퓨팅(Cloud Computing)

_____
_____
_____
_____

**17**   레거시미디어(Legacy Media)

_____
_____
_____
_____

**18**   이원집정부제

_____
_____
_____
_____

**19**   리쇼어링(Reshoring)

_____
_____
_____
_____

**20**   리무진 리버럴(Limousine Liberal)

_____
_____
_____
_____

유형별로 풀어보며 실전감각 UpUp!

# 5회차

# 선다형 · 단답형 · 약술형 20제

※ 문제를 읽고 물음에 맞는 보기를 고르시오.[1~6]

## 01  다음과 관련 있는 것은?

> 이 용어는 독일의 사회주의자 F. 라살이 그의 저서 '노동자 강령'에서 당시 영국 부르주아의 국가관을 비판하는 뜻에서 쓴 것으로 국가는 외적의 침입을 막고 국내 치안을 확보하며 개인의 사유재산을 지키는 최소한의 임무만을 행하며, 나머지는 자유방임에 맡길 것을 주장하는 국가관을 말한다.

① 법치국가          ② 사회국가
③ 복지국가          ④ 야경국가

## 02  다음에서 설명하는 우리말은 무엇인가?

> • 사람을 대하는 태도가 친밀하지 않다.
> • 행동이 신중하거나 조심스럽지 않은 모양이다.

① 각다분하다          ② 투미하다
③ 데면데면하다          ④ 습습하다

## 03  다음 중 공공부조에 관한 설명으로 옳지 않은 것은?

① 주어진 자원으로 집중적으로 급여를 제공할 수 있어 대상효율성이 높다.

② 국민연금과 국민건강보험이 있다.

③ 우리나라에서는 중위소득 30% 이하에 해당하는 이들에게 생계급여를 지급하고 있다.

④ 심해질 경우 수급자의 근로의욕을 떨어뜨리는 효과가 나타날 수 있다.

**04** 다음과 같은 사회 현상과 관련된 사회이론으로 알맞은 것은?

> • 같은 조건이라면 일반적으로 큰 회사에서보다 작은 회사에 들어간 신입사원이 향후 더 경쟁력을 갖추게 된다.
> • 연구팀의 인원이 늘어날수록 연구원 개인의 능률은 떨어지게 된다.

① 사일로효과(Silo Effect)
② 메디치효과(Medici Effect)
③ 헤일로효과(Halo Effect)
④ 링겔만효과(Ringelmann Effect)

**05** 다음에서 설명하는 경제학 고전을 쓴 경제학자의 서적이 <u>아닌</u> 것은?

> • 실업을 해결하기 위해 유효수요의 중요성을 강조한다.
> • 민간의 화폐수요와 화폐공급의 결과로 이자율이 결정되며, 이 이자율과 민간의 미래 경제 상황에 대한 기대수치에 따라 투자량이 정해진다고 주장한다.

① 〈경제학 및 과세의 원리〉
② 〈고용, 이자 및 화폐의 일반 이론〉
③ 〈평화의 경제적 결과〉
④ 〈설득의 경제학〉

**06** 다음과 같은 기능을 하는 매체를 무엇이라 하는가?

> • 네트워크의 발달로 양방향 소통이 이뤄진다.
> • 유튜브, 페이스북과 같이 콘텐츠 제작자와 수용자의 경계가 모호하다.

① 뉴미디어(New Media)
② N스크린(N-screen)
③ 키오스크(Kiosk)
④ 스낵컬쳐(Snack Culture)

※ 문제를 읽고 물음에 답하거나 빈칸을 채우시오.[7~15]

**07** 개헌 과정에서 개헌안이 국회의 의결까지 통과되었다면 (    )일 이내에 국민투표를 실시해야 한다.

**08** 상경한 노동자가, 다시 고향으로 돌아가지는 않고 다른 지방도시에 정착하는 것을 무엇이라 하는가?

**09** 테니스의 US오픈에서 1970년에 도입된 것으로 양 선수가 6게임씩 가져간 상황에서 13번째 게임은 듀스 없이 7포인트를 먼저 선취하는 선수가 가져가는 규정을 무엇이라 하는가?

**10** (    )은/는 1947년 미국 국무부 장관이 전후 커져가는 공산권의 위협에 맞서기 위해 세운 서유럽 자유주의 국가들의 경제 원조 계획이다.

**11** 쑨원은 중화민국의 정치강령으로 (    )의 삼민주의를 내세웠다.

**12** 형광성 유기 화합물에 전류가 흐르면 빛을 내는 발광 현상을 이용하여 만들며, 한국어로는 유기발광 다이오드라고 하는 패널 소자는 무엇인가?

**13** 60간지는 '갑을병정무기경신임계'의 십간과 '자축인묘진사오미신유술해'로 이뤄진 십이지의 조합으로 구성된다. 올해가 을축년이라면 그 다음해는 무슨해인가?

**14** MBC와 SBS가 공동투자해 만들었으며 SK가 합세한, 대부분의 국내 방송국 콘텐츠를 서비스하는 N스크린 서비스의 이름은?

**15** 2020년 노벨평화상은 식량 불안과 기아 문제 해결을 노력한 (    )이 수상했다.

※ 다음 용어에 대해서 약술하시오.[16~20]

**16** 뉴트로(New-tro)

_____

_____

_____

_____

**17** 알레브리헤

_____

_____

_____

_____

**18** 디가우징(Degaussing)

_____

_____

_____

_____

**19** 팩 저널리즘(Pack Journalism)

_____

_____

_____

_____

**20** 플리바게닝(Plea Bargaining)

_____

_____

_____

_____

# 정답 및 해설

| 1회차 : 실전모의고사 | | | | | | | | | |
|---|---|---|---|---|---|---|---|---|---|
| 01 | ① | 02 | ③ | 03 | ② | 04 | ② | 05 | ③ |
| 06 | ④ | | | | | | | | |

## 01 ①

( 해설 )

뉴턴의 3대 운동법칙으로는 관성의 법칙, 가속도의 법칙, 작용 · 반작용의 법칙이 있다. 만유인력은 뉴턴이 주장했으나, 뉴턴의 3대 운동법칙으로 불리지는 않는다.

## 02 ③

( 해설 )

- 기리단금(其利斷金) : 절친한 친구 사이를 가리키는 말로, 그 유래는 두 사람이 합심하면 쇠도 끊을 수 있다는 역경(易經) 고사 '이인동심 기리단금(二人同心 其利斷金)'이다.
- 당랑거철(螳螂拒轍) : 제 힘에 가당찮은 일을 하려는 무모한 짓을 가리킨다.
- 단사표음(簞食瓢飲) : 대그릇의 밥과 표주박의 물이란 말로 소박한 생활을 뜻한다.
- 궁여지책(窮餘之策) : 궁박한 끝에 생각해내는 비열한 꾀를 말한다.

## 03 ②

( 해설 )

러다이트운동

1811년 영국에 있었던 노동자들의 투쟁운동으로 정부가 자본가와 결탁하여 '단결금지법'을 제정하자 기계를 파괴하며 소요를 일으켰다.

인클로저운동

18~19세기 영국 산업혁명 시기에 상업의 발달과 산업혁명으로 영국의 모든 공지(空地)가 양 목축지가 되고 농민들은 도시 노동자가 된 현상이다.

서프러제트운동

1860년부터 영국에서 시작된 여성참정권 운동으로, 1910년 1차 세계대전으로 인해 여성이 경제에 참가하게 되면서 1928년 여성참정권이 확보되었다.

차티스트운동

1838년에서 1848년에 거쳐 영국에 있었던 노동자들의 참정권 요구 운동이다.

## 04 ②

( 해설 )

판옵티콘(Panopticon)

영국 철학자 제레미 벤담이 제안한 개념으로 학교 · 병원 · 감옥 등에서의 권력자에 의한 감시체계를 의미한다.

디스토피아(Dystopia)

기술 발전으로 인한 참극, 전제정부의 출현 등 어떠한 요인으로 엉망이 되어버린 미래상을 가리킨다. 유토피아의 반대말이기도 하다.

트릴레마(Trilemma)

3가지 딜레마라는 뜻으로 하나의 정책 목표를 이루려다 다른 두 가지 목표를 이룰 수 없는 상태가 됨을 의미한다.

## 05 ③

( 해설 )

브레튼우즈 체제

1944년 자유진영은 종전 후 세계 경제의 판도가 미국 중심이 될 것임에 동감하며, 미 달러의 금태환제와 범국가 간 일반 관세협정 체결을 추진하기로 합의하였다. 이 결과로 국제금융기관인 IBRD와 IMF가 창설되었으며, 일반 관세협정 GATT가 맺어졌다. 브레튼우즈 체제의 핵심은 미 달러는 미국이 보유한 금과 동일한 가치만큼만 찍어낸다는 금본위제 달러 발행과 언제든 금과 달러를 바꿔준다는 금태환제였다. 하지만 베트남 전쟁으로 인해 미국은 통화량 발행을 금 보유량에 비해 급증시키게 된다. 달러의 가치가 떨어지자 달러 보유국들은 금태환을 요구하였지만 미국은 1971년 금태환을 공식 거절하는 닉슨 조치를 단행했고 브레튼우즈 체제는 붕괴됐다.

## 06 ④

( 해설 )

㉠은 프랑스, ㉡은 대만, ㉢은 일본, ㉣은 파키스탄이다. 파키스탄의 대통령은 아리프 알비이다. 일본의 국가원수는 일반적으로 일왕으로 본다.

## 07 라돈

( 해설 )

라돈(Rn)

라돈은 주기율표 제86번 원소로 라듐이 알파 붕괴할 때 생기는 기체 상태의 방사성 비활성 원소이다. 퀴리 부부가 우라늄 광석에서 발견했으며, 공업용으로 많이 쓰인다.

## 08 악센트

( 해설 )

자주 나오는 외래어 표기

Mozart : 모차르트, Catholic : 가톨릭, Guarantee : 개런티, Globe : 글로브, Gips : 깁스, Nylon : 나일론, Nonsense : 난센스, Narration : 내레이션, Dynamic : 다이내믹, Documentary : 다큐멘터리, License : 라이선스, Rock'n'roll : 로큰롤, Mystery : 미스터리, Barbecue : 바비큐, Chandelier : 샹들리에, Accent : 악센트, Outlet : 아웃렛, Conte : 콩트, Concours : 콩쿠르, Propose : 프러포즈, Hotchkiss : 호치키스

## 09 리터러시

( 해설 )

미디어 리터러시(Media Literacy)

미디어 자료의 수용과 제작에 관련된 미디어 의사소통능력을 말한다.

## 10 일대일로

( 해설 )

일대일로(一帶一路)

중국을 중심으로 육상 · 해상 실크로드 주변의 60개국을 포함한 거대 경제권을 구축하려는 중국의 대외 경제 전략이다.

## 11 그린러시

( 해설 )

그린러시(Green Rush)

유흥 · 의료용 대마초가 합법화됨으로서 의료와 유흥을 즐기고자 많은 이들이 몰리게 되고 자금 또한 몰리게 되는 현상을 가리킨다. 최근 캐나다와 미국 캘리포니아, 콜로라도 등에서 대마초가 합법화되면서 이러한 현상이 발생해 이목을 끌었다.

## 12 레밍

( 해설 )

레밍 신드롬(Lemming Syndrome)

지도자나 자신이 속한 무리가 하는대로 주관 없이 따라서 하는 군중들의 행동 양상을 가리킨다.

## 13 장강명

( 해설 )

장강명

기자 출신의 작가로 〈댓글부대〉, 〈알바생 자르기〉 등의 소설을 썼다. 2011년 〈표백〉으로 한겨레문학상을 수상했으며 SF소설 작가 출신으로 장르문학과 같은 가벼운 문제를 사용하는 것으로도 유명하다.

## 14 봉준호

( 해설 )

〈기생충〉

봉준호 감독, 송강호, 조여정, 이선균 등 주연으로 2019년 5월 개봉한 영화이다. 2019년 칸 영화제에서 황금종려상을 수상하고, 2020년 골든글로브 시상식에서는 최우수 외국어영화상을 수상했다.

## 15 3 · 1운동

( 해설 )

현행 헌법 전문(前文)

유구한 역사와 전통에 빛나는 우리 대한국민은 3 · 1운동으로
건립된 대한민국 임시정부의 법통과 불의에 항거한 4 · 19민주
이념을 계승하고, 조국의 민주개혁과 평화적 통일의 사명에 입
각하여 정의 · 인도와 동포애로써 민족의 단결을 공고히 하고,
모든 사회적 폐습과 불의를 타파하며, 자율과 조화를 바탕으로
자유민주적 기본질서를 더욱 확고히 하여 정치 · 경제 · 사회 ·
문화의 모든 영역에 있어서 각인의 기회를 균등히 하고, 능력을
최고도로 발휘하게 하며, 자유와 권리에 따르는 책임과 의무를
완수하게 하여, 안으로는 국민생활의 균등한 향상을 기하고 밖
으로는 항구적인 세계평화와 인류공영에 이바지함으로써 우리
들과 우리들의 자손의 안전과 자유와 행복을 영원히 확보할 것
을 다짐하면서 1948년 7월 12일에 제정되고 8차에 걸쳐 개정된
헌법을 이제 국회의 의결을 거쳐 국민투표에 의하여 개정한다.

## 16

( 정답 )

노멀크러시(Normal Crush)

화려하고 자극적인 것에 질린 20대가 보통의 존재에 눈을 돌리
는 현상이다.

## 17

( 정답 )

갭 투자

빚을 내어 주택을 구매한 뒤 전세를 안고 하는 부동산 투자이
다. 부동산 경기가 호황일 때 수익을 낼 수 있으나 부동산 가격
이 위축돼 손해를 보면 전세 보증금조차 갚지 못할 수 있는 위
험한 투자이다.

## 18

( 정답 )

리디노미네이션(Redenomination)

지속적인 인플레이션으로 화폐의 액면가가 실질 가치에 비해
많이 높아졌을 경우, 화폐의 액면가를 절하하는 정책을 가리킨
다. 일반적으로 화폐의 자릿수를 제하여 신규 통화를 발행하는
방식으로 진행한다. 유동성을 늘리고 인플레이션을 유발하는
특징이 있다.

## 19

( 정답 )

조남주

2016년 여성에 대한 차별을 담은 사회비판 소설 〈82년생 김지
영〉을 펴 큰 호응을 얻었다. 2019년 신작 〈사하맨션〉을 냈다.

## 20

( 정답 )

OSMU(One Source Multi Use)

문화콘텐츠 산업 분야에서 하나의 콘텐츠를 다양한 매체의 양
식으로 제작해 판매하는 것을 말한다.

## 2회차 : 실전모의고사

| 01 | ④ | 02 | ③ | 03 | ② | 04 | ④ | 05 | ② |
|---|---|---|---|---|---|---|---|---|---|
| 06 | ④ | | | | | | | | |

## 01 ④

( 해설 )

| 구분 | 문화재 |
|---|---|
| 국보 1호 | 서울 숭례문 |
| 국보 2호 | 서울 원각사지 십층석탑 |
| 국보 3호 | 서울 북한산 신라 진흥왕 순수비 |
| 국보 4호 | 여주 고달사지 승탑 |
| 국보 5호 | 보은 법주사 쌍사자 석등 |
| 보물 1호 | 서울 흥인지문 |
| 보물 2호 | 옛 보신각 동종 |
| 보물 3호 | 서울 원각사지 대원각사비 |
| 보물 4호 | 안양 중초사지 당간지주 |
| 보물 5호 | 중초사지삼층석탑(1997년에 해제) |
| 사적 1호 | 경주 포석정지 |
| 사적 2호 | 김해 봉황동 유적 |
| 사적 3호 | 수원 화성 |
| 사적 4호 | 부여 가림성 |
| 사적 5호 | 부여 부소산성 |
| 명승 1호 | 명주 청학동 소금강 |
| 명승 2호 | 거제 해금강 |
| 명승 3호 | 완도 정도리 구계등 |
| 명승 4호 | 해남 대둔산 일원(1998년에 해제) |
| 명승 5호 | 승주 송광사 · 선암사 일원(1998년에 해제) |
| 무형문화재 1호 | 종묘제례악 |
| 무형문화재 2호 | 양주별산대놀이 |
| 무형문화재 3호 | 남사당놀이 |
| 무형문화재 4호 | 갓일 |
| 무형문화재 5호 | 판소리 |

## 02 ③

( 해설 )

삼강(三綱)

• 군위신강(君爲臣綱) : 임금은 신하의 본보기가 돼야 한다.
• 부위자강(父爲子綱) : 아비는 자식의 본보기가 돼야 한다.
• 부위부강(夫爲婦綱) : 남편은 아내의 본보기가 돼야 한다.

오륜(五輪)

• 부자유친(父子有親) : 어버이와 자식 사이에는 친함이 있어야 한다.
• 군신유의(君臣有義) : 임금과 신하 사이에는 의로움이 있어야 한다.
• 부부유별(夫婦有別) : 부부 사이에는 구별이 있어야 한다.
• 장유유서(長幼有序) : 어른과 아이 사이에는 차례와 질서가 있어야 한다.
• 붕우유신(朋友有信) : 벗 사이에는 믿음이 있어야 한다.

화랑의 세속오계(世俗五戒)

• 사군이충(事君以忠) : 충성으로써 임금(나라)을 섬긴다.
• 사친이효(事親以孝) : 효도로써 부모를 섬긴다.
• 교우이신(交友以信) : 믿음으로써 벗을 사귄다.
• 임전무퇴(臨戰無退) : 전쟁에 임해서는 물러남이 없다.
• 살생유택(殺生有擇) : 살생하는 데는 가림이 있다.

## 03 ②

( 해설 )

4월 15일은 김일성의 생일로 북한에서는 '태양절'이라고 부르는 날이다.

## 04 ④

( 해설 )

제노비스 증후군

주위에 사람들이 많을수록 어려움에 처한 사람을 돕지 않게 되는 현상을 뜻하는 심리학 용어이다.

언더독효과

경기나 정치에서 약자에게 연민을 느끼고 응원하게 되는 것을 말한다.

갈라파고스효과

기술 · 서비스가 독자적인 형태로 개발을 가속하여 국제 표준과 동떨어지고 내수시장 여건도 충분하여 아무런 혁신이 일어나지 않고 종국에 도태되는 현상을 가리킨다.

브래들리효과

선거 전 여론조사나 출구조사에서는 백인 유권자들이 유색인종을 선택하였다고 답하였지만 사실은 백인 후보를 뽑아 실제 결과는 사전 조사와 달리 백인 후보가 당선되는 것을 말한다.

## 05 ②

( 해설 )

전국경제인연합회

1960년대 삼성그룹 이병철 회장인 일본의 경단련을 모방하여 만든 한국의 대기업 오너들의 모임이다. 기업 운영과 관련된 각종 정책에 대한 목소리를 내거나, 공동 투자를 유치하는 등의 활동을 한다. 현직 회장은 2011년부터 재임한 허창수 GS그룹 회장이다.

## 06 ④

( 해설 )

방공식별구역(ADIZ)

위협요소에 대한 방어행위를 할 수 있는 공간이다. 방공식별구역은 영공과 별개의 개념으로, 국제법적인 근거가 약하다. 이 때문에 우리나라는 구역 내 군용기의 진입으로 인한 충돌을 방지하기 위해 1995년 한·일 간 군용기 우발사고방지 합의서한을 체결한 바 있다.

배타적 경제수역(EEZ)

200해리(약 370km) 이내의 해양자원에 대한 경제적 권리를 인정하는 국제 분계선이다. 해양법에 관한 국제 연합 협약에 설정 근거가 있다.

## 07 투키디데스의 함정

( 해설 )

투키디데스의 함정

투키디데스는 기원전 465년경부터 기원전 400년경까지 살았다고 추정되는 고대 그리스 아테나의 역사가이다. 기원전 5세기경 지속된 아테나와 스파르타의 전쟁사를 담은 〈펠레폰네소스 전쟁사〉를 저술했으며 "역사는 영원히 되풀이된다"라는 명언을 남겼다. 미국 정치학자 그레이엄 앨리슨은 2017년 낸 저서 〈예정된 전쟁〉에서 기존 강국이던 스파르타와 신흥 강국이던 아테나가 맞붙었듯이 늘 역사는 반복되어왔으며, 현재 미국과 중국의 세력 충돌 또한 필연적이라는 주장을 하였다. 또한 이런 필연을 '투키디데스의 함정'이라고 명명했다.

## 08 CES

( 해설 )

CES

Consumer Electronics Show의 약자로 1967년부터 매년 미국 라스베이거스에서 열리는 소비자 가전제품 박람회이다. 세계적인 전자회사들이 신기술과 신제품을 선보인다.

## 09 배양 이론

( 해설 )

배양 이론

조지 커브너가 내놓은 이론으로, 과도한 TV 시청이 수용자가 세상을 비관적으로 바라보도록 만든다는 주장을 담고 있다. 그의 연구에 따르면 사람들은 성인이 될 때까지 평균 1만 3,000여 회의 죽음을 영화, TV 등에서 목격한다고 한다.

## 10 14명

( 해설 )

대법관

대법원장을 포함해 총 14명인 대법관은 대법원장의 제청으로 국회의 동의를 얻어 대통령이 임명한다. 대법관의 임기는 6년이며 정년은 70세까지이다.

## 11 프리드리히 하이에크

( 해설 )

〈순수자본이론〉

자유시장의 중요성을 강조한 20세기 경제학자 프리드리히 하이에크의 저서이다. 사회주의와 함께 계획경제를 비판하였으며, 경제적 제한이 정치적 제한으로 이어질 것이라고 경고했다.

## 12 서울·대전·대구·부산·광주·수원

( 해설 )

고등검찰청

서울·대전·대구·부산·광주·수원에 설치되어 있어 각급 지방검찰을 관할한다.

## 13 에스프리 누보

( 해설 )

에스프리 누보(Esprit Nouveau)

1차 세계대전 쯤에 프랑스의 예술계에 일어난 예술 혁신 운동으로 화려한 장식과 무(無)기능성을 배격했다.

## 14 퍼펙트 게임

( 해설 )

퍼펙트 게임(Perfect Game)

경기 내내 한 명의 투수가, 한 명의 타자도 1루로 나가지 못하게 하는 것이다. KBO에는 퍼펙트 게임을 기록한 투수가 없다.

## 15 〈제왕운기〉

( 해설 )

〈제왕운기〉

고려시대 학자 이승휴가 쓴 역사책이다. 한국과 중국의 역사를 운문으로 기술했다. 단군조선과 발해사에 대해 언급되어 있다.

## 16

( 정답 )

콘클라베(Conclave)

교황 선거인 추기경들이 외부로부터 격리되어 시스티나 성당에 모여 교황을 선출하는 것이다. 새로운 교황으로 선출되려면 투표자의 3분의 2 이상의 표를 얻어야 한다. 선출될 때까지 반복해서 투표를 지속한다. 재투표를 실시할 경우 굴뚝에 검은 연기를 피어올리고 선출이 완료되었을 경우 흰 연기를 피어올린다. 교황 선거에 참가할 수 있는 추기경은 80살 미만으로 한정된다.

## 17

( 정답 )

데이터 마이닝(Data Mining)

통계학적 관점에서 데이터를 찾고 통계상에 나타나는 현상과 흐름을 파악하는 것이다. 빅데이터 기술에 활용된다.

## 18

( 정답 )

와신상담(臥薪嘗膽) : 복수하거나 마음먹은 일을 이루기 위해 어려움과 괴로움을 견디다.

## 19

( 정답 )

프레이밍효과(Framing Effect)

같은 사안이라도 질문이나 문제 제시 방법에 따라 사람들의 선택이나 판단이 달라질 수 있다. 이를 노려 정보의 제시자가 정보나 정보의 전달 방법 자체에 편향성을 두어 수용자의 인식이 왜곡되는 현상을 가리킨다.

## 20

( 정답 )

다우닝가

영국의 청와대라 할 수 있는 내각과 총리의 집무 공간을 일컫는다.

| 3회차 : 실전모의고사 | | | | | | | | | |
|---|---|---|---|---|---|---|---|---|---|
| **01** | ② | **02** | ② | **03** | ① | **04** | ③ | **05** | ① |
| **06** | ③ | | | | | | | | |

## 01 ②

**( 해설 )**

탄핵

대통령의 경우에는 국회재적의원 과반수 발의와 국회재적의원 3분의 2 이상의 찬성이 있어야 한다. 국무총리 · 국무위원, 행정 각부의 장, 헌법재판소 재판관, 법관, 중앙선거관리위원회 위원, 감사원장, 감사위원, 기타 법률이 정한 공무원의 경우에는 국회재적의원 3분의 1 이상의 발의가 있어야 하며 그 의결에는 국회재적의원 과반수의 찬성이 있어야 한다.

## 02 ②

**( 해설 )**

'곰곰'의 복수표준어는 '곰곰이'이다.

## 03 ①

**( 해설 )**

스파브랜드(SPA Brand)

기획 · 생산 · 유통 · 판매까지 한 회사가 담당하는 의류브랜드로 생산원가를 절감시켜 경쟁력을 높인다. 최신 유행에 맞춰 빠른 속도로 상품을 회전시키는 특징이 있다. 영어권에서는 패스트 패션(Fast Fashion) 브랜드라고도 부른다.

콜라보레이션(Collaboration)

타 분야 간 혹은 동일 분야 간의 협업을 통해 시너지효과를 내는 것을 말한다.

린 스타트업(Lean Startup)

빠른 속도로 새 제품을 먼저 내놓고 이를 발전시켜 나가는 경영 전략이다.

팝업스토어(Pop-up Store)

짧은 기간 동안만 오픈했다가 닫아버리는 매장을 뜻한다. 소비자에게 점포가 기간 한정으로 열린다는 사실은 강력한 방문 유도 효과로 이어진다는 점에서 자주 사용되고 있다.

## 04 ③

**( 해설 )**

매칭그랜트(Matching Grant)

기업이 사회적 역할과 책임을 다하기 위해 실천하는 나눔 경영의 일종으로, 기업 임직원들이 모금한 후원금 금액에 비례해서 회사에서도 후원금을 내는 것이다.

배리어프리(Barrier Free)

장애인들의 사회 적응을 막는 물리적 · 제도적 · 심리적 장벽을 제거해 나가는 운동이다.

위스타트(We Start)

저소득층 아이들이 가난의 대물림에서 벗어나도록 복지와 교육의 기회를 제공하는 운동이다.

유리천장(Glass Ceiling)

직장 내에서 여성들의 승진 등 고위직 진출을 막는 보이지 않는 장벽이다. 한편 고위층이 자신들의 기득권을 놓치지 않기 위해 교묘하게 만들어놓은 신분 추락 방지 장치는 '유리바닥'이라 한다.

## 05 ①

**( 해설 )**

나오머족(Not Old Multiplayer)

Not Old Multiplayer의 첫음절을 따서 만든 말이다. 늙지 않는 멀티플레이어라는 뜻으로 육아와 부부관계와 일까지 전부 잘하는 여성을 가리킨다.

좀비족(Zombie)

대기업이나 공조직에서 무사안일에 빠져 있는 사원을 지칭한다.

파이어족(FIRE)

Financial Independence, Retire Early의 약자이다. 젊었을 때 극단적으로 절약한 후 노후자금을 빨리 모아 30대, 늦어도 40대에는 퇴직하고자 하는 사람들을 의미한다.

로하스족(LOHAS)

건강과 환경을 중시해 친환경적인 제품만을 찾는 이들을 가리킨다.

## 06 ③

( 해설 )

감사원

국정의 기강과 정책을 감시하기 위해 설립된 대통령 소속의 기관이다. 감사원장은 국회의 동의를 얻어 대통령이 임명하며, 임기는 4년이고 1차례 중임할 수 있다. 관련 내용은 헌법 97~100조에 나와 있다. 현 재직자는 2018년 1월 2일 임기를 시작한 최재형이다.

## 07 중용

( 해설 )

사서(四書)

중용(中庸)과 논어(論語), 맹자(孟子), 대학(大學)을 통틀어 사서(四書)라 부른다.

오경(五經)

시경(詩經), 서경(書經), 주역(周易) 등의 삼경(三經)에 춘추(春秋)와 예기(禮記)를 합해 오경(五經)이라 부른다.

## 08 장보고과학기지

( 해설 )

장보고과학기지

남극에 위치한 대한민국의 2번째 과학기지로 2014년 2월 완공되었으며 세종과학기지와 달리 남극권의 섬이 아닌 남극 대륙, 북빅토리아랜드 테라노바만 연안에 있다.

## 09 脣亡齒寒

( 해설 )

순망치한(脣亡齒寒) : 서로 이해관계가 밀접한 사이에 어느 한쪽이 망하면 다른 한쪽도 그 영향을 받아 온전하기 어렵다.

## 10 포스트트루스

( 해설 )

가짜뉴스

거짓 정보를 정상적인 뉴스처럼 위장하여 유포하는 행태를 뜻한다. 정보를 수용하는 이들 또한 뉴스가 진실인지 확인하려 하지 않고 그대로 믿거나, 자신이 믿고 싶은 것만 믿으려 하는데, 이러한 사회 현상은 포스트트루스(Post Truth)라 한다.

## 11 15

( 해설 )

선거비용보전

공직선거법은 선거공영제의 일환으로, 요건을 갖추면 선거과정에서 후보자가 선거비용으로 지불한 금액을 돌려준다고 규정한다. 후보가 당선되거나 선거 도중 사망한 경우, 혹은 당선되지 않더라도 총 투표 수의 15% 이상 득표한 경우 선거비용을 전액 보전하며 10% 이상 득표한 경우 반액을 보장한다.

## 12 비교우위

( 해설 )

비교우위

데이비드 리카도에 의해 정립된 국제 무역 이론으로, 한 나라의 재화가 다른 국가에 비해 경쟁력이 떨어지더라도 생산의 기회비용을 따졌을 때 다른 국가가 그 재화를 생산하지 않는다면 재화를 생산하여 상호 무역을 통해 이익을 창출하게 된다는 것이다.

## 13 제노포비아

( 해설 )

제노포비아(Xenophobia)

국가, 민족, 문화 등이 다른 외부인에 대한 공포감 · 혐오를 가리키는 말이다. 현대에는 이주 노동자로 인해 경제권과 주거권에 위협을 받는 하류층에게서 자주 관찰된다.

## 14 통도사, 부석사, 봉정사, 법주사, 마곡사, 선암사, 대흥사

( 해설 )

산사, 한국의 산지승원

2018년 등재된 대한민국의 13번째 유네스코 세계유산이다. 양산 통도사, 영주 부석사, 안동 봉정사, 보은 법주사, 공주 마곡사, 순천 선암사, 해남 대흥사가 포함되었다.

## 15 카타르

( 해설 )

2022년 월드컵 개최지는 카타르이며, 2026년에는 미국, 캐나다, 멕시코 북미 3국이 공동으로 개최한다.

## 16

( 정답 )

ASEM

Asia–Europe Meeting, 아시아–유럽 정상회의라 부르는 한국, 중국, 일본의 동북아 3개국과 동남아시아 ASEAN 회원국, EU 회원국으로 구성된 2년에 한 번씩 열리는 정상회의이다.

## 17

( 정답 )

중립금리

중앙은행이 예상하는 '이 정도로 설정하면 경기가 부양되지도 위축되지도 않겠다' 싶은 기준금리 수준을 가리킨다.

## 18

( 정답 )

핀볼효과

1996년 나온 제임스 바크의 동명 저서에서 주장한 사회 이론이다. 그는 '나폴레옹의 이집트 원정'과 '컴퓨터의 개발'과 같이 서로 무관계해보이는 일이 핀볼처럼 이리저리 튀듯 인과관계를 따져보면 결국 연결되어 있다고 주장하며 이를 핀볼효과라 명명했다.

## 19

( 정답 )

빙산이론

어니스트 헤밍웨이가 제시한 문학 이론으로, 전달하고 싶은 주제와 자신의 경험이 10이라면 그것의 1만 문학 작품으로 담아내야 독자들을 매료시킬 수 있다는 것이다. 반대로 말하면 1만큼의 소설을 쓰기 위해선 10만큼의 경험과 사색이 필요하다는 의미가 되기도 한다.

## 20

( 정답 )

클리셰(Cliche)

효과적이지만 너무 흔해져서 관객들에게 식상할 수 있는 연출, 캐릭터, 스토리 등을 말한다.

| 4회차 : 실전모의고사 | | | | | | | | | |
|---|---|---|---|---|---|---|---|---|---|
| **01** | ① | **02** | ② | **03** | ③ | **04** | ① | **05** | ② |
| **06** | ③ | | | | | | | | |

## 01 ①

**( 해설 )**

주요 법정 나이

- 만 10세 : 소년법에 따라 보호처분 가능
- 만 13세 : 성적 자기결정권 보유
- 만 14세 : 형사처벌 가능
- 만 15세 : 학생이 아닐 경우 취직 가능
- 만 18세 : 취직 가능
- 만 18세 : 부모 동의 하에 약혼 · 결혼 가능. 투표권
- 만 18세 이후 1월 1일 : 청소년 보호법 대상 해제
- 만 19세 : 민법상 성인
- 만 25세 : 대통령 제외 선출직 피선거권
- 만 40세 : 대통령 피선거권

## 02 ②

**( 해설 )**

- 맵자하다 : 모양이 제격에 어울려서 맞다.
- 마뜩하다 : 만족스럽고 마땅하다.
- 표표하다 : 가볍게 나부낀다.

## 03 ③

**( 해설 )**

가린샤 클럽

월드컵 본선 경기에서 골을 넣고 퇴장당한 이들을 가리키는 용어이다. 1962년 칠레월드컵에서 브라질의 스트라이커 가린샤가 골을 넣은 뒤 퇴장을 당하면서부터 이 용어가 생겨났다.

해트트릭

한 축구 경기에서 한 선수가 3골을 넣는 것을 가리킨다. 한 팀이 3년 연속 대회타이틀을 석권했을 때도 해트트릭이라고 한다.

와일드카드

각종 대회의 제약을 넘어 특별히 출전을 허용받은 선수를 가리키는 말이다.

드래프트

신인 혹은 팀 해체 등의 사유로 자유계약 상태인 선수들을 모아 리그 소속 팀이 돌아가면서 선수들을 지명하여 공평하게 나눠갖는 것이다.

## 04 ①

**( 해설 )**

규제일몰제

제로베이스(Zero Base) 방식이라고도 하며, 초기 산업의 경쟁력 보호 등을 위해 한시적으로 실시하는 규제들을 가리킨다.

규제총량제

규제를 신설할 경우 기존의 규제를 폐지하여 규제의 중복을 막는 제도다.

## 05 ②

**( 해설 )**

DSR(Debt Service Ratio)

총부채원리금상환액이라고 하며 연소득 대비 신규 부채와 모든 기존 부채의 연간 원리금 상환액이 차지하는 비율이다. 총부채상환비율(DTI)과 달리 주택담보부채 외의 부채의 원금 상환액을 계산에 포함한다.

DTI(Debt To Income ratio)

총부채상환비율이라고 하며, 연소득 대비 모든 주택담보부채의 연간 원리금 상환액과 기타 대출의 이자 상환액이 차지하는 비율이다.

LTV(Loan To Value ratio)

담보 물건의 실제 가치 대비 대출 가능 금액의 비율이다.

RTI(Rent To Interest ratio)

빚을 내서 건물을 산 사업자가 해당 건물을 통해서 벌어들이는 수익으로 이자를 낼 능력이 얼마나 되는지를 보는 지표이다.

## 06 ③

( 해설 )

미란다(Miranda)

권력자가 자신에 대한 지지도를 올리기 위해 국민의 감정적인 측면을 자극하는 것을 가리킨다. 반대로 합리적이고 이성적인 측면을 자극하여 자신에 대한 지지를 이끌어내는 것을 크레덴다(Credenda)라 한다.

마타도어(Matador)

상대방을 모략하는 선전선동을 가리키는 말로 영어로는 'Black Propaganda'라고도 한다. 우리말로는 흑색선전이라고도 한다.

데마고그(Demagogue)

감정적으로 대중을 기만하여 권력을 취하려는 선동적 중우정치를 일삼는 정치가를 말한다.

## 07 8월 5일

( 해설 )

최저임금위원회

1987년부터 발족한 최저임금 심의위원회이다. 공익위원 9명, 근로자위원 9명, 사용자위원 9명으로 구성되어 있다. 고용노동부 장관은 이를 통해 내년도 최저임금을 결정하여 8월 5일까지 고시한 뒤 이의제기를 받아야 한다.

## 08 리처드 탈러

( 해설 )

넛지 이론

2017년 노벨 경제학상 수상자인 리처드 탈러 교수가 개발한 행동경제학 이론이다. 동명 저서에서 그는 이것을 타인의 선택을 유도하는 부드러운 개입이라고 정의했다. '넛지(Nudge)'는 본래 '팔꿈치로 슬쩍 찌르다'는 의미의 단어로 인간의 행동 심리를 분석하여 직접적인 지시를 하지 않고도 타인을 원하는 대로 유도할 수 있는 방법이라 할 수 있다.

## 09 3만원, 5만원, 5만원

( 해설 )

김영란법

2012년 김영란 국민권익위원장이 제안·발의 요청하여 입법되었다. 언론인, 교직자를 포함한 공직자의 부정청탁 금지에 대해 규정하고 있다. 공직자는 제3자로부터 3만원 이상의 접대와 5만원 이상의 경조사비(화환·조화 10만원), 5만원 이상의 선물(농수산물 원료 제품 20만원)을 받아선 안 된다.

## 10 소확행

( 해설 )

소확행

남들이 보기엔 별 것 아닌 것처럼 여겨질 수 있지만, 자신에게는 소소하더라도 확실하게 행복할 수 있는 삶의 경험을 가리킨다. 무라카미 하루키의 소설 〈랑겔한스섬의 오후〉에서 언급됐다. 소박한 행복을 뜻하는 비슷한 용어로 휘게(Hygge), 라곰(Lagom), 오캄(Au Clame) 등이 있다.

## 11 레오나르도 다 빈치

( 해설 )

〈살바도르 문디〉

'살바도르 문디(Salvator Mundi)'는 라틴어로 구세주, 즉 예수를 뜻하며, 레오나르도 다 빈치가 그린 유화 '살바도르 문디'는 1500년 무렵에 제작된 것으로 추정된다. 흔히 '남자 모나리자'라고도 불린다. 2017년 미술품 경매 사상 최고가인 약 4억 5,000만달러에 팔려 화제가 됐다.

## 12 순종

( 해설 )

6·10만세운동(1926)

천도교와 조선공산당이 지휘하여 서울을 중심으로 일으킨 만세운동이다. 순종의 장례식을 기점으로 시작되었다.

## 13 베레시트

( 해설 )

베레시트

이스라엘의 우주산업 업체가 스페이스X의 펠컨 헤비 로켓을 이용해 쏘아올린 민간 최초의 무인 달 탐사선이다. 베레시트는 히브리어로 '창세기'를 뜻하며 안에는 구약성서를 싣고 출발했다고 한다.

## 14 네이티브 광고

( 해설 )

네이티브 광고(Native Advertisement)

웹사이트나 어플리케이션의 성격에 맞추어 기획된 광고를 말하는데 배너광고가 이용자들에게 큰 거부감을 주어 오히려 광고 효과가 떨어진다는 한계점이 나오자 대안으로 떠오른 기법이다. 배너광고와 달리 콘텐츠의 일부처럼 디자인하여 거부감을 최소화시킨다.

**15** 아그레망

( 해설 )

아그레망(agrément)

특정 인물을 외교 사절로 보내게 될 경우 관례상 사절을 받아들이는 상대국에 먼저 인물을 받아줄 것인지에 대한 의향을 확인한다. 상대국이 이의가 없다고 확인하는 것을 '아그레망을 부여한다'고 하는데, 반대로 상대국이 해당 인물을 거부할 경우 '페르소나 논 그라타'라고 한다.

**16**

( 정답 )

클라우드컴퓨팅(Cloud Computing)

네트워크 상에 연결된 다른 컴퓨터들을 활용하여 데이터 저장 및 계산 등의 기능을 사용하는 것을 말한다. 리소스의 효율성을 극대화할 수 있다는 장점이 있다.

**17**

( 정답 )

레거시미디어(Legacy Media)

Youtube, Facebook 등의 네트워크를 기반으로 한 양방향 소통 매체가 나타나 '뉴미디어'라는 이름으로 불리자. 그와 반대되는 TV. 신문 등은 기성 미디어라는 의미의 '레거시미디어'라는 이름이 붙게 되었다.

**18**

( 정답 )

이원집정부제

국민투표로 선출된 대통령과 의회를 통해 신임되는 내각이 동시에 존재하는 국가이다. 주로 대통령은 외치와 국방을 맡고 내치는 내각이 맡는다. 반(半)대통령제. 준(準)대통령제. 분권형 대통령제. 이원정부제. 혼합 정부 형태라고도 부른다.

**19**

( 정답 )

리쇼어링(Reshoring)

해외에 나가 있는 자국기업들을 각종 세제 혜택과 규제 완화 등을 통해 자국으로 불러들이는 정책을 말한다. 기업들이 싼 인건비나 판매시장을 찾아 해외로 생산기지를 옮기는 오프쇼어링(Off-shoring)의 반대 개념이다.

**20**

( 정답 )

리무진 리버럴(Limousine Liberal)

고학력에 부유한 상류층이면서 하류층과 저학력자 층을 우대하는 정책을 선보이며 진보 정치를 추구하는 모순적 행태의 정치인을 일컫는 말이다. 겉으로는 서민과 약자들의 편이라 말하지만 리무진을 타는 등 부유층의 인생을 향유하는 이들이다. 인기를 위한 이런 위선적인 행동은 정치인뿐만 아니라 연예계 스타들에게서도 자주 보인다.

| 5회차 : 실전모의고사 | | | | | | | | | |
|---|---|---|---|---|---|---|---|---|---|
| **01** | ④ | **02** | ③ | **03** | ② | **04** | ④ | **05** | ① |
| **06** | ① | | | | | | | | |

## 01 ④

**( 해설 )**

야경국가

시장에 대한 개입을 최소화하고 국방과 외교, 치안 등의 질서 유지 임무만 맡아야 한다고 보았던 자유방임주의 국가관이다.

## 02 ③

**( 해설 )**

- 각다분하다 : 일을 해 나가기가 몹시 힘들고 고되다.
- 투미하다 : 어리석고 둔하다.
- 습습하다 : 활발하고 너그럽다.

## 03 ②

**( 해설 )**

국민연금과 국민건강보험은 사회보험의 하나이다. 사회보험과 공공부조를 통틀어 사회보장제도로 묶을 수 있다.

공공부조(公共扶助)

빈곤자 · 장애자 · 노령자 등 사회적으로 보호해야 할 자에게 최소한의 인간다운 생활을 할 수 있도록 국가가 원조해주는 사회 보장제도를 말한다. 수급권자의 근로의욕을 저하시키고 수치심을 유발시킬 수 있는 단점이 있다. 빈곤한 자에게 차별적으로 우선 지급하기 때문에 빈곤해소효과가 크며 그만큼 소득재분배의 효과도 크다고 할 수 있다.

## 04 ④

**( 해설 )**

링겔만효과(Ringelmann Effect)

집단 속에 참여하는 개인의 수가 늘어날수록 전체 성과에 대한 각 개인의 공헌도가 떨어지는 현상이다.

사일로효과(Silo Effect)

각 부서들이 다른 부서와 벽을 쌓고, 자기 부서만의 이익을 추구하는 부서 이기주의 현상이다.

메디치효과(Medici Effect)

이질적인 분야를 접목하여 창조적, 혁신적 아이디어를 창출해내는 혁신 현상이다.

헤일로효과(Halo Effect)

어떤 사람에 대한 호의적 또는 비호의적 인상이나 특정 요소로부터 받은 인상이 다른 모든 요소를 평가하는 데 중요한 영향을 미치는 것이다.

## 05 ①

**( 해설 )**

설명 속 책은 존 케인스의 저서 〈고용, 이자 및 화폐의 일반 이론〉이다. 〈경제학 및 과세의 원리〉는 데이비드 리카도의 저서이다.

존 케인스

경제대공황의 해결책으로 정부의 역할을 강조하여 유효수요를 늘리고 완전고용을 목표로 경제를 운영할 것을 강조한 미국의 경제학자이다.

## 06 ①

**( 해설 )**

뉴미디어(New Media)

전통적인 매체에 네트워크 기술이 접목되어 '상호작용성'을 갖춘 다양한 미디어를 가리킨다.

N스크린(N-screen)

PC, 모바일, TV 등 다양한 단말기를 통해 다중 콘텐츠를 공유하고 콘텐츠의 이어보기가 언제 어디서나 가능한 서비스이다. 대표적으로 넷플릭스가 있다.

키오스크(Kiosk)

터키어 코슈크에서 유래한 말로 별장으로 쓰이는 개방형 건물을 가리켰다. 이것이 20세기 유럽에서 개방된 형태의 박스형 간이매점을 가리키는 용어로 사용되었으며, 오늘날 한국에서는 디지털 안내기기 혹은 무인 판매 단말기 등을 가리키게 되었다.

스낵컬처(Snack Culture)

바쁘면서도 항상 새로운 것을 열망하는 현대 소비자들이 간편하게 문화를 소비할 수 있도록 만든, 짧고도 빠르게 몰입할 수 있는 미디어 콘텐츠이다. 웹툰, 웹 소설과 웹 드라마 등이 대표적인 스낵컬처 미디어이며, 이에 따라 기성 문화 콘텐츠 또한 몰입의 호흡이 점차 짧아지고 있다고 한다.

## 07 30

( 해설 )

**개헌**

대통령 혹은 국회 재적 과반수의 의원으로 발의한다. 발의된 헌법개정안은 대통령이 20일 이상 공고하여야 하며, 공고된 날로부터 60일 이내에 국회 의결을 거쳐야 한다. 국회 의결은 출석자 관계없이 재적 2/3 이상의 찬성이 필요하다. 국회 의결이 될 경우 30일 이내에 국민투표를 실시한다. 국민투표는 선거권자 과반수의 투표와 투표자 과반수의 동의가 필요하다. 국민투표 결과 발표 즉시 헌법에 반영된다. 정부 선출 형태가 변경될 경우 공화국 제호가 바뀐다.

## 08 J턴 현상

( 해설 )

**J턴 현상**

대도시에 취업한 지방 출신자가 도시생활에 지쳐 탈출을 꾀했으나, 고향까지 돌아가지 않고 도중의 지방도시에 취직하는 것이다.

## 09 타이브레이크

( 해설 )

**타이브레이크(Tie Break)**

테니스 US 오픈에서 1970년에 도입한 규정으로 양 선수가 6게임을 가져간 상황에서 듀스 상태가 이어지는 걸 막기 위해 13번째 게임은 7포인트를 선취하는 쪽이 바로 세트를 가져가는 규정이다. US 오픈 외 나머지 대회는 마지막 세트에서는 타이브레이크를 규정하지 않는다.

## 10 마셜 플랜

( 해설 )

**마셜 플랜**

1947년 미국 국무부 장관 조지 마셜은 커져가는 공산권에 맞서 서유럽의 경제력을 키우기 위한 원조 계획을 발표했다.

## 11 민족(주의), 민권(주의), 민생(주의)

( 해설 )

**쑨원**

대만과 중국이 모두 국부로 여기는 현대 중국의 아버지이다. 민족, 민권, 민생의 삼민주의를 내세웠다.

## 12 OLED

( 해설 )

**OLED(Organic Light-Emitting Diode)**

형광성 유기 화합물에 전류가 흐르면 빛을 내는 발광 현상을 이용하여 만든 자체발광형 유기물질 패널로, LCD를 대체할 꿈의 디스플레이 소재로 각광받는다. 화질 반응속도가 빠르고, 동영상 구현 시 잔상이 거의 나타나지 않으며 에너지 소비량도 적다. 또한 높은 화질과 단순한 제조공정으로 인해 가격경쟁 면에서 유리하다. 휴대전화, 캠코더, PDA 등 각종 전자제품의 액정 소재로 사용된다.

## 13 병인년

( 해설 )

**60간지(干支)**

'갑을병정무기경신임계'로 이뤄진 십간(10천간)과 '자축인묘진사오미신유술해'로 이루어진 십이지(12지지)로 조합되는 동양의 연도를 세는 방식이다. 첫해는 갑자년이고 두 번째 해는 십간과 십이지 모두 다음해로 넘겨 을축년이 된다. 이런 식으로 돌아가므로 다음 갑자년은 그 60년 뒤에 온다.

## 14 Wavve

( 해설 )

**Wavve**

MBC와 SBS가 공동으로 투자해 만든 '콘텐츠연합플랫폼'이 SK와 합세해 내놓은 N스크린 서비스이다. 넷플릭스 등의 외국 N스크린 서비스에 맞서 국내 N스크린 산업의 경쟁력 강화를 위해 출범했다. 대부분의 지상파 및 종편 채널과 콘텐츠를 제휴하고 있다.

## 15 세계식량계획(WFP)

( 해설 )

2020년 노벨평화상은 개인이 아닌 유엔 산하 세계식량계획(WFP)이 수상자로 선정됐다. 코로나19 팬데믹 속에서 전 세계 기아 피해자의 급격한 증가세를 불러온 후. 세계식량계획은 극심한 식량 불안과 기아에 시달리는 1억 명에게 도움을 줬다.

## 16

( 정답 )

뉴트로(New-tro)

패션·요식업 등에 새롭게 등장한 복고 트렌드이다. 단순한 복고풍(Retro)과 달리 복고의 느낌을 주지만 신선한 감각과 기능을 살린 제품을 말한다. 김난도 교수가 발표한 2019 소비 트렌드 중 하나이다.

## 17

( 정답 )

알레브리헤

환상적이고 비현실적인 생물에 다채로운 색감을 입힌 멕시코의 조각 예술로 1936년 페드로 리나레스에 의해 창시되었다. 2007년부터 알레브리헤 퍼레이드(Alebrije Parade)가 매년 개최되기도 한다.

## 18

( 정답 )

디가우징(Degaussing)

자기장으로 하드디스크를 물리적으로 복구 불가능하게 지우는 것을 가리킨다.

## 19

( 정답 )

팩 저널리즘(Pack Journalism)

뉴스의 획일적인 보도행태로 언론사들이 의욕이 없이 서로의 기사를 베껴적기만 하거나, 외압에 의해 보도지침을 받을 때 기사가 비슷비슷해지는 현상이다.

## 20

( 정답 )

플리바게닝(Plea Bargaining)

피의자가 기소 및 수사 기간으로부터 감형을 약속받고 사건의 내막이나 공범자를 실토하는 것을 말한다.